自然與生活科技教材教法

楊思偉　總策劃
黃鴻博　主編

靳知勤　王盈丰　黃鴻博
吳穎沺　許良榮　游淑媚
林素華　陳麗文　合著

五南圖書出版公司 印行

國立臺中教育大學是臺灣的師資培育重鎮

　　臺中教育大學自 1899 年創校以來，一直培育著建設臺灣的菁英師資，在當前師資培育多元化的環境中，不僅穩定地培育師資亦積極地提升教師素質，這是一份對師資培育歷史的負責，亦是本校對臺灣教育發展的使命，承繼這份師資培育的光榮使命，臺中教育大學正積極發展為重點教育大學。

　　教育大學在高等教育的發展過程中有其獨特性，係因教育大學非僅教育學術的追求，更重視如何培育出優質教師，所以特重教學專業與地方教育輔導，如果僅做好教育研究工作，而沒有培育出優質教師的教育大學，就不是成功的師資培育機構。培育一位優質教師，需要普通課程、任教學科的專門課程、教育專業課程、實習課程等顯著課程，還需要培育師資所需的環境教育、相關制度所構成潛在課程。潛在課程在潛移默化的過程中，涵養一位優質教師的言行，做到韓愈所謂的「以一身立教，而為師於百千萬年間，其身亡而教存」的師表風範；此外普通課程協助培育通博涵養，專門課程建立施教課程之專業，教育專業課程則是孕育相關教育知能。

　　一位優質教師不僅要有教育專業，瞭解整體教育情境與學生需要，也要有任教科目的專門知能，對學生授業與解惑。不過任教學科的專門知能，不僅要有任教「學科的內容知識」，還要有「『教』學科內容的知能」，所以數學教師，不是只要有「數學」專門知識即可，還需要有「教數學」的專門知識。因此，一位優質教師，要具有學科內容教學知識（pedagogical content knowledge, PCK），融合學科內容和教法的知

識，依據學生性向、能力與興趣，將學科內容知識（Content Knowledge, CK）傳授給學生。基此，本校自 97 年起依據中小學九年一貫課程學習領域之規劃，國語文教學、閩南語教學、英語教學、數學教學、社會教學、自然與生活科技教學、綜合活動學習、藝術與人文學習教學（分成美術與音樂兩組）、健康與體育教學等 10 個教學研究團隊，深入研討各學科之學科內容教學知識，而教育專業研究、幼稚教育專業研究、特殊教育專業研究等 3 個團隊則是積極研討國小師資、幼教師資與特教師資所需的專業知能。

　　本校各學習領域的教學研究團隊與教育專業知能研究團隊，針對國小師資培育所需的教材教法課程，進行一年的全盤性研討，將陸續出版英語教材教法、本土語文教材教法、數學教材教法、自然與生活科技教材教法、社會領域教材教法、健康與體育教材教法、綜合活動教材教法、音樂教材教法、視覺藝術教材教法、寫字教材教法、幼稚園教材教法、身心障礙教材教法、藝術概論、全球華語教材等，這是本校第一期的師資培育課程系列叢書，未來各研究小組將更加深入各學習領域之相關知能，提供師資培育教學所需，發揮本校對於師資培育之中堅穩力、典範傳承的光榮使命與特色。

楊思偉

國立臺中教育大學校長

主編序

在當今科技化社會中，科學素養已經成為每一個國民必備的基本能力，帶給學校教育很大的衝擊，當學校科學教育對象是所有學生（是實質而非口號）而不是如往昔僅關注少數未來科學菁英時，課程教材內容、教學方法及環境設施都需要作必要的調整。我國近年推動的國民教育九年一貫課程綱要，正反映此一變革趨勢，「自然科學」更改為「自然與生活科技學習領域」，這不僅是科目名稱的改變，更重要的是學習內涵也由以往專注於自然現象與原理的理解、科學方法與態度，擴充到涵蓋「科學與技術認知」、「過程技能」、「科學與技術本質」、「科學態度」、「科學應用」、「思考智能」、「科學與技術發展」、「設計與製作」等八項重要能力指標要項，教學與評量的方法也需有所更替。

本書之編寫內容除反映近年國內外科學教育研究豐碩成果與科教發展趨勢，並結合科學課程改革與教育環境特徵，針對國民小學階段之「自然與生活科技學習領域」之課程教材內容與教學方法作深入剖析，除基礎學理外，更注重教學實務探討與教學實施實例討論。

本書內容區分為15章，涵蓋四個部分：「科學素養與目標」（第1章）、科學「課程與教材」（第2、3章）、「教學與評量方法」（第4至13章）、「學習環境與資源」（14、15章），撰稿者皆為本校在科學教育與環境教育領域有專精研究的學者，根據其個人專長分工撰寫，內容新穎而深入，舉例具體而本土，適合作為修習本領域教材教法之師培生或對本領域教學與學習有興趣者之參考。

本書得以完成，實有賴於許多人的努力；撰稿者、審查試閱者還有在幕後提供行政支援與協助者，謹一併致謝。

黃鴻博
於臺中教育大學科學應用與推廣學系

目 錄

第 1 章

科學素養
與科學教育的目標

靳知勤

本章概觀

一、國民教育階段之科學教育目標
  1. 科學師資培育的目標，就是要培養出能夠了解國小學生學習特性，以及提升國小學生科學素養的教師。
  2. 我國目前的科學教育基本目標，期望能培養出學生在生活中具體應用之科學能力。

二、科學素養的內涵
  1. 介紹各家學者（AAAS、美國國家科學教育標準）對於科學素養的定義，以及科學素養的組成面向（文化性科學素養、功能性科學素養、真實性科學素養）。
  2. 簡介「國民中小學九年一貫課程」中「自然與生活科技」學習領域的目標與內涵。

三、如何提升國小學生的科學素養
  1. 在基本策略方面，分別從科學課程、科學教學與評量三方面來探討。
  2. 在資源與途徑方面，分別從四方面來探討：(1)科學教育機構；(2)科學教育之課程與教學；(3)舉辦科學教育活動和比賽；(4)優良的科學教育媒體資源。

當今科學教育的主要目的在提升國民的科學素養，而提升科學素養也成為近年來各國政府重視的議題，我們所應該關注的是，在目前科學教育體制下所養成的學生是否具備足夠的科學素養？是否還有其他可以提升科學素養的策略、資源與途徑？本章包括三部分：首先介紹國民教育階段之科學教育目標，其次簡介科學素養的內涵，最後介紹如何提升國小學生的科學素養。

一　國民教育階段之科學教育目標

國家未來主人翁的發展與成長決定了國家的興衰，而影響的關鍵則在於國民小學教師的素質。因此，若要提供國家幼苗健全的基礎教育，

唯有開始重視國小的師資培育。在國民小學中，為培養學生理性思考、探究問題的能力與創造力，科學課程更彰顯其重要且無可替代的地位。故目前國小師資培育中的重要課題，就是要對從事科學教育的國小教師，培育其具有基本的科學認知與能力。

是以，在本章所將探討的問題包括，科學教育的基本目標是什麼？我們藉由何種途徑與策略培育國小教師具備科學教育能力？首先，將先針對國民教育階段的科學教育目標來做探討，以引導接下來能夠獲得有效的途徑與方法。

綜觀各國的國民教育，雖然學制的時程不一，但多以國小教育作為起始點。國民教育又屬於義務教育，且具有強迫教育的性質，不僅是國民可以享有的權利，也是國民不可迴避的義務。在國民教育的階段，國民小學學童處於認知發展階段的具體運思期，此階段的教育需要針對學生的未來做發展，並要顧及學生離開學校和進入社會之後的生涯規劃。因此，我們便可以確定科學師資培育的目標與方向，就是要培養國小教師能夠兼顧對國小學生學習特性的了解，以及提供國小學生未來成為公民所須具備的科學素養。

自工業革命之後，科技和文明日新月異。在一般大眾的生活裡，已經充斥著許多科技產品，而這些科技產品都是以科學為基礎所發展出來的。此現象顯示，民眾對於科技產品的需求和依賴程度帶動了科學與技學的發展；也就是說，科學與技學已經深深影響一般大眾的生活與思考模式，現今在科學、技學與社會之間，彼此無形之中早已成為互相影響的動態關係。因此當前科學教育的目標——其實也就是當前科學教育學者所提倡的「提升全民科學素養」理念，就是要使無論是處於現在或未來的一般大眾，都能適應時代的發展與變遷，均能養成與科學相關的認知與能力。故依據以上的理念與範疇，並經過「第一次全國科學教育會議」之討論與研議，形成我國目前的科學教育目標：「使每位國民能夠樂於學習科學並了解科學之用，喜歡科學之奇，欣賞科學之美。」而這項目標至少表現在三個方面：⑴使科學紮根於生活與文化之中；⑵應用科學方法與科學知識解決日常生活問題，理性批判社會現象，並為各項與科學相關的公共事物做出明智的抉擇；⑶藉不斷提升科學素

養，貢獻於人類世界的經濟成長及永續發展（教育部，2007，頁9）。由此可見，我國國民階段的科學教育目標，重視學生對於科學的興趣和態度，遠勝於教授大量的科學知識，也就是說，我國科學教育期望能培養出學生在生活中具體應用之科學能力。

二 科學素養的內涵

既然各國在當代科學教育的目標，都是以提升國民的科學素養為主，我們要確實了解科學素養的內涵和各家學者的定義。以下介紹作者於先前整理若干重要文獻中對科學素養之定義，以供參考（靳知勤，2002, 2007a, 2007b）：

「科學素養」，就表面的字義來看，可以簡單定義為「一般大眾對科學相關事物所須了解的程度」（Durant, 1993）。而 Hurd（1958）是最早提出「科學素養」一詞的學者。自此以後，「科學素養」便成為科學教育社群中的重要討論議題。

(一)「美國全民的科學」的定義

未來公民所需具備的科學素養，也就是指一般大眾應具備的各項能力，根據「美國全民的科學」（Science for All Americans）（AAAS, 1990）的說法如下：

1. 對自然世界的了解。
2. 認識自然界的歧異與一致性。
3. 了解重要的科學概念與原則。
4. 明瞭科學、數學及技學之間相互依存的方式。
5. 知道科學、數學及技學是人類活動的一環，對人類有其正面影響，亦有其弱點。
6. 具備科學性思考的能力。

7. 運用科學知識及思考方式於個人或社會的目的。

我們若根據上述所列舉的各項科學素養的內容（AAAS, 1990）加以整理，也可歸納出如下三類：

1. 了解科學內容的相關知識：除了包括吾人對科學傳統認知的物理、化學和生物領域的知識及概念外，並且還涵蓋對數學、技學及社會科學的認識。
2. 對於科學工作內涵的認識：包括科學世界觀、科學探究的方法、科學社群的本質、科學與技學間的關係、技學的原理、技學與社會間的關係等。
3. 具備科學相關的態度、價值觀及技能。

㈡ 美國國家科學教育標準的定義

美國國家科學教育標準（National Science Education Standards）（National Research Council, 1996）將科學素養定義為：

> 包含對物質科學、生命科學、地球科學等領域學科內容的理解；同時，個人亦須理解科學的本質、科學社群的活動，以及科學、社會與個人生活間的角色。……是個人從事決策、參與公民及文化事務，以及經濟生產活動中所須具備的科學概念與過程之相關知識與理解。……意謂著一個人能夠發問、發現或決定問題的解答，這些問題起源於個人對於日常生活事物的好奇。具有科學素養的個人得能描述、解釋及預測自然現象。他（她）能閱讀一般報章中與科學相關的報導；並能與他人就科學性的議題從事溝通，且獲致有效的結論。……科學素養隨著個人的年齡逐步發展，並非僅侷限於學齡階段，惟有關科學的價值與態度若於學習之早期即已建立，將有助於成人時科學素養之塑成。（pp.21-22）

(三) 組成科學素養構念的面向

Miller（1983）強調當代的環境會影響對於科學素養的定義，他認為的科學素養包括了 (1) 科學的本質：對科學過程及方法的了解； (2) 科學的知識：了解重要的科學名詞與概念； (3) 要覺知到科學與技學對社會的影響。

對於科學素養，Shamos（1995）也指出三種主要的形式：

1. 文化性科學素養（cultural scientific literacy）

個人在社會溝通的過程之中，能夠對常用到的科學相關語詞有基本認識。「文化性科學素養」就像是提供大眾共同分享的知識系統，當民眾在閱讀報紙及雜誌時能夠了解其中所指的領域；也能在和代表自己的專業人士溝通時，讓代表了解自己的想法，且知曉這些代表是否能真正的反映自己的意見；再更進一步，民眾能了解公眾議題中所辯論的內容為何。

2. 功能性科學素養（functional scientific literacy）

個人不但能夠閱讀與科學相關的語詞，還能以這些科學性的用詞和他人進行口頭對話及文字表達。與前一項「文化性科學素養」不同的是，「功能性科學素養」具有更進一步的要求個體主動參與和他人從事互動的積極作為；而非只是個人能知曉所溝通的內容是屬於什麼領域的目的而已。

3. 真實性科學素養（true scientific literacy）

除了上述主動參與和科學有關的溝通與討論外，一個被說是具備「真實性科學素養」的人，亦對科學社群所從事的工作本質為何有所認識。這個項目與前兩項相比，被認為更難達成，但對於科學的發展卻有重要的影響。因為能知曉科學的本質對於科學與個人間的意義會有較為宏觀的見解，而非只是以科學相關詞語從事所謂的社會性的互動而已。

(四) 我國九年一貫課程中「自然與生活科技」學習領域的目標

　　是哪些人能夠接受科學教育呢？這個問題和何為科學教育的目的乃是一體的兩面。在過去，當教育並非普遍的年代，接受教育的人在數量上有限，於是人們非僅以菁英取向來看待教育的機會與功能，連帶的科學教育的目的亦復如此。然而，時至今日隨著教育機會普及，教育的面向廣泛，使得科學教育也轉變為以全民為對象。以當前世界各先進國家而論，皆以「提升全民科學素養」為其科學教育思潮。換句話說，在國民教育之中接受科學教育，對於一個國民來說是具有意義的。更進一步觀察，為了因應 21 世紀的來臨，臺灣若要在世界各國間維持競爭力，未來發展的重要關鍵便是要確保與提升國民的素質。而於其中，科學教育實為呼應當代舉世潮流中的重要一環。因此，我國於近年內藉由教育改革，將原有的課程（其中也包含了科學教育的領域）融入新的理念，並對其進行持續的檢討和改進。這些努力無論是在當前的教育目標或未來的發展上，不僅可以解決目前教育上的問題，回應社會大眾對教育的期待，也可提升未來國民的素質。

　　教育部於民國 90 年 1 月頒布「國民中小學九年一貫課程暫行綱要」（教育部，2001），在「自然與生活科技」學習領域中，明定科學教育的首要目標就是要提升國民科學素養。其中也將素養定義為「蘊涵於內即為知識、見解與觀念，表現於外即為能力、技術與態度。」在「自然與生活科技」學習領域中，其課程目標為：

> (1)培養探索科學興趣與熱忱，並養成主動學習的習慣；(2)學習科學與技術的探究方法及其基本知能，並能應用所學於當前和未來的生活；(3)培養愛護環境、珍惜資源及尊重生命的態度；(4)培養與人溝通表達、團隊合作以及和諧相處的能力；(5)培養獨立思考、解決問題的能力，並激發創造潛能；(6)察覺和試探人與科技的互動關係。

透過自然科學學習，並指出學生應達成「科學素養」各面向之屬性

和能力：

(1)過程技能；(2)科學與技術認知；(3)科學技術與本質；(4)科技的發展；(5)科學態度；(6)思考智能；(7)科學應用；(8)設計與製作。

最後，在其分段能力指標中也強調：學生在自然科學的學習，是要經由科學性的探究活動而獲得相關的知識與能力。在進行探索與論證的過程中，這些科學方法可以養成學生面對科學時正確的思考方式和解決問題的能力。換句話說，當學生長期的接觸科學活動，就能夠養成提出證據和邏輯推理的思維方式，根據這種思維方式會幫助學生在科學的知識和本質上的認識。故當學生最終能以好奇、積極的態度，和各種知識、能力來面對和處理問題時，我們稱其已經具有「科學素養」。

 ## 如何提升國小學生的科學素養

科學素養為一般民眾生存於當代科技社會中不可或缺之基本知識與能力，這些態度與價值觀會引導我們的行動，我們從幼年至確立個人素養的生活史中包含許多與素養相關的事件。基此，作者指出國小學生的科學素養，可藉由課程、教學和評量等基本策略，以及科學教育機構、媒體資源與比賽活動等予以提升：

(一) 基本策略

我國期許國小階段的學生應具備基本程度的科學素養，而在此階段的科學目標為「提升每位學生的探究能力、創造力及批判思考能力，並培養具好奇心與科學倫理道德之良好科學態度」。為達成此目標，需要進行兩項基本的策略：(1)建立科學教育的各項標準，使得科學教

育目標的設立、課程的規劃、教學與評量的實施，以及政策的制定具有一致性；(2)提升科學教師學科教學知識及技能（教育部，2007，頁10）。以下將敘述在課程、教學與評量方面，如何提升國小學生科學素養的基本策略：

1. 科學課程

在科學課程的設計方面，應該要依據各校的科學教育標準來訂定，因此要先訂定標準，才能有完善的課程內容。而科學課程應配合不同學生的能力來發展，以確保內容是彈性且適合學生的。因此，也就需要多元的專家群或是一個專門研發的單位來設計。並且，在課程實施時，還需要注意是否有完善的規劃和配套措施。另外，在科學課程的評鑑方面，首先要訂定科學教育的評鑑基準，建立教學評鑑系統，以幫助教師的教學和學生的學習能夠落實。在教師方面，可以鼓勵與肯定優良教師在教學上的努力，使科學教師發揮專業能力。在學生方面，政府或民間可成立專業團體發展科學能力的檢定標準，發掘在科學性向上優秀的學生，並從小開始培養其優秀的科學能力。

基於以上論點，教師要如何將科學知識轉化成適合國小學生能吸收和了解的課程內容呢？要如何破除國小學生對科學的刻板印象呢？教師可運用「STS（Science-Technology-Society）或 SSI（socio-scientific issues）的課程設計」，讓國小學生對於科學有更多的了解，讓他們去理解科學、技學與社會間的關聯性，讓國小學生知道科學與他的生活是密切相關的。使國小學生能夠跟得上科技發展更新的腳步，提升其科學素養，不要置身事外。例如：教師可提供科學新聞的相關報導，培養國小學生對於科學的判斷和思考能力，並有助於科學與其日常生活之關聯與應用。此外，目前「科學寫作」（science writing）領域在學術研究與實務上的發展與探討，亦為直接呼應提升國小學生科學素養課題的策略之一，因此國小高年級的教師，也可將科學寫作運用其課程中，以提升學生的科學素養。

2. 科學教學與評量

教學與評量應是一體的，首先要訂定科學教學與評量的規準，使在教學的過程中，教師的教學和評量是以學生為主體，並能幫助與診斷學生的學習狀況，使學生找到自己的性向與能力。而學校和教師應該設立科學教材研發中心和科學資源的共享平臺等，使科學教師能廣泛應用各樣教材資源，幫助與推廣科學的教學與評量。

(1) 科學教學

國民小學的科學教育目的在培養並提升學生的科學素養（scientific literacy），但教師要如何達成這樣目標呢？根據美國科學研究委員會的整理，科學教育要協助學生：建構清晰的科學推理過程，養成評論資料與利用證據支持論點的能力（National Research Council [NRC], 1996）。這裡所說的「證據」是指理性的思考，也就是說，國小學生要學會提出自己的論點，並引用證據或是數據來駁斥對方的說法，在「妥協一協商一共識」的過程中，去建立科學素養。歸納言之，我們所要培養的國小學生不僅應具備科學知識，也要擁有閱讀、寫作、傳達訊息與溝通的能力。會讀資料，會引用證據，在理性的過程中，去提出論點，駁斥對方論點，並進而說服對方。其實科學教育的目標，就是要幫助國小學生解決問題，並且具有做決策的能力。

因此，在科學教學時，教師應提供國小學生主動建構科學知識的來源和管道，其來源的管道大概可分為三種：

①科普文章：透過閱讀兒童的科普讀物，由於對學生來說比較有親和力，可以提升其科學學習興趣和科學素養。科普文章通常是書籍、報刊雜誌，或是一些介紹科學、自然生態、環境保育、科技新知等等的平面媒體，通常以文字符號的方式呈現。

②媒體：教師可以將閱讀科普文章或媒體融入教學，編一個融入式的教案，但要注意閱讀與寫作（學習單）的分量要拿捏好，因為當學習單太多，那樣會降低學習動機。媒體指一般我們常見的傳播媒體，例如新聞、電視節目、電影等等，以動態的影片來呈現。

③博物館：博物館對於社會大眾而言，沒有強制性，但是為什麼社會大眾還是願意主動進入科博館參觀？原因在於學習的樂趣。現今社會有許多不同主題的博物館，例如：臺中的國立自然科學博物館，以及高雄的科學工藝博物館；這兩座博物館都推動科學普及，並適合作為提升國小學生科學素養的重要教育機構。

此外，教師除了關注於知識的累積，也應培養學生具有「關懷自然與生命」的態度。而教師本身，也更應該在教學上具備此種人文關懷的態度，老師必須去了解特殊族群學生的需要。老師在教學時，應考慮到特殊學生（資優生、原住民學生、學習低成就學生、身心障礙學生，和社經不利學生）的特質及學習特性。故教師應藉課程、教學與評量之設計，提供適合特殊學生潛能的學習方式和學習環境。

(2) 科學評量

為什麼要進行評量？評量讓學生可以進行思考與反省，了解自己的學習近況，預習接續的課程，並增進高階思考的能力。除了我們最熟悉的紙筆測驗，以下將介紹在現今國小教學現場上常見的科學評量方式：

①科學實作評量（實驗或報告）：在課堂上實際操作實驗或儀器之後，除了傳統以文字敘述來報告的實驗和學習結果，以下還有許多不同的呈現方式。例如：請國小學生繪製本單元的概念圖，將概念或實驗步驟分層描繪之後，還要用文字加以描述，教師可藉由學生整理的概念圖來了解其學習狀況，以及可評量其主要概念與次要概念的呈現是否正確。另外，也可以用海報來呈現，海報要如何設計，要呈現什麼訊息，都由學生自行設計；海報也有可能是標語，呼籲大家要信守這樣的規範，例如節能減碳的活動標語等等。海報這類的表徵實踐，可以讓國小學生嘗試去歸納出這堂課的重點是什麼。

②自然寫作：有一些科學領域不做實驗，那便可以做社會性的資料蒐集整理，然後把它變成一份報告。自然寫作就是以觀察為起始，去觀察日常生活中的各種現象，用簡潔明瞭的文字將它記錄下來，這就是自然寫作。以觀察為起點，運用文字、圖畫、照片、攝影（動態過程），這也可以是記錄自然的一個方式；例如

寫「鳥」的劉克襄、觀察記錄黑猩猩的珍古德，或是寫昆蟲記的法布爾。教師可以請學生，訪談學校或社區附近的耆老，在附近拍照、做紀錄，當然也蒐集地方性的資料及文獻的整理，寫成一篇報告。這是訓練學生做研究的方法，這個過程本身是在解決一些問題，中間訓練了一些思考的技能，當中也用到了後設思考的歷程，去反省資料的完整性與邏輯性。

③製作科學繪本和操作手冊：教師可以教導國小學生製作科學繪本、工具書、操作手冊等。這部分比較著重於利用圖文的方式，將訊息附加其中，最後並以小書來呈現。例如在校園裡面，學生可以編一個小冊子或繪本介紹學校的生態和動植物，讓學生參考校園周圍社區的動植物有哪些。

④科學故事與戲劇：當科學文章以不同的文體、形式表現，並加入對話、故事時，便可產生劇本，與表演藝術結合在一起。戲劇的功能是比較親和的，將訊息融合在戲劇中，更容易被國小學生所接受。例如教師可以先提供學生相關的戲劇範本（例：電影「馬達加斯加」提到動物的遷徙、「海底總動員」提到海洋物種與生態保育的議題、「冰原歷險記」則呈現了冰河時代）。先讓學生有模仿的對象，之後可以以環保為主題，讓全班一起編寫環保劇，自行製作道具等；或是進行較為簡單的廣播劇或偶戲代替也可以。

（二）資源與途徑

根據「科學教育白皮書」和其他相關文獻（王光復、范斯淳，2008；教育部，2007；張美珍，2008）的說法，筆者認為與各種教育資源結合，可提升國小學生科學素養的科學教育實施途徑有四方面：

1.科學教育機構

(1)教師配合科學教育機構的展覽設計活動

教師可以配合各科學教育機構（自然博物館、天文館、動物園和植

物園）館內的展示，與國小的課程結合，以建構取向來設計活動。教師在配合科學教育機構所規劃的活動時，需注意下列面向：

　①選擇主題：舉例來說，教師可以配合近年來保育動物的議題，提出對於保育動物棲息地生態的影響，以及保育動物目前在遷徙和居住上的問題。教師以科學、技學和社會的觀點發展適合的學習活動，讓學生來思考保育類動物要瀕臨絕種的問題。

　②活動設計：教師在設計活動時，要先考慮國小學生的認知層次，並融入動手操作和實驗等活動，能讓國小學生無論是實際動手操作，或是在旁觀摩別人操作，都能培養國小學生的科學素養。

(2) 科學教育機構應建置科學教案資料庫

　科學教育機構應設立專責單位，管理科學教材研發中心和資料庫，以進行科學教育的研究，並配合國小階段的課程目標和內容來研發課程與教材。科學教育機構所成立的教材資料庫，負責蒐集、評選及研發科學教學之優良教案，並將這些教案建置成資料庫，資料庫所檢索的教學案例須符合專業和創新的科學教育準則，並配合九年一貫課程的國小自然與生活科技學習領域的單元內容，在學校內進行試辦、相關活動與延伸課程之開發。

2. 科學教育之課程與教學

(1) 邀請專家團隊審核課程與教學內容

　各師資培育機構所開設之科學教育學程，應建立由自然科學教育領域的教授和資深優良教師所組成的專家團隊，由這些專家團隊來建立對課程、教學和相關活動的評鑑機制，並協助相關研發教案的專業指導和審查，及教師研習或推廣教學之講座內容。

(2) 師資培育機構或科學教育機構應定期舉辦研習活動

　師資培育機構和科學教育機構應辦理科學教師的相關研習活動，增進教師對優質教學理論與實務的了解，以及充實教師基本的自然知識和野外經驗，進而發展優質的科學教學或科學營。例如：國立臺灣科學教育館的「戶外科學教育基地研習」，辦理自然觀察及戶外科學的研習，

配合九年一貫課程，以學校班級為單位來施教。

3. 舉辦科學教育活動和比賽

學校與機構可以合作舉辦或是鼓勵國小學生參與科學教育活動（科學日、科學閱讀週、科學座談會和科學演講），例如：舉行「全校科學日」的活動，活動主題可以配合政府政策設定為「節能減碳」，這一天的活動展覽就可以包括演講、座談會或展覽等，校內各個班級也可以針對「全校科學日」來推行班上自己的科學日活動。此外，學校與機構也可以合作舉辦或是鼓勵學生參與科學比賽，可包括：科學展覽、科普徵文、科學學科知識競賽等。例如：臺灣科學教育館舉辦之「全國中小學科學展覽會」和「科學叢書閱讀心得徵文比賽」，或是其他像是「奧林匹克學科競賽活動」、「全國青少年科技創新大賽」等等。

4. 優良的科學教育媒體資源

由於各種傳播科技和媒體的使用資源大幅增加，教學活動不應侷限在教室內，教師應提供學生從網路或媒體中獲得各項資訊的學習機會，可以篩選優良的科學教育節目或科學網站，配合學校課程進行授課，以利教師在教學中善加利用各種科學教育資源。例如：教育部的「科學教育學習網」（http://science.edu.tw/index.jsp）、國立臺灣科學教育館網站中「學習資源」（http://www.ntsec.gov.tw/m1.aspx?sNo=0000003&ex=%20&ic=）裡的「線上學習」和「互動教學」、國立科學工藝博物館網站的「網路學習」（http://www.nstm.gov.tw/learn/02_01_1.asp）、國立自然科學博物館網站的「學習資源」（http://edresource.nmns.edu.tw/）、國立海洋生物博物館網站的「海洋教育資源」（http://www.nmmba.gov.tw/Default.aspx?tabid=56），以及電視節目例如 Discovery 頻道、國家地理頻道等等，均能提供教師作為優良的科學教育媒體資訊的來源與管道。

結論

本章旨在說明國民教育階段中科學教育和科學素養的重要性，科學課程能夠培養學生理性思考、探究問題和創造思考等能力，因此一位優秀的教師也就成為影響科學課程的關鍵。是以，科學教師需了解科學教育的基本目標為何，應以「提升全民科學素養」為當前的科學教育理念，也就是要使無論是處於現在或未來的一般大眾，都能適應時代的發展與變遷，均能養成與科學相關的認知與能力。而我國科學師資培育和科學教育的基本目標，就是要培養出能夠了解國小學生學習特性和提升國小學生科學素養的教師，以及期望能培養出學生在生活中具體應用之科學能力。

由於提升國民的科學素養為當代科學教育的目標，故科學素養的內涵便有其重要性，「科學素養」可以定義為一般大眾對科學知識了解的程度，以及能了解科學和技學對社會環境上的影響，並進而對科學具有主動積極的態度和行為。我國科學教育為呼應當代的教育改革，將原有的科學課程融入新的理念，並對其進行持續的檢討和改進。因此在九年一貫課程中的「自然與生活科技」學習領域，也明定科學教育的首要目標就是要提升國民科學素養，並指出學生應達成「科學素養」各面向之屬性和能力：(1)過程技能；(2)科學與技術認知；(3)科學技術與本質；(4)科技的發展；(5)科學態度；(6)思考智能；(7)科學應用；(8)設計與製作。

有鑑於提升科學素養為我國的科學教育目標，故科學教育的教師更應該了解有何種途徑與策略可以提升國小學生的科學素養；而根據「科學教育白皮書」和其他相關文獻的內容，筆者歸納出以課程、教學與評量等三方面為出發點的基本策略，並配合科學教育機構、媒體資源和各種科學活動競賽等資源與途徑。

課後作業

1. 請問經由「第一次全國科學教育會議」之決議，形成我國目前的科學教育目標為何？

2. Shamos 於 1995 年指出科學素養包含哪三種形式？

3. 請從「課程、教學與評量」的角度，分別提出如何提升國小學生科學素養的基本策略和資源途徑。

延伸學習資源

1. 教育部國民教育社群網（http://teach.eje.edu.tw/）

2. 教育部科學教育學習網（http://science.edu.tw/index.jsp）

3. 國立臺灣科學教育館（http://www.ntsec.gov.tw/）

4. 國立科學工藝博物館（http://www.nstm.gov.tw/index.asp）

5. 國立自然科學博物館（http://www.nmns.edu.tw/）

參考資料

中文部分

王光復、范斯淳（2008）。中國大陸對提升創新能力所採行的科普教育措施。**生活科技教育月刊**，*41*（4），11-17。

教育部（2001）。**國民中小學九年一貫課程（第一學習階段）暫行綱要**。臺北市：教育部。

教育部（2007）。**科學教育白皮書**。2009 年 10 月 8 日，取自 http://www.nsc.gov.tw/sci/lp.asp?CtNode=2532&CtUnit=1559&BaseDSD=7

張美珍（2008）。歡迎你來動手——談科學博物館內國小科技教育的展示與活動規劃。**科技博物**，*41*（2），3-16。

靳知勤（2002）。「有素養」或「無素養」？——解讀非科學主修大學生對三項全球性環境問題之敘述表徵。**科學教育學刊**，*10*（1），59-86。

靳知勤（2007a）。科學教育應如何提升學生的科學素養——臺灣學術菁英的看法。**科學教育學刊**，*15*（6），627-646。

靳知勤（2007b）。科學素養內涵與 STS 教育目標。收錄於陳文典主編：**科學／技術／社會鼎足並重的教育**（頁 122-132）。臺北市：洪葉文化事業有限公司。

英文部分

AAAS (1990). *Science for All Americans*. New York: Oxford University Press.

Durant, J. R. (1993). What is scientific literacy? In J. R. Durant & J. Gregory (Eds.), *Science and Culture in Europe* (pp.129-137). London: Science Museum.

Hurd, P. D. (1958). Science literacy: Its meaning for American schools. *Educational Leadership*, *16* (1), 13-16, 52.

Miller, J. D. (1983). Scientific literacy: Aconceptual and empirical review. *Daedalus*, *112* (2), 29-48.

National Research Council (1996). *National Science Education Standards*. Alexandria, Virginia, USA: National Academic Press.

Shamos, M. H. (1995). *The myth of scientific literacy*. New Brunswick, NJ: Rutgers University Press.

第 2 章

國內外科學課程特色

王盈丰

本章概觀

一、九年一貫科學課程特色
　　1.說明目前國內科學課程之內涵與設計主旨。
　　2.介紹學校本位課程與統整課程。
二、科學課程目標
　　介紹國內科學課程目標，說明如何結合教學有效實施科學課程，以期提升學生之科學素養。
三、國外科學課程特色
　　說明國外如美國、日本、英國與澳洲等，不同國家之科學課程特色。

前言

　　本章著重說明國內目前所實施的九年一貫課程特色與科學課程目標，以及科學教育白皮書的精神，並進而比較國內外科學課程，例如：美國科學課程、日本、英國、澳洲等科學課程特色。

　　教育部與國科會於 2003 年邀請國內學者，對於國內科學教育發展願景，經多次共同努力討論後，達成共識並擬定科學教育白皮書。科學教育白皮書（引自國科會，2007）中指出科學教育是教育的一部分，強調培養全民的科學素養，發展每個人的「創新、創造能力」與「關心、關懷態度」。科學教育的目標是使每位國民能夠樂於學習科學、了解科學，進而喜歡與欣賞科學。其目標應展現於下列三方面（引自國科會，2007）：

1. 使科學紮根於生活與文化之中。
2. 應用科學方法與科學知識解決日常生活問題，理性批判社會現象。
3. 藉由不斷提升科學素養，貢獻於人類世界的經濟成長及永續發展。

科學教育白皮書中提及學校中各階段的「課程」、「教學」與「評量」，是科學教育落實的關鍵部分；三者之間在設計規劃時須著重其內涵架構與銜接性。科學教育白皮書中除了針對「課程」、「教學」與「評量」設計，提出具體策略與方案外，並指出教學設計中需要有調整機制，來因應不同教學對象或各項教學需求，調整課程、教學或評量內容（引自國科會，2007）。目前國內課程的發展，由過去課程標準的擬定，演變至今日以著重培養學生帶著走的能力為主之課程大綱，並發展出一綱多本的教材。國內科學教育改革之精神，也曾跟隨著全世界科學教育改革的趨勢，以建構主義思潮引領著科學教學與學習。著重科學素養與學習態度之養成，引導學習者探究科學與欣賞科學，進而藉由討論，培養學習者的溝通表達能力，九年一貫課程讓國內科學教育展現了多元的教學與學習風貌。

九年一貫科學課程特色

　　教育部（2003, 2008）所編擬之九年一貫課程中的七大學習領域包含：語文、健康與體育、社會、藝術、數學、自然與科技、綜合活動；重視培養學生的十大基本能力：了解自己與發展潛能，欣賞、表現與創新，生涯規劃與終身學習，表達、溝通和分享，尊重、關懷和團隊合作，文化學習和國際理解，規劃、組織和實踐，運用科技和資訊，主動探索和研究，獨立思考和解決問題。九年一貫課程強調完整、平衡、聯繫、動態、系統；重視結合個體發展、社會文化、自然環境三方面；並強調培養學生以可帶著走的能力取代背不動的書包；教材理念著重學生易學和老師易教，容易從事觀察與實驗，能應用於日常生活中；評量著重以學生為中心，以期提高學生學習成就，協助個別發展潛能。陳文典（2003）強調在國民小學學習階段，「感受學習的快樂」、「養成自我學習的能力和習慣」、「培養實事求是的科學精神」、「培養講道理做實事的態度」、「有自信、能思考、有創意」等能力和態度的養成是相當重要的。

　　九年一貫課程的設計主旨，是希望能培養學生具備帶著走的能力，而不是嚴謹的知識背誦，並著重多項重要的改革，包含：

1. 以「課程綱要」取代以往的「課程標準」；以學生應學得的「關鍵能力」取代過去的「教學大綱」，讓學校及教師有更多自主的課程與教材設計，以及彈性的教學空間。

2. 以學校本位課程的發展為主，取代以往由上而下的國家本位課程設計，不強調全國統一的課程標準及國訂本的教科書，以避免剝奪學校及教師的專業自主的空間。

3. 重視學習內容的統整，強調合科、統整、協同與活潑的教學，以期能確實打破以往分科過細、知識嚴重被分割，避免各科獨立、教師單打獨鬥教學，而互不聯繫的情況。

4. 強調社會新興議題融入九年一貫課程（教育部，2008），除規劃七大學習領域外，並將性別平等、環境、資訊、家政、人權、生涯發展等，各項社會新興議題融入各領域的教學，這是以前課程規劃所缺乏的。今日配合世界時勢發展，課程內涵微調增加數項議題，例如：媒體素養、海洋教育、永續環保等重要議題（教育部，2008）。

5. 選擇六大議題的能力指標，加強融入各學習領域中，或在彈性學習節數、選修課程中，加強設計相關課程或教學活動。新興議題的融入，可讓課程的內容多元化，以基本能力的培養取代學科知識的大量填充，增進學生生活知能培養與身心發展。

　　陳文典（2003）提及新舊課程在教學與學習方面之不同，實施新課程的教育目的是以「學生本位」為主要考量，期望「學生潛能開發」之理想得以實現；課程目標以「能力本位」取代「教材中心」，學習是為了能力的提升；教材編選以「學校本位」取代「統一標準」。新課程強調教學法的更新，希望學生自動的參與學習活動，而整個教學活動中應給予學生自主的思考空間；即「怎麼教」比「教什麼」更為重要，希望改變學生的學習心態，以「主動探索」取代「被動受教」。

(一) 學校本位課程

學校本位課程發展（school-based curriculum development, SBCD）就是以「學校」為基礎，藉由結合學校人力和社區資源，由學校自主對於學生之學習內容或活動所進行的課程設計。透過以學校為本位的課程發展活動，建立具有學校特色的課程內涵，提供學生最佳學習方案。鄭湧涇（2003）指出：在實施學校本位的「自然與生活科技」課程時，可考量調整為「科學議題導向課程」或 STS（科學、技術與社會）模組課程的設計，嘗試因應學生及教師教學的需求，在學科概念知識的學習與基本能力培養之間，取得一個平衡點，以減輕教師、學生、家長和社會對於課程變革的不適應情形。從事學校本位科學課程發展信念與教學實踐的相關研究指出：教師欲有效發展學校本位課程，擴展學童科學知識與能力，「教師學科專業知識」、「激勵學生學習」、「暢通的回饋管道」與「學習樂趣的培養」，是首要考量（蘇禹銘、黃台珠，2009）。因此當教師發展學校本位課程時，除了充實個人的學科教學知識，與學習者維持良好互動，以及有效學習情境之營造，是相當重要的。

(二) 統整課程

Beane（1997）指出「課程統整」包含四個向度，分別是：(1)個人生活經驗的統整；(2)社會生活互動的統整；(3)知識的統整；以及(4)課程設計的統整。他強調課程統整的特點是讓學生參與規劃課程，選定議題並組織課程內容；即教學中不僅是以學生學習為中心之考量，更要讓學生實質參與決定他們學習的內容。

國內九年一貫課程特色之一，是倡導教師發展跨領域學科間，或是學科內的統整課程發展與教學設計。而任教自然與生活科技領域的教師，可配合現今課程發展趨勢，結合各項新興議題，培養具備課程規劃和適時調整，以及教學設計與評量的能力。

二 科學課程目標

今日科學教育有關課程規劃，跟隨著世界各國科學教育改革的趨勢，不再以量取勝，而著重以培養學生的科學素養與能力為主。現行國民小學課程，提倡「學校本位課程」、「培養帶得走的能力」、「以學生為學習主體的教學」。課程目標在於激發學生的潛能，培養學生適應與改善生活環境的能力。九年一貫課程中，強調「培養獨立思考、解決問題的能力、激發創造潛能」、「培養探索科學的興趣與熱忱，並養成主動學習的習慣」等科學素養，自然與生活科技領域也以「科學素養」的養成，培養學生帶著走的能力為基本考量。以實施九年一貫科學課程的精神而言，科學素養的養成是學生學習之主要目標；對教師而言則是教學內容規劃的依據，也是評量學習成效須考量的要點。

九年一貫課程提出十大基本能力，並在各學習領域列出許多能力指標；然而如何統合十大基本能力與能力指標間的關聯性，並落實於教學中，讓學習能夠「焦點化」，也是未來教師於課程實施時須考量的。國內學者鄭湧涇（2003）提及現今科學課程的設計，若以課程目標和教材組織來區分，可分成「學科概念知識結構導向」、「科學議題導向」、「核心能力導向」三種類型。教師在教學時可適時調整教學設計，來達成課程目標與教學成效。

科學教育目標在於重視科學素養的提升，以探究問題來學習科學，仍是課程內容的重點，至於認知心理學家重視的學習趨勢，是學習者能以先備知識為基礎，進行同化調整與自行建構新的概念；即建構取向的學習，也是全球科學教育界努力實施改革的方向。今日的科學課程內容，多藉由動手實做啟發學生的好奇心，逐步探索與尋求答案，並鼓勵學生勇於發言表達自己的想法，進而結合生活經驗，學習與生活相關的科學現象，了解自然與生活科技領域之基本概念。學習「自然與生活科技」課程，即是學習與生活相關的知識技能。鄭湧涇（2003）亦指出目前科學課程設計的理念，雖強調課程內容應儘量與學生的生活經驗結合，而在實施方面可朝兩項途徑進行，包括：(1)科學生活化取向：

由具體的自然現象或生活經驗切入，學習其中相關的基本科學概念或原理；(2)科學概念取向：先學習基本科學概念或原理，當接觸與所學相關之科學概念或原理、自然現象或生活經驗時，即能投入且了解科學原理。

國外科學課程特色

(一) 美國科學課程特色

自 1960 年來的美國科學課程，以探究為主導的課程（如 SAPA、SCIS、ESS 等），對學生過程技能的培養，概念的形成與高層次認知思考，如批判性思考、分析能力、解決問題能力、創造能力皆有幫助。美國科學教育標準和評量組織（National Committee on Science Education Standards and Assessment）於 1993 年提出三項課程標準：(1)科學課程方面——學生應學習及應用的；(2)科學教學方面——教與學的策略；(3)科學教育評量方面——學生評量和方案評量的發展與實施。Yager（1988, 1996）主張科學／技學／社會之學習觀點重視下述各項：

1. 重視基礎教育，強化核心課程與增加數理科的教學時數。
2. 強調全民科學素養的提升。
3. 強調科學／技學／社會（Science/Technology/Society，簡稱 STS）三者之關係。
4. 注重運用個別化教學模式，以期符合不同程度兒童之發展需要。

美國在 2061 計畫中指出（引自 AAAS, 1993）：課程改革應著重於自然科學、社會科學和數學知識的綜合，並增加必要的技能訓練。此計畫重點在強調目標導向課程，教材求精不求多，須全方位考量，並

以教師為中心。此計畫包含三個階段：首先，建立課程改革的概念基礎；其次，製造多種課程模式可使用於各學區，從事教學及技術教學的改進；再其次，以全國性規模進行科學教育及技術教學的改革。美國 2061 計畫中強調，達到「科學素養」的課程性質是避免陳述過多內容；減少科目間的差異性，加強數學、科學與科技的整合，增進科學化的思考方式；重視實用性，豐富兒童的生活化、科學態度與行為的養成，以及加強社會責任感與使命感。美國於 2061 計畫之一項主張是每門課程自成開放性的體系，在同一個單元裡將多學科綜合起來進行教學。目前國內九年一貫課程大綱所規劃之統整課程，亦與美國統整教學策略相似。在《美國國家科學教育標準》（*NSES*）一書中指出，美國科學課程的主要發展與改進趨勢，亦包含不同學科領域或同一學科內的各項概念統整（NRC, 1996）。

目前國內不同版本自然與生活科技領域教科書，其課程目標規劃多參照九年一貫分段能力指標，兼顧認知、情意、技能，目標分類詳細，以學生為中心，且強調科學性探究與合作學習為主。在評量方面，九年一貫課程重視多元評量的實施，評量方式包含：教師觀察、檢核、反思、模仿、遊戲、辯論、戲劇和學習軌跡等。

(二) 日本科學課程

今日國內的科學課程內容規劃，重視以開放式的問題，引導學生自己探究實驗的結果。而其他國家地區之科學課程特色為何？鄰近的亞洲國家日本以「生活、生存能力」為最主要的教育目標，讓學校課程與教學的安排能夠聚焦；一至二年級階段為生活科，中高年級亦即三至六年級，分為理科與社會科；理科每一學年學習內容包含物質與能量、生命與地球兩大範疇領域。日本課程的領域分類著重於課程性質的不同，臺灣九年一貫課程的領域分類著重於合科統整的教學（引自文部科學省，2010）。在科學教育實施上，除了科學知識的介紹外，日本注重科技的學習和操作，例如：科學理論的學習，課程的內容除了對於科學知識

與原理的解釋外，也注重實驗的過程與結果的說明。日本的科學課程強調培養學習者的能力（引自文部科學省，2010），包含：

1. 加強基礎學科能力。
2. 重視解決問題的能力。
3. 強化科學的運用能力。
4. 培養積極的學習能力。
5. 培養生活科學的運用能力。

（三）英國科學課程

英國於 90 年代之前，沒有一套統一的科學課程；英國現行的國家科學課程於 1989 年首次編訂，爾後經兩次修改，才成為目前在中小學推行的課程。每一學校有權選擇合適的課程來實施（李揚津，2000）。小學階段學制也與臺灣相同，須完成六年之課程教育。整套課程的內容包含了兩個主要部分——「學習計畫」及「成就目標」。學習計畫中，學生由國小至高中共要經歷四個跨階段的學習範疇。內容包含「實驗與探究科學」、「生命的作用與生物」、「物料及其特性」和「物理作用」。「實驗與探究科學」屬於技能培養部分，與「物料及其特性」內容相銜接。有關「生命的作用與生物」、「物料及其特性」和「物理作用」，多屬知識內容的介紹（李揚津，2000）。各學習範疇內的教學內容都是依據螺旋式課程的理念而設計。學生所學到的科學概念由淺入深，由簡單至複雜，由具體至抽象（李揚津，2000）。

整體而言，學校重視以學生為本位進行教學，在科學知識、技能與理解的學習方面，重視運用科學探究的方法，培養學習探究知識的技能與思考能力，以期發展全民的科學。

（四）澳洲科學課程

澳洲的課程標準中所陳述學生須具備的基本能力內容明確且務

實，澳洲的教師可根據具體的教育目標與行為目標，來訂定具體的教學目標，設計教學活動。依照學生的學習特性及認知發展層次，設計不同難易深度的作業或相同的作業中指定不同的學習階段對象，可適應學生間的個別差異，使教師在教學活動設計、教學策略的實施，以及作業的安排較具彈性。臺灣的自然與生活科技課程中，先陳述科學概念後，再導入科技的應用；而澳洲的課程，是將科技當作一門專業科目，十分強調科技之重要，澳洲的科學教科書內容中，引導學生從生活中的實例來思考、判斷，甚至加以創造，而這方面是臺灣的課程所缺少的。澳洲在生活科技部分重視培養學生發展下述各項能力（引自施能木，2004）：

1. 分析與解決問題能力。
2. 資訊處理與運算的技能。
3. 了解科學與科技在社會中所扮演之角色與如何統整。
4. 了解與關注全球環境之均衡發展。

從文化的觀點而言，澳洲教育對於當地土著的文化相當重視，澳洲政府非常強調其課程須確實反映土著民族的文化觀點，例如他們就將當地原住民如何觀測氣象的方式編列至課程中。

課後作業

1. 九年一貫科學課程特色為何？擔任科學課程的教師應如何實施九年一貫課程的精神？
2. 試說明比較九年一貫課程特色與美國2061計畫課程特色有何異同處。
3. 試說明比較國內科學課程與其他國家科學課程特色有何異同處。

延伸學習資源

1. 國民教育社群網——課程綱要：介紹九年一貫課程綱要內涵、基本能力、學習領域、實施配套措施與重大議題等（http://teach.eje.edu.tw/9CC/）
2. 美國 2061 計畫（http://www.project2061.org/）

參考資料

中文部分

文部科學省（2010）。新しい習指導要領。2010 年 2 月 14 日，取自 http://www.mext.go.jp/a_menu/shotou/new-cs/youryou/syokaisetsu/

李揚津（2000）。小學科學教育動向——英國國家科學課程。**亞太科學教育論壇**，*1*（1）。2010 年 2 月 14 日，取自 http://www.ied.edu.hk/apfslt/issue_1/si/article-5.htm

施能木（2004）。臺灣與澳洲的科技教育課程之比較。**生活科技教育月刊**，*37*（7），15-25。

英國教育部（2010）。**英國科學課程**。2010 年 2 月 14 日，取自 http://curriculum.qcda.gov.uk/key-stages-1-and-2/subjects/science/keystage1/index.aspx

國科會（2007）。**科學教育白皮書**。2010 年 2 月 14 日，取自 http://www.nsc.gov.tw/sci/ct.asp?xItem=9654&ctNode=2532

教育部（2003）。**國民中小學暫行課程綱要「自然與生活科技」課程綱要**。臺北：教育部。

教育部（2008）。*97 年國民中小學九年一貫課程綱要*。臺北：教育部。

陳文典編（2003）。科學課程論述。**自然與生活科技學習領域課程研討會論文集**，2003 年 11 月 21-22 日。國立臺灣師範大學分部。

鄭湧涇（2003）。科學課程論述。**自然與生活科技學習領域課程研討會論文集**，2003 年 11 月 21-22 日。國立臺灣師範大學分部。

蘇禹銘、黃台珠（2009）。科學教師學校本位課程發展信念與實踐之個案研究，科學教育月刊，*324*，2-16。

英文部分

AAAS (1993). *Benchmarks for science literacy, Project 2061*. New York: Oxford University Press.

Beane, J. A. (1997). *Curriculum integration: Designing the core of democratic education*. New York: Teachers College.

National Research Council (1996). *National Science Educational Standards*. The National Academics Press. 2010年3月10日，取自http://www.nap.edu/openbook. php?record_id=4962

Yager, R. E.(Ed.) (1996). *Science/technology/society as reform in science education*. Albany, NY: State University of New York Press.

第 3 章

我國科學課程
之演進與內容

黃鴻博

本章概觀

一、我國國小階段科學課程之演進：回顧我國國小階段自然科學課程
　　教材之演進歷史及九年一貫課程之背景。

二、九年一貫課程「自然與生活科技學習領域」之理念與內容：九年
　　一貫「自然與生活科技學習領域」課程之基本理念、特色。

一　我國國民小學階段科學課程之演進

　　我國在中小學階段納入自然科學內容，最早於清末光緒 29 年「奏定學堂章程」中，規定在初小與高小都應設有「格致」一科作為選修；民國成立後，自然科課程在「博物」、「理化」、「園藝」、「勞作」、「衛生常識」等科目間分合變化。以下就政府遷臺後近 60 年來國小階段自然科學課程的演進，做概略的回顧整理：

㈠ 遷臺初期期（民國 38 年至 46 年）

　　政府遷臺之初，科學教育課程主要依據民國 37 年教育部訂頒之小學與中學課程標準實施。該課程明訂「自然科」為國小高年級（五、六年級）的科目之一，內容包括「自然現象」、「生活需要」與「衛生常識」等三部分，至於一至四年級自然科相關知識則納入「常識」課程中。

㈡ 外援改革期（民國 47 年至 56 年）

　　在本時期間得助於外援（美援、聯合國教科文組織等），政府推動一系列科學課程教材修訂、師資培育與設備充實方案，科學教育改革發展甚速，教育部並於民國 51 年完成中小學課程標準修訂工作。此次課

程修訂，國民小學階段在低年級維持「常識」（含社會與自然兩部分）每週授課 150 分鐘，中年級設置「自然科」每週授課 90 分鐘，高年級「自然」每週授課 120 分鐘。

(三) 研究發展期（民國 57 年至 82 年）

在民國 57 年，配合九年國民義務教育實施，修訂課程標準，科學課程內容除將國小低年級「常識科」內容中有關安全衛生教材劃歸新設科目「健康教育」，教學時數減為 120 分鐘外，其餘中、高年級科目名稱與教學時數均未變化。在自然科課程目標開始重視以兒童為中心，強調「從日常生活與自然環境中學習」及培養科學方法，以及從周遭環境中觀察、發現問題、解決問題之重要性，並兼顧科學態度、科學方法與科學知識之學習目標。

教育部並於民國 58 年研訂「各級學校科學教育發展計畫」，整體性推動科學教育課程教材實驗研究、教學革新、師資培訓與設備充實等。民國 61 年，教育部成立「國民小學科學教育實驗研究指導委員會」，負責教育研究工作之計畫指導、審議及評鑑等工作，並聘請教育心理學家、學科專家、課程專家及遴選優秀現職教師，組成研究小組，在板橋「臺灣省國民學校教師研習會」開始長期國小自然科課程教材發展與實驗工作；課程教材編寫除參考世界各國（特別是美國）科學課程發展潮流外，並參酌本土環境特徵發展課程綱要，編寫實驗教材，並自民國 63 年 9 月起，在臺灣地區選擇數十所國民小學為實驗學校，進行大規模教科書發展實驗研究，試驗教材都經過兩次試教、修訂。此一課程發展模式後來被稱為「板橋模式」，是開國內系統性課程教材發展之先河。

民國 64 年，教育部修訂國民小學課程標準時，更以前述課程實驗研究成果，作為修訂之藍本，其實驗教材及教學指引，作為國立編譯館編撰新教科書、教學指引及習作之主要依據。民國 64 年教育部修訂公布之課程標準中，國民小學自一年級起設置「自然科學」，教學時數低

年級 120 分鐘、高年級 160 分鐘，時數顯著的增加。新課程 67 年起自國民小學一年級逐年推動實施。

(四) 過渡與教科書開放期（民國 82 年至 86 年）

基於國內外科學教育發展趨勢如：1970 年代環境保護、STS 教育改革運動等，及民國 70 年代末期國內政治民主化等之衝擊影響，加上 64 年公布的課程標準已實施多年，有再加以檢視修正之必要，教育部在民國 82 年修訂國民小學課程標準，將科目名稱由「自然科學」改為「自然」外，在內容上增加強調科學教育與學習者日常生活的連結，及環境保護、永續發展教育等內容。並自民國 85 年起，國小教科書的編印由過去統一由政府編印之國定本改為審定制，開放民間教科書業者參與編寫教科書，再經由國立編譯館審定合格後，由各校自行選擇採用，結束了以往由政府制訂課程標準與編寫教科書的時代。

在這階段中，政府回應民間對於教育改革的呼聲，行政院教育改革審議委員會於民國 83 年成立，就國家教育改革及教育發展事項進行廣泛的研議討論並提出建議，至 85 年該會先後將提出四期諮議報告書，該報告中指出當前國內教育存在：(1)「教育僵化惰性必須祛除」；(2)學校教育與社會需求脫節；(3)終身學習社會尚待建立；(4)教育機會均等亟須增進；(5)偏重智育的考試文化仍待導正；(6)課程、教材與評量方式亟待改進；(7)多元師資培育體系猶待改進；(8)教育資源運用效率有待提高等八個重要問題，其中針對課程、教材與評量方面提出以下改革主張：

「……目前我國學校的課程分科太細，缺乏統整；教材太難，不夠生活化；上課時數太多，教學方法及評量方式亦過於僵化，亟待改進。」
「在課程與教學改革方面，宜以生活為中心進行整體課程規劃，掌握理想的教育目標，訂定課程綱要取代課程標準，強

化課程的銜接與統整，減少學科數目和上課時數。……國小
『健康與道德』科亦可與自然科、社會科或其他生活教育活
動等合科。課程與教學的改革，希望加強培養學生學以致用
的能力，可以手腦並用、解決問題、適應變遷、適性發展。
課程實施應與科技相結合，建立網路學習環境，並充分發揮
圖書館功能。」

針對這些教育改革的建議，而有後續國民教育九年一貫課程的推
動，在教育體制、課程教學等相較以往有較大幅度的更動。

㈤ 九年一貫課程時期（民國 87 年至今）

根據前一階段教育改革的建議，政府自民國 86 年起進行國民教
育階段之課程與教學革新工作，分別於民國 89 年訂定「國民中小學九
年一貫課程暫行綱要」、民國 92 年公布「國民中小學九年一貫課程綱
要」正式實施，並於 97 年根據實施後實況進行檢討修正，公布微調之
「國民中小學九年一貫課程綱要」並預定在民國 100 年起正式實施。
以下簡述新課程綱要之基本理念、課程目標、學習領域劃分等，以便對
於這一波自然科學課程與教材改革背景脈絡能有更全面的了解。

1. 基本理念

九年一貫課程揭示：「教育之目的以培養人民健全人格、民主素
養、法治觀念、人文涵養、強健體魄及思考、判斷與創造能力，使其成
為具有國家意識與國際視野之現代國民。」並指出：「本質上，教育是
開展學生潛能、培養學生適應與改善生活環境的學習歷程。」九年一貫
課程之基本內涵主要包括：

(1) 人本情懷方面：包括了解自我、尊重與欣賞他人及不同文化
等。
(2) 統整能力方面：包括理性與感性之調和、知與行之合一、人文
與科技之整合等。

(3) 民主素養方面：包括自我表達、獨立思考、與人溝通、包容異己、團隊合作、社會服務、負責守法等。

(4) 本土與國際意識方面：包括本土情、愛國心、世界觀等（涵蓋文化與生態）。

(5) 終身學習方面：包括主動探究、解決問題、資訊與語言之運用等。

2. 培養基本能力

配合資訊爆炸的時代來臨，培養學生具備可以轉換、應用帶得走的基本能力，已經成為各國教育改革重要的趨勢，九年一貫課程強調：「國民中小學之課程理念應以生活為中心，配合學生身心能力發展歷程；尊重個性發展，激發個人潛能；涵泳民主素養，尊重多元文化價值；培養科學知能，適應現代生活需要。」，經過分析歸納，本課程致力培養學生具備以下十項基本能力：

(1) 增進自我了解，發展個人潛能。

(2) 培養欣賞、表現、審美及創作能力。

(3) 提升生涯規劃與終身學習能力。

(4) 培養表達、溝通和分享的知能。

(5) 發展尊重他人、關懷社會、增進團隊合作。

(6) 促進文化學習與國際了解。

(7) 增進規劃、組織與實踐的知能。

(8) 運用科技與資訊的能力。

(9) 激發主動探索和研究的精神。

(10) 培養獨立思考與解決問題的能力。

3. 七大學習領域

國民教育階段之課程應以個體發展、社會文化及自然環境等三個面向，提供語文、健康與體育、社會、藝術與人文、數學、自然與生活科技及綜合活動等七大學習領域。學習領域為學生學習之主要內容，而非學科名稱，除必修課程外，各學習領域，得依學生性向、社區需求及

學校發展特色，彈性提供選修課程。學習領域之實施，應掌握統整之精神，並視學習內容之性質，實施協同教學。

二　現行「自然與生活科技學習領域」之理念與內容

依據 92 年公布及 97 年微調修訂之九年一貫「自然與生活科技學習領域課程綱要」，培養國民基本科學素養為課程之核心目標，相較於前一階段本領域課程「自然」更名為「自然與生活科技」，其重要意涵在於更重視在當今科技時代中，科技已經成為每一個國民生活重要的一部分，教育應協助國民更有效適應日常生活與未來生涯發展，

(一) 課程基本理念

1. 自然與生活科技之學習應為國民教育必要的基本課程。
2. 自然與生活科技之學習應以探究和實作的方式來進行，強調手腦並用、活動導向、設計與製作兼顧及知能與態度並重。
3. 自然與生活科技之學習應該重視培養國民的科學與技術的精神及素養。
4. 自然與生活科技之學習應以學習者的活動為主體，重視開放架構和專題本位的方法。

(二) 課程目標

1. 培養探索科學的興趣與熱忱，並養成主動學習的習慣。
2. 學習科學與技術的探究方法和基本知能，並能應用所學於當前和未來的生活。
3. 培養愛護環境、珍惜資源、尊重生命的知能與態度，以及熱愛本

土生態環境與科技的情操。

4.培養與人溝通表達、團隊合作及和諧相處的能力。

5.培養獨立思考、解決問題的能力，並激發開展潛能。

6.察覺和試探人與科技的互動關係。

（三）課程特質

陳文典（2003）教授曾分析九年一貫「自然與生活科技學習領域」課程有以下之特質：

1.適性化的教材、教學及評量設計。

2.教材應以生活經驗為重心，教學時應掌握統整的精神。

3.教學活動模式要以學生為學習主體來考量。

4.從事科學性的探討活動。

5.建構學校本位課程。

6.教學與評量是並行的進行、相互援引的。

7.評量要用來激勵學生學習、指引學習重點、發掘學生才能、改進教學策略。

8.評量內容兼顧各項（多元）分段能力指標，且評量方式不限於一（多樣）。

9.評量及教學活動是用以培養學生的自信心及責任感的。

10.評量及教學活動的方式要能促進學生能與人合作及分享的能力。

而在教育部公布之課程綱要中指出：依據「課程總綱綱要」及「自然與生活科技學習領域課程綱要」所揭示的理念，「自然與生活科技」課程具有以下的幾項特質：

1.強調適性教育：教學與評量均以發掘學生的性向和培養學生的才能為目標。

2.重視學習者的自主性：課程目標在於「培養國民生活所需的基本能力」。因此，教學活動應「以生活經驗為中心」，在設計學習

活動時應注意「以學生為學習活動的主體」，把學習的自主性賦予學生，以培養學生解決問題的能力。

3. 教學應掌握統整的精神：為了讓設計的教學活動能切近學生的生活經驗，也使教師在設計主題式教學時有較大的自主性，設計學習活動時，可以因應釐清主題概念的需要，將相關的知識納入探討，以落實課程統整之精神。

4. 學校本位課程：為了使教學活動更能適應地方環境的特性及學生的程度和性向，在課程綱要上分段能力指標只列應學習的「核心概念」。並增加了學校自主支配的時數，讓學校可結合全體教師和社區資源，發展學校本位課程。

5. 教學與評量一體：為了確保課程目標的達成，應將評量視為教學的一部分，評量的內容要儘可能涵蓋所有的教學目標，評量方法應採多元化方式實施，兼顧形成性和總結性評量。

6. 科學的探討：分段能力指標之達成，必須透過科學探討活動，並且以學生為學習主體的教學方式。

(四) 分段能力指標

自然與生活科技學習領域所培養之國民科學與技術的基本能力，依其屬性和層次分成八個要項，並依階段訂定分段能力指標，以作為選編教材、實施教學與學習評鑑之依據，編序與說明如下：

1. 過程技能：增進科學探究過程之心智運作能力。
2. 科學與技術認知：科學概念與技術的培養與訓練。
3. 科學與技術本質：科學是可驗證的、技術是可操作的。
4. 科技的發展：了解科學如何發現與技術如何發展的過程。
5. 科學態度：處事求真求實、喜愛探究之科學精神與態度、感受科學之美與影響力。
6. 思考智能：對事物能夠做推論與批判、解決問題等整合性的科學思維能力，以及資訊統整能力。
7. 科學應用：應用科學知識以及探究方法以處理問題的能力。

8.設計與製作：能夠運用個人與團體合作的創意來製作科技的產品。

課程綱要中詳列本領域八項能力指標之各年度學習目標，表 3-1 僅以「過程技能」一項為例，說明本項下國小各階段學生學習後應達成之學習目標，以作為教材編寫、教師教學與評量之重要依據。

表3-1

> 1.過程技能
>
> **第一階段（國小一至二年級）**
> **觀察**
> 1-1-1-1 運用五官觀察物體的特徵（如顏色、敲擊聲、氣味、輕重等）。
> 1-1-1-2 察覺物體有些屬性會因某些變因改變而發生變化（如溫度升高時冰會熔化）。
> **比較與分類**
> 1-1-2-1 依特徵或屬性，將事物歸類（如大小、明暗等）。
> 1-1-2-2 比較圖樣或實物，辨識相異處，說出共同處（如二棵樹雖大小不同，但同屬一種）。
> **組織與關聯**
> 1-1-3-1 由系列的觀測資料，說出一個變動的事件（如豆子成長的過程）。
> 1-1-3-2 將對情境的多樣觀察，組合完成一個有意義的事件（如風太大了葉子掉滿地，木板吹倒了……）。
> **歸納與推斷**
> 1-1-4-1 察覺事出有因，且能感覺到它有因果關係。
> 1-1-4-2 察覺若情境相同、方法相同，得到的結果就應相似或相同。
> **傳達**
> 1-1-5-1 學習運用合適的語彙，來表達所觀察到的事物（例如水的冷熱能用燙燙的、熱熱的、溫溫的、涼涼的、冰冰的來形容）。
> 1-1-5-2 嘗試由別人對事物特徵的描述，知曉事物。
> 1-1-5-3 養成注意周邊訊息做適切反應的習慣。
> **第二階段（國小三至四年級）**
> **觀察**
> 1-2-1-1 察覺事物具有可辨識的特徵和屬性。
> **比較與分類**
> 1-2-2-1 運用感官或現成工具去度量，做量化的比較。
> 1-2-2-2 能權宜的運用自訂的標準或自設的工具去度量。

1-2-2-3 了解即使情況一樣，所得的結果未必相同，並察覺導致此種結果的原因。

1-2-2-4 知道依目的（或屬性）不同，可做不同的分類。

組織與關聯

1-2-3-1 對資料呈現的通則性做描述（例如同質料的物體，體積愈大則愈重……）。

1-2-3-2 能形成預測式的假設（例如這球一定跳得高，因……）。

1-2-3-3 能在試驗時控制變因，做定性的觀察。

歸納與推斷

1-2-4-1 由實驗的資料中整理出規則，提出結果。

1-2-4-2 運用實驗結果去解釋發生的現象或推測可能發生的事。

傳達

1-2-5-1 能運用表格、圖表（如解讀資料及登錄資料）。

1-2-5-2 能傾聽別人的報告，並能清楚的表達自己的意思。

1-2-5-3 能由電話、報紙、圖書、網路與媒體獲得資訊。

第三階段（國小五至六年級）

觀察

1-3-1-1 能依規劃的實驗步驟來執行操作。

1-3-1-2 察覺一個問題或事件，常可由不同的角度來觀察而看出不同的特徵。

1-3-1-3 辨別本量與改變量之不同（例如溫度與溫度的變化）。

比較與分類

1-3-2-1 實驗前，估量「變量」可能的大小及變化範圍。

1-3-2-2 由改變量與本量之比例，評估變化程度。

1-3-2-3 依差異的程度，做第二層次以上的分類。

組織與關聯

1-3-3-1 實驗時，確認相關的變因，做操控運作。

1-3-3-2 由主變數與應變數，找出相關關係。

1-3-3-3 由系列的相關活動，綜合說出活動的主要特徵。

歸納、研判與推斷

1-3-4-1 能由一些不同來源的資料，整理出一個整體性的看法。

1-3-4-2 辨識出資料的特徵及通則性並做詮釋。

1-3-4-3 由資料顯示的相關，推測其背後可能的因果關係。

1-3-4-4 由實驗的結果，獲得研判的論點。

傳達

1-3-5-1 將資料用合適的圖表來表達。

1-3-5-2 用適當的方式表述資料（例如數線、表格、曲線圖）。

1-3-5-3 清楚的傳述科學探究的過程和結果。

1-3-5-4 願意與同儕相互溝通，共享活動的樂趣。

1-3-5-5 傾聽別人的報告，並做適當的回應。

編碼說明：在課程綱要中「a-b-c-d」的編號中，「a」代表主項目序號，「b」代表階段序號：1 代表第一階段國小一至二年級、2 代表第二階段國小三至四年級、3 代表第三階段國小五至六年級、4 代表第四階段國中一至三年級，「c」代表次項目序號，依觀察、比較與分類、組織與關連、歸納與推斷和傳達等，以 1、2、3、4、5 逐一編序；若未分項，則以 0 代表之，「d」代表流水號。

(五) 科學與技術認知之內容要項

對教科書編者、教師與學生而言，基本能力中科學認知部分仍然是比較具體有系統的部分，在九年一貫課程綱要列為附錄，根據教育部在 97 年所公布九年一貫課程課綱微調文件，自然與生活科技學習領域之教材內容要項如表 3-2。

表3-2 「自然與生活科技」學習領域之教材內容要項

課題	主題*	次主題*
1 自然界的組成與特性	11 地球的環境	110 組成地球的物質 111 地球和太空
	12 物質的組成與特性	120 物質的組成與功用 121 物質的形態與性質
	13 地球上的生物	130 生命的共同性 131 生命的多樣性
	14 生物的構造與功能	140 生物體的構造基礎 141 植物的構造與功能 142 動物的構造與功能

2 自然界的作用	21 改變與平衡	210	地表與地殼的變動
		211	天氣**與氣候**變化
		212	晝夜與四季
		213	動物體內的恆定性與調節
		214	溫度與熱量
		215	運動與力
		216	聲音、光與波動
		217	能的形態與轉換
		218	化學反應
	22 交互作用	220	全球變遷
		221	生物對環境刺激的反應與動物行為
		222	電磁作用
		223	重力作用
		224	水與水溶液
		225	**燃燒及物質**的氧化與還原
		226	酸、鹼、鹽
		227	有機化合物
3 演化與延續	**31 生命的延續**	310	生殖、遺傳與演化
	32 地球的歷史	320	地層與化石
4 生活與環境	**41 創造與文明**	**410**	**科技的發展與文明**
		411	**創意、設計與製作**
	42 生活中的科技	420	材料
		421	**電機與機械應用**
		422	訊息與傳播
		423	居住
		424	運輸
		425	**食品及生物科技**
	43 環境保護	**430**	**天然災害與防治**
		431	**環境污染與防治**
5 永續發展	**51 保育**	510	生物和環境
		511	人類與自然界的關係
		512	資源的保育與利用
		513	能源的開發與利用
	52 科學與人文**	520	科學的發展
		521	**科學倫理**
		522	**自然之美**

*本教材內容要項之各主題、次主題並不代表教材各章節的名稱，選編教材時，教師可自行重新安排組合。

**屬於情意或哲學觀的部分，宜由教學活動中去培養，不宜運用教條式的訓示，宜採融入方式，納入其他各主題的教學中。

課後作業

1. 比較我國近幾十年國小階段科學課程發展演進與國外科學課程演進有何關聯性。

2. 九年一貫課程綱要中「自然與生活科技學習領域」與其他相關領域有何關聯。

3. 找現行教科書分析一個單元（課）其教學目標、重要科學內容、活動流程等。

延伸學習資源

1. 教育部國民教育社群網（http://teach.eje.edu.tw/9CC/index.php）
2. 教育部科學教育學習網（http://science.edu.tw/index.jsp）

第 4 章

科學學習心理學

王盈丰

本章概觀

一、有意義的學習——對於學習者而言，如何學習是項有意義的學習。

二、行為學派的學習原則——從行為學派的觀點，指出學習的重要方法。

三、認知學派的學習原則——從認知學派的觀點，指出學習的重要方法。

四、兒童的學習發展——從皮亞傑與維高斯基的觀點，談兒童的學習發展。

五、語言與科學學習——介紹兒童語言發展的各項階段，並探討語言是科學學習的基礎。

前言

本章首先由學習的觀點談起，學習者如何建構知識，如何能達成有意義的學習。其次探討兒童的認知發展，從認知學派的學習觀與行為學派的學習觀談起，再回歸到知識建構的基礎，探討語言對於學習的重要性：從幼兒時代至成人時期語言的發展，以及重要心理學家所提之語言發展與兒童學習觀、科學語言如何習得，與如何幫助學習者建構正確的科學知識。提供教師在實施科學課程時，運用學習心理的觀點來設計科學活動，增進學生學習成效的參考。

一 有意義的學習

何謂有意義的學習？奧斯貝爾（Ausubel）認為有意義的學習，只能產生在學生已有充分的先備知識與舊經驗的基礎上，教導學習新的知識。換句話說，只有配合學生能力與經驗的教學，學生才能產生有意義

的學習。學生學習新知識時的能力與經驗，即代表個人的認知結構，配合其認知結構，教他新的知識，就會使他產生有意義的學習（張春興，1994）。由學習者自行發現知識意義的學習才是真正的學習，亦即「有意義學習」。有意義學習強調，新訊息若能與個體大腦神經系統已存有的「認知結構」相關聯，便能使新訊息在已存在的概念體系中紮根（林寶山，1990）。奧斯貝爾對認知結構的解釋，是指個體對某種特殊訊息所持有的一種有組織、穩定、清晰的認知。這種認知結構不斷地在運作，整合各種雜亂的概念或訊息，形成有系統的組織結構。學習類型可分成兩種：(1)有意義或機械式學習；(2)接受式或發現式學習。

(一) 有意義或機械式學習

「有意義的學習」是指學習者能知覺到新的學習內容，與其大腦原有認知結構中的舊知識有所關聯，並能將新舊知識連結，經學習後內化為認知結構的一部分。「機械式學習」是指學習者無法將新的學習內容與其舊經驗取得關聯，偏重機械式練習和記憶片段零碎的知識；在此學習方式下，即使勉強記住知識，但仍無法融入學習者原有的認知結構。奧斯貝爾並未把「有意義的」與「機械的」學習做區分，他認為許多學習是兼具「有意義的」與「機械的」兩種性質，只是程度上的不同而已。

(二) 接受式或發現式學習

接受式學習（reception learning）是指學習內容經由教師組織後，以最後的形式呈現，提供給學習者。發現式學習（discovery learning）是指鼓勵學習者自行操作、探索，以發現了解學科內容的組織結構。奧斯貝爾認為「接受式學習」與「發現式學習」兩者並非互斥，也可能產生於同一個學習過程中。

布魯納（Bruner）所提之認知發展與發現式學習，包含：學習者主

動建構發現找出原理；引導性學習和自主式發現學習。奧斯貝爾指出有意義學習理論，著重新的學習內容和舊知識連結，提出前導組體或稱組織因子（advanced organizer），來詮釋新的科學概念。蓋聶（Gagne）的學習理論，強調內在學習條件是學習者的先備知識及學習意願，外在學習條件即是教學者的教學活動設計。

科學學習著重於理解與思考，應避免記誦過多知識而無法靈活運用。如何學習科學才能達成有意義的學習，以下內容將由認知學派和行為學派的學習原則分析，了解學習的類型與方式，並結合語言的發展理論，來探討如何學習科學。

行為學派的學習原則

行為學派學者們認為學習的歷程是一種刺激和反應的連結，所強調的學習方法是學習態度積極，重複練習、歸納與區辨，以增強物提升成效，學習目標清楚時將有助於學習。學習的重要方法包括：(1)由簡入繁、循序漸進；(2)背誦與練習；(3)增強原理的使用。

(一) 由簡入繁、循序漸進

教材經過分析後，找出彼此的關係，學習者欲達到某一學習目標，須先精通低層次的教材內容，然後往高層次的目標邁進。

(二) 背誦與練習

許多基本的能力，例如：閱讀、書寫、計算等能力，都需要不斷地重複練習而獲得，透過多次的練習，使重複練習成為一種習慣。

(三) 增強原理的使用

　　增強學習教學效果五步驟，包含：分析學習起點行為、確定目標行為、選擇適當的增強物、以漸進方式來改善、分析及平衡學習行為改變的情形。

三　認知學派的學習原則

　　認知學派的學習原則強調學習者整體學習的重要性，注意學習內容的結構或隱義，運用學習策略和後設認知的歷程，綜合事物之間的關係。分析教材內容與了解教材之間的關聯性，運用不同的認知策略，充分的利用文字和影像的訊息處理歷程，將舊知識經驗與新知識連結，增進學習成效。認知心理學派提出教學應重視：(1)教學內容須有系統化組織；(2)教學內容要有明確的結構；(3)課程的知覺特徵；(4)重要基礎知識的說明；(5)個別學習者間的差異；(6)認知回饋可提供學習者，了解其學習成果。

　　Resnick（1989）整理認知心理學的教學觀指出，教學是一種介入學生知識建構的歷程，提供訊息與鼓勵，並指導學生主動去建構知識。教學進行時應注意：

1. 要先引出學生的舊經驗。
2. 透過師生對談、討論、比較、類化的方式將抽象的概念具體化。
3. 注意認知動機、情緒以及個人文化背景之間的互動關係。
4. 注意教科書之內容及呈現的方式。
5. 重視學習原理原則的遷移與類化。
6. 重視學習歷程的評量。
7. 重視學習策略及認知層次的評量。
8. 重視評量後的結果，以進行補救教學。

兒童的學習發展

近代建構主義引領世界科學教育改革的發展，而依建構主義的科學哲學觀點，學習科學是學生運用外來訊息時，結合原有的認知結構，以個人的先備知識為基礎，經同化及調適，而在認知結構中達到平衡的狀態建構新的概念。此觀點亦與著名心理學家皮亞傑（Piaget）對於知識的建構看法相近，而蘇俄心理學家維高斯基（Vygotsky）對於語言發展與學習的詮釋，也深深影響著今日大眾對於學習的看法，下述將介紹兩位對近代深具影響之學者的學習發展理論。

(一) 皮亞傑的學習發展原理

在今日皮亞傑的學習觀點，常被引用認為兒童的學習是一種主動建構的過程。皮亞傑認為所有兒童與生俱來，擁有與環境互動和想要了解環境之傾向，組織處理訊息的基本形式被稱為認知結構，而此種思考模式稱為基模（schema）。皮亞傑的重要論點，是將認知心理學的理論結合生物學的理論基礎，認為學習發展與生理成熟度密切相關；他認為認知是一種生物適應活動（adaptation），包含同化（assimilation）與調適（accommodation）兩種過程（Piaget, 1964）。在認知過程中，若是根據先前的經驗，或已有的認知結構系統，對外界的事物加以主觀的解釋，或選擇性的認知，這就是同化。當我們所接觸的外界事物，在同化過程中，舊有的觀念必須同時作適當的修改，以符合新的情況，這就是調適。皮亞傑（1964）指出在教學上的任何學習活動，是一種同化過程，教材的邏輯結構必須配合學習者的認知結構。所以適合的教材可以幫助兒童發展認知能力；經過與認知結構同化而獲得的知識，對學童而言才能持久與活用。

皮亞傑從觀察自己小孩於幼兒時期的認知發展，並針對許多不同國家學童之學習發展進行研究，依據整理的研究成果，提出認知發展可分成數個時期之重要理論。從出生至成人階段之學習發展，依年齡

階段之不同呈現不同時期的認知發展與學習特徵，分別包含：感覺動作期（sensorimotor stage）即出生至 2 歲、前運思期（preoperational stage）即 2 歲至 7 歲、具體運思期（concrete operational stage）即 7 歲至 11 歲，與形式運思期（formal operational stage）即 11 歲至 15 歲，延續至成人期。當兒童到達約 7 歲時開始進入具體運思期；此時表現在感覺動作期的實際動作或實用觀念，都可內化為可逆性的運作思想。在到達約 11 歲的時候，兒童已可以有能力組合這些想法，形成各種思想邏輯結構，例如：守恆、序列、分類等觀念。但此時期的思考方式仍有缺點，學童只能針對眼前具體的事物進行思想操作。當兒童運用具體運思到達一定程度後，可能漸漸感覺到具體運思的限制；將開始嘗試運用形式化、抽象性的推理，以已知的事實或是假設某種可能的結果，進一步地思考。在兒童在大約 11 歲以後，開始發展具有假設與歸納的形式運作思考能力；這些形式運思想法的組合，使其具備科學的驗證能力與態度，例如能進行分析歸納，操縱變因與發展具有機率的觀念等。

但是許多研究也指出仍有許多 11、12 歲學童尚未發展出形式運思的能力；爾後皮亞傑也認同當年研究之對象是屬於認知發展較快的學生。而一般小學教師所面對的學習對象，少數處於前運思期或形式運思期，大多皆介於前兩階段之間，亦即處於具體運思階段。年齡正值小學階段的學童，大多處於具體運思時期，許多科學概念的學習對於國小學童而言，較為抽象與困難，因此建議小學教師針對科學教學設計，經常且確實提供具體操作的機會，藉由動手做活動（hands-on activity），由做中學習幫助學生培養有效的運作思考能力，來探究科學與增進學習理解。

（二）維高斯基的學習發展原理

維高斯基（1978）認為學習之所以重要，在於它蘊藏著近側發展的空間，即原來只在與成人或同儕合作時，才能操作的內在歷程，可經

由學習加以產生，一旦這些歷程被兒童內化之後，就成為實際的發展空間。兒童在他人協助之下，能完成獨自一人所無法完成的工作，而這段能力的差距代表其學習心理的發展。維高斯基提出學習者在學習上具有近側發展區或稱潛在發展區（zone of proximal development），此一發展區域可由教學者提供適合的學習鷹架（scaffolding），來跨越此發展區域之學習障礙。兒童表現於近側發展區，是前瞻性的心智發展狀態，是以傳統評量所無法測得的兒童發展狀態。

社會性的互動也是近側發展區的另一項重要概念，透過與他人的互動，兒童將可以解決無法獨自完成的問題，達到較高的表現水平。而此成果需經由兒童與成人在環境中互動，透過與他人的互動，兒童可以發展更高層次的心智功能。近側發展區的一項重要概念是「內化」。維高斯基（1978）認為內化是外在操作的內在重建，透過不斷內化的循環過程，兒童將學習得到高層次的能力。維高斯基提出近側發展區的觀念，是希望重視兒童學習潛能的評估，才能達到最佳教學成效。以兒童的學習觀而言，應重視學習不僅是停留在學童既有的發展階段，而是應在其近側發展區；教學不僅只是配合兒童既有的發展，也應透過人與人的互動，在其近側發展區搭起鷹架，促進潛在能力的發展；評量亦非只是評定已發展的能力，而是評量學習者在現階段與未來可能發展的潛能。

五 語言與科學學習

(一) 語言的發展

維高斯基認為人類思維的最根本基礎在語言，他認為言語最初是用來作為社會溝通的，緊接著它慢慢內化，成為心智的工具。維高斯基（1963）將言語的發展過程分為四個階段（Vygotsky, 1986）：

1. 原始或自然的階段（primitive or natural stage）

是思維發展中的前語言階段，此時言語的運作是以原始形式出現的，在行為的原始層面上逐步形成、演化的。這個階段的孩童，使用言語來表達簡單的思維和情緒，例如哭、笑等。

2. 幼稚的心理階段（naive psychology stage）

是「幼稚的物理」（naive physics）表現，此時兒童對自己的身體與周遭事物產生物理特性的經驗，並將這些經驗運用到工具使用方面。例如，兒童在尚未真正懂得原因、條件、時間等關係之前，開始運用「因為」、「如果」、「但是」等詞彙。

3. 外在符號與外在運作階段（stage of external signs and external operations）

此階段的特徵是外在符號，這是孩童在解決內在問題時，用以輔助的外在運作。學童運用手指來數數、運用記憶策略來幫助記憶等。這個階段的言語是「自我中心言語」（egocentric speech）。

4. 內部生長階段（in growth stage）

此時外在運作開始內化，即兒童運用內部的聯繫和內部的符號來運作。例如，兒童計算數字以運用邏輯思考取代手指。屬於語言發展過程的最後階段，即是「內在言語」（inner speech）。維高斯基認為言語的發展是由外而內的，先是外在言語，其次是自言自語，最後才是內在言語。

(二) 語言是學習的基礎

人類對於語言的學習如同認知發展一樣，配合年齡發展循序漸進；而蘊含著科學原理與內涵的科學語言，正是使學習者理解科學的關鍵語言。在課室中，科學教師透過語言來詮釋科學概念，學生藉由語言

來認識與理解科學。

所有學科的學習，最關鍵且最基礎的是語言能力，而對於科學學習而言，也是相當重要的。王文竹（2008）指出人類的語言的特點，是可以象徵符號來溝通，因此可以進行抽象思維。人類學會語言，以其編織一套對周遭事物的語意網路，進而理解知識；人類學習象徵符號，建立符號與意義的關聯性，並以象徵符號進行抽象思考，將其意義內化成為知識。所以，學會語言是建構知識的第一步，也是學習科學的基礎。Lemke（1990）指出經由口說、書寫、推理，來教導學生科學語言是科學教育的目標。學生須透過語言的媒介進行科學學習，並從事各項科學過程技能與活動，包含：觀察、描述、比較、分類、分析、討論、報告、書寫、形成假說與理論等，皆需經由語言來表達，科學內涵也須運用語言來呈現。

許多研究皆指出，兒童最初對科學的了解，主要是來自生活經驗、現有知識和日常生活中使用的語言，這些知識與經驗儲存於兒童腦海中，成為日後解釋科學概念的思考來源（Marks et al., 1974; Nussbaum & Novak 1976; Schollum & Osborne, 1985; Shepardson, 1997）。

從學習的角度來看，兒童領悟科學語言的觀點是多樣化的，特別是兒童常以自我中心來詮釋事物；使用日常生活用語解釋科學語言，而這些生活中所使用的語言卻常使兒童與科學家的觀點不同（Gilbert et al., 1982; Osborne, Bell, & Gilbert, 1983）。而從教學的角度而言，當教師介紹科學概念與原理時，宜針對學童之學習發展特徵，以連結學生生活經驗與知識的語言，適切表達來詮釋科學概念與原理，增進學生對於科學的理解。

課後作業

1. 請比較行為、認知學派學習理論的異同，舉出受其影響的教學法，並思考將來要如何應用這些學派的理論於教學上。

2.請根據皮亞傑的觀點，說明一個人的認知能力是如何發展的。

3.請陳述何謂近側發展區？思考其在科學教學上之應用為何？

4.請陳述語言對於科學學習之影響？

延伸學習資源

1. David Ausubel 學習原理

   http://www.lifecircles-inc.com/Learningtheories/constructivism/ausubel.html

2. Jean Piaget 學習原理

   http://www.simplypsychology.pwp.blueyonder.co.uk/piaget.html

3. L. S. Vygotsky 學習原理

   http://www.simplypsychology.pwp.blueyonder.co.uk/vygotsky.html

參考資料

中文部分

王文竹（2008）。語言是科學教育的基礎。科學月刊，459，164-165。

王文科編譯（1996）。皮亞傑式兒童心理學與應用。John L. Phillips, Jr. 原著。臺
北：心理。

林寶山（1990）。教學論。臺北：五南。

張文哲譯（2005）。教育心理學。Slavin, R. E. 原著。臺北：學富。

張春興（1994）。教育心理學——三化取向的理論與實際。臺北：東華。

英文部分

Gilbert, J. K., Osborn, R. J., & Fensham, P. J. (1982). Children's science and its consequences for teaching. *Science Education*, *66* (4), 623-633.

Lemke, J. L. (1990). *Talking science: Language, learning, and values*. NJ: Ablex.

Marks, C. B., Doctorow, M. J., & Wittrock, M. C. (1974). Word frequency and reading comprehension. *The Journal of Educational Research*, *67* (6), 259-262.

Nussbaum, J. & Novak, J. D. (1976). An assessment of children's concepts of the earth utilizing structured interviews. *Science Education*, *60* (4), 535-550.

Osborne, R.J., Bell, B.F., & Gilbert, J. K. (1983). Science teaching and children's views of the world. *European Journal of Science Education*, *5* (1): 1-14.

Osborne, R. J. & Freyberg, P. (1985). *Learning in science: The implication of children's science*. Auckland, New Zealand: Heinemann Publishers.

Piaget, J. (1964). Cognitive development in children: Piaget development and learning. *Journal of Research in Science Teaching*, *2* (3), 176-186.

Resnick, L. (Ed.) (1989). *Knowing, learning, and instruction*. Hillsdale, NJ: Lawrence Erlbaum Associates.

Schollum, B., & Osborn, R. J. (1985). Relating the new to the familiar. In R. Osborne & P. Freyberg. (Eds.), *Learning in science: the implication of children's science* (pp.29-40). NZ: Heinemann.

Shepardson, D. P. (1997). Of butterflies and beetles: First grader's ways of seeing and talking about insect life cycles. *Journal of Research in Science Teaching*, *34* (9), 873-889.

Vygotsky, L. (1978). *Mind in society: The development of higher psychological processes*. Cambridge, MA: Harvard University Press.

Vygotsky, L. (1986). *Thought and Language*. Translation newly revised & edited by A. Kozulin. Cambridge, MA: The MIT Press.

第 5 章

建構主義

吳穎沺

本章概觀

　　人類獲得知識的歷程長久以來一直是許多教育心理學者、哲學家和研究者所關心的重大議題，特別是科學知識的獲得與學習，更是令許多科學教育學者與教學者感到興趣。而無庸置疑地，建構主義（constructivism）所主張的學習觀點，對於近代的教育有著非常深遠的影響，無論是在科學課程的發展或教學實踐上，都可看見建構主義的理論對當今的科學教育有深遠的影響，因此建構主義可以說是當今科學教育理論的主流之一。

　　近年來，建構主義已為國內的科學教師所認識與接受，然而建構主義有其理論基礎及基本主張，若未對其理論基礎及基本主張做深入探討，僅採用某一教學策略進行研究，所得到的結果很難深入詮釋建構取向（constructivist-oriented）的科學學習活動對於學習者所產生的影響，甚至可能導致建構主義的理論被誤用。因此，本章將首先就建構主義的理論基礎做介紹；接著介紹迷思概念與概念改變在科學學習上的意涵，並再介紹數個建構取向的科學教學策略；最後再舉實際的教學活動設計實例，期望提供讀者對於建構取向的科學學習有更進一步的認識，能將建構主義的理論融會貫通並靈活應用於本身的科學教學實務，以提升我國的科學教育成果。

一　建構主義的理論基礎

　　從教育的觀點來看，建構主義是一種關於知識和學習的理論，主要在於描述「什麼是認知」（knowing）及「個體如何認知」（how to know）（Bodner, 1986）。然而建構主義是一個非常龐大、複雜的思想體系，無法只從單一面向（aspect）就能對其有完整的了解。有學者認為，影響科學教育的主要因素是當代的心理學或學習的理論與科學哲學（Carey & Stauss, 1970），因此我們可以從近代的心理學與哲學的脈動，來探討在現今科學教育中有著不可抵擋甚至是居支配地位影響力的建構主義之興起背景，而本節將先從哲學、認知心理學和社會發展心

理學的領域探討建構主義的理論基礎，進而歸納出建構主義的基本主張與派別，以期對建構主義的整個輪廓能有更基本且深入的認識。

〔一〕建構主義的哲學基礎

以近代哲學思潮的脈動來看，建構主義的哲學思潮無疑的是近20 年來最受到熱烈討論，也是備受爭議的哲學思潮。從哲學的觀點來看，建構主義並不算是一個完整的哲學體系，因為其論述面著重於「知識論」（epistemology）的層面。「知識論」是哲學範疇中研究人類如何獲得正確的知識的部分，其中當然也涉及有關科學方法論的探討。舉例來說，知識論探討的問題可能是「知識如何形成？」「知識如何驗證？」等等。而建構主義思潮興起的主要原因，是對 19 世紀哲學主流的「實證主義」（positivism）和「邏輯實證主義」（logical positivism）所主張「科學的實驗方法是人類知識唯一的驗證標準」的一種反動。實證主義將知識論主張的重心置於知識的內容以及知識的驗證方法，強調知識是客觀的、普遍的、真實的、確定的，可以說是一種「客體」的知識論；而建構主義哲學思想的重心則是在於認知主體——人，強調主體在認知過程的主動建構性，而不刻意探討知識內容的客觀性問題，可以說是一種「主體」的知識論，或「人本」的知識論，而這樣的哲學觀點也被 Kuhn、Toulmin 和 Lakatos 等科學哲學家所認同，進而影響近代對科學的觀點與科學學習，表 5-1 說明這兩種知識論之相異處。

表5-1　建構主義和實證主義知識論之比較表

	實證主義 （Positivism）	建構主義 （Constructivism）
論述重心	認知的「客體」——知識的內容	認知的「主體」——人
知識之性質	知識是客觀的、普遍的、真實的、確定的	不刻意探討知識內容的客觀性問題
知識的驗證標準	唯有透過科學實驗的實證方法所獲得的知識才是真知識（真理性）	強調知識是認知主體所獲得具有個別性、有用性的結果（有用性）
知識的功能	促使認知主體發現本體性的事實或真理	幫助認知主體組織其經驗，以適應所生存的世界
知識與認知主體之關係	知識是獨立於認知主體之外的客觀存在	認知主體無法獨立於知識的建構過程之外
理論與觀察之關係	理論是建立在客觀的觀察，而且這樣的觀察也是和理論無關的，因此理論不能影響觀察	觀察是決定於個人已有的知識、信念和理論，是主觀的、理論隱含（theory-laden）的
應用於心理學或教育學之派典	行為主義	建構主義

（二）建構主義的心理學基礎

　　從近代的心理學或學習理論的派典轉移來看，近代心理學已由早期只關心外在刺激與反應之間連結，重視外顯行為的「行為主義」取向的心理學，移轉到關心學習者內在認知運作過程的「認知取向」心理學；而「認知取向」的心理學所關心的重點，和建構主義重視認知主體建構知識的過程而非結果的主張是不謀而合的。所以，在心理學的領域中，皮亞傑（Piaget）的認知心理學理論對建構主義的理論基礎有極為深遠重大的意義，而除了皮亞傑的認知發展理論外，維高斯基（Vygotsky）的社會認知發展理論也被視為是建構主義的重要理論基礎之一。

　　皮亞傑早期從事生物學的研究，因此他引用生物學中「適應」

（adaptation）的概念來詮釋個體的認知發展，他認為認知主體的概念結構和其所經驗的世界的關係，就如同是存活的生物有機體和環境的關係，所以人類的認知運作是認知主體與認知客體——外在環境交互作用的歷程。在此過程中，個體主動建構知識，並透過與環境交互作用，逐漸發展認知運作的方式與精緻化已學習的知識。

皮亞傑將研究重心置於兒童知識習得的歷程，他以「認知結構」（cognitive structure）或「基模」（schema）來表徵儲存在大腦中的知識，他認為知識的習得是當個體面對外在世界的新事物時，會先運用自己已有的基模來處理新事物，透過「同化」（assimilation）的方式試圖將新事物納入已有基模之中；而當個體無法將新事物同化到基模中時，便會產生認知的「失衡」（disequilibrium），此時個體必須透過「調適」（accommodation）的方式修改其既有的基模，以求再次達到認知「平衡」（equilibration）的狀態。換言之，知識習得的歷程就是個體透過「同化」、「調適」、「失衡」和「平衡」等認知功能，不斷的組織其經驗以適應環境，以達到認知個體的「認知平衡」（cognitive equilibration）（Bodner, 1986; Fosont, 1996）。基本上，這是個體內在基模或認知結構持續建構與再建構的歷程。皮亞傑特別強調知識對於個體而言，是在幫助對於其所經驗的世界的「適應」（adaptation），而非是對真實世界的「表徵」（representation），所以知識絕非真實世界的複製。

除了上述皮亞傑的認知發展理論外，維高斯基的社會認知發展理論被視為是建構主義的重要理論基礎之一。雖然維高斯基認同皮亞傑所提出「學習是具有發展性」的主張，可是他將研究重心置於社會互動、語言和文化對個體學習的影響。

根據維高斯基的看法，人類的知識可分成兩種，一種是源自於個體本身對環境的覺知，及與父母、同儕互動後所產生的「直觀、質樸的知識」，這樣的知識受到語言、文化和其他個體的影響；另一種則是經由正式教學活動所產生的「學科知識」。「直觀、質樸的知識」是在學習的過程中自然發展的；而「學科知識」是各學科社群所正式認同的知識，「學科知識」最大的特徵就是具有權威性。維高斯基認為雖然

上述兩種知識的發展是反向的，可是它們發展的過程卻是緊密相關的。學習者的質樸知識必須發展到一定程度，才有能力可以吸收相關的正式知識。他認為概念成長的歷程是一個交互作用而整合的系統，學生以學校正式學習的概念來理解日常生活（自發性）的概念，及以日常生活的理解來了解學校的概念。有學者以「藤蔓的生長」作為隱喻，來形容這兩種知識或概念整合的歷程：學生對自然世界的質樸知識如同向上生長的藤蔓，是源於個體本身的成長；而另一個知識的起源是來自於正式教學，如同向下生長的藤蔓，非源於個體本身，概念的學習就是兩種類型概念的整合，如同兩種藤蔓互相纏結形成粗壯的藤蔓一般。

維高斯基認為「促進學習」就是讓學習者的概念從「自發性」的質樸概念遷移到「系統性」的正式概念，因此，他進一步提出「近側發展區」（zone of proximal development）的概念來說明促進學習的方法；他認為學童在概念形成過程中，若經由大人或能力較高的同儕協助下，可以啟發他的學習潛能，達到較高的學習水平。他將學習者自己實力所能達到的水平，與經由他人給予協助之後所可能達到的水平，兩種水平之間的差距稱為「近側發展區」，而別人所給予兒童的協助則稱為「鷹架作用」（scaffolding）。

後續許多建構主義者參考皮亞傑或維高斯基的理論，從不同的觀點對學習提出他們的詮釋：有的建構主義者依循皮亞傑的理論，著重於個體的內在認知結構對於學習的影響；有的建構主義者則認同維高斯基的觀點，強調個體外在的情境脈絡對於學習的影響；也有其他的建構主義者將兩者的主張加以調和另成新的派別。

(三) 建構主義的派別與基本主張

建構主義有眾多的派別，也有學者嘗試對建構主義的派別加以分類，一般來說，建構主義主要有「激進建構主義」、「社會建構主義」和「情境建構主義」三種形式（Tsai, 1998）：

1.「激進建構主義」（von Glasersfeld, 1993）：著重於個體內在

情境對於個體學習的影響，認為個體內在的認知結構對於學習的影響最大。

2. 「社會建構主義」（Solomon, 1987）：強調學習者外在情境脈絡──特別是教室中個體與同儕或教師的社會互動對於學習的影響。

3. 「情境建構主義」（Cobern, 1993）：相較於「社會建構主義」強調學習者外在情境脈絡──教室對於學習的影響，「情境建構主義」認為，語言、文化、信仰、性別等更大的外在情境脈絡，對於個體的學習是最具影響力的。

雖然建構主義有眾多不同的派別，但是若不考慮各學派間的差異，單就對於個體的學習而言，我們可以用一句話來陳述其主張：「知識是學習者主動建構的」（Bodner, 1986）。換言之，建構主義有下列三項共同的基本主張：

1. 知識是認知個體主動建構而來的，無法由教師的腦中直接轉移到學習者的腦中。

2. 認知是個體組織其經驗世界，而非發現本體性的事實。知識是個人經驗的合理化與適應化，而非說明外在世界的真理。

3. 後續知識必須植基於先備知識（prior knowledge）且受限於先備知識。

就第一個主張而言，建構主義者一再強調認知主體在知識獲得歷程中的主動性與重要性，並認為知識不可能由外人直接傳遞給認知主體，認知主體也不會對他人傳送的知識照單全收。主動的關鍵就在於，認知主體對各種出現的知識現象，會依據自己的先前知識、經驗來衡量並賦予意義，從而轉化了他人提供的知識並以自己觀點加以詮釋。

而就第二個主張，當認知主體依據自己有限的知識、經驗來進行意義的詮釋時，所建構出的知識只是自己經驗的合理化及實用化而已（von Glasersfeld, 1989）。von Glasersfeld認為，知識的建構只是在尋找對真實（reality）是「適合」（fit）而非「相符」（match）。我們無法確定，所建構的知識就是世界的終極寫照，因此建構主義者不將重點置於探討真理的問題，強調每個人的知識是自己主動建構而來且非

最終真理，各知識也必然帶有變化的可能。既然知識是個人化而非真理化，因此建構主義者不主張以正確或錯誤來區分人們不同的知識概念。誠如 Driver 與 Bell（1986）所認為，「若學生所使用的想法對他們而言是有用的，何必要去改變這些想法呢？」

　　就第三點主張而言，學習者並非如傳統的觀點所認為是一張「白板」（blank tablet）進入學習情境當中，而是帶著如維高斯基所述的直觀、質樸知識，而這些就是學習者的先備知識。許多研究者都指出學習者的先備知識是影響學習最重要的因素之一。

二　迷思概念、概念改變與科學學習

　　許多研究者認為學習者的先備知識是影響學習的重要因子之一，奧斯貝爾（Ausubel, 1968）甚至認為「先備知識」是影響學習最重要的因子，因此在過去 20 年之中有許多與「迷思概念」相關的研究。而「先備知識」就是維高斯基所提到的「直觀、質樸的知識」，是源自於個體本身對環境的覺知及與父母、同儕互動後所產生的，而先備知識是在個體進入學習情境之前就已經存在的，因此會影響個體建構新的知識。

　　概念可以反映出個體看待或詮釋某一特定現象的方式。然而，學習者由生活中具體經驗而來的先備知識，卻常常和科學社群所認同的正式概念不同，我們稱這些概念為「另有概念」（alternative conceptions）或「迷思概念」（misconception）；換言之，學習者通常帶著各式各樣的迷思概念進入正式的科學學習中，然而這些概念在一般的教學策略下是很難改變的（Wandersee et al., 1994）。而迷思概念的出現，對於學習者並非都是負面的，可以將其視為概念改變過程的中間產物（Clement, Brown, & Zietsman, 1989）。

　　然而，只是了解學生有哪些的迷思概念是不夠的，更重要的是如何促使這些概念發生改變。Posner 等人（1982）根據皮亞傑觀點所提出的「概念生態圈」（conceptual ecology）和「調適（accommodation）發生的條件」，為概念改變的研究提供了一個相當重要的理論架構。

Posner 等人（1982）基於「學習是理性的活動」的前提，將 Kuhn 與 Lakatos 的科學哲學觀點類比到學習時所發生的概念改變，提出「概念生態圈」（conceptual ecology）的想法，認為學習者的「概念生態圈」會影響學習時對於新概念的選擇，也會決定調適的發生與否；而「概念生態圈」的組成包括有：異象（anomalies）、類比和隱喻（analogies and metaphors）、範例和影像（exemplars and images）、過去的經驗（past experience）、認識論的判斷標準（epistemological commitments）、形而上學的信念和概念（metaphysical beliefs and concepts）、其他的知識（other knowledge）。他們認為，學習是學生帶著自己已有的概念或想法和教學交互作用所產生的結果，因此學習可視為學生概念發生改變的過程。他們也認為，當學習者對已有概念不滿意（dissatisfaction），對於新概念也有最初的了解（minimally understand），此外，新概念是看似合理（plausible）的，且可能可以適用到更廣的範圍（fruitful），在這些條件都具備下，學習者可能會發生概念改變。

然而，Posner 等人（1982）的理論受到了一些批評，因此 Strike 與 Posner（1992）也修正他們起初提出的理論，他們認為除了學習者個人的理性因素會影響學習者概念的改變之外，學習者個人特質（動機、學習策略、態度）和社會因素（教師和同儕的角色）等非理性因素也應該一起列入考量（整理如表 5-2），而且他們也特別強調概念改變是一個動態且具發展性的過程。

表5-2　可能影響學習者概念改變的因素

影響概念改變的因素		具體內容
內在因素	1.理性因素	・概念生態圈的組成
	2.非理性因素	・學習動機
		・學習策略
		・學習態度
外在因素	1.情境脈絡因素	・教室情境
	2.非情境脈絡因素	・同儕
		・教師

在過去 20 年中，有許多科教研究者投入迷思概念或另有架構的相關研究。Wandersee 等人（1994）整理近 20 年來有關於概念改變的400 多篇文獻，歸納出八點迷思概念相關的研究結果：

1. 學習者通常帶著各式各樣和自然界中有關的事物的迷思概念進入正式的科學課程。

2. 學習者的迷思概念是跨越年齡、能力、性別和文化的。

3. 在傳統的教學策略下，迷思概念是非常頑強而不容易改變的。

4. 學生的迷思概念和科學史中科學家對自然現象的解釋非常相近，研究者建議可以利用科學史幫助學生發現自己概念上的弱點。

5. 迷思概念起源於多樣化的個人經驗，包括：對自然的直接觀察和知覺、同儕的影響、日常生活語言的使用、大眾媒體影響以及源自於教師的解釋和教材。

6. 教師和學生可能持有同樣的迷思概念。

7. 學習者的先備知識和正式教學中所呈現的知識交互作用，可能會產生很不一樣又出乎意料的學習效果。

8. 一些促進概念改變的教學方法可能可以有效地促進概念改變。

綜言之，就理性的角度而言，所謂的「概念改變」是學習者對於某一特定現象詮釋的方式發生改變，是學習者的已有概念發生部分（partial）或激進（radical）的改變的過程，原本的質樸概念遷移到科學正式概念的過程，這是一個動態的連續過程（Strike & Posner, 1992）。這和皮亞傑所認為的「學習是學習者在舊有的基模為基礎下，發生同化或調適以吸納新知識的過程」，或維高斯基的主張「『促進學習』就是讓學習者的概念從『自發性』的質樸概念，遷移到『系統性』的正式概念」，其實是大同小異的。而「概念改變」也呼應於建構主義「學習者的先備知識對於後續學習有重大的影響」的主張，因此許多科教者認為科學學習就是一連串的「概念改變」（Driver et al., 1994; Carey, 2000; Posner et al., 1982）。

建構取向的科學學習

　　傳統實證主義知識論主張「唯有透過科學實驗的實證方法所獲得的知識才是真知識，因此科學知識才是所謂的真知識或真理」，這樣的知識論觀點會直接影響當代對於科學學習的看法，然而建構主義的知識論和傳統實證主義知識論是大異其趣的。因此，本節將探討建構主義對於科學學習的主張，並介紹幾個建構取向的科學學習模式或策略。

(一) 建構主義下的科學學習觀

　　根據建構主義的基本主張，我們可以進一步比較建構主義和傳統知識論對於科學學習的不同觀點，整理如表 5-3（修正自 Brooks & Brooks, 1993, p.17）。

表5-3　建構主義與傳統知識論對於科學學習觀點之比較表

	傳統知識論	建構主義的觀點
科學課程的目標	・教導科學知識。 ・得到廣泛性的知識或基本的科學技能。 ・得到基礎的科學知識。	・教導什麼是科學。 ・得到深入的科學知識或概念。 ・得到情境脈絡化的科學知識。
科學課程的特色	・課程單元之間是獨立的。	・課程單元之間是連貫的。
認知的目的	・事實的記憶與累積。	・處理生活經驗、連結先備知識。
學習者的角色	・學習者如同一張白紙進入學習環境。 ・被動學習知識。 ・接收科學知識的意義。 ・同學是競爭者。	・學習者帶著本身已有的觀點、想法進入學習環境。 ・知識的主動建構者。 ・協商科學知識的意義。 ・同學是合作者。
教師的角色	・科學知識的傳播者。 ・完整科學課程內容的呈現者。 ・嚴格遵守規定的課程。	・學生建構科學知識的促進者。 ・學生達成認知平衡之媒介的提供者。 ・修改規定的課程使之適合教學情境。

教學策略	・講述式教學（課本、實驗記錄簿、文字敘述）。 ・學生大部分是獨立學習。	・蘇格拉底式的詰問對話、互動、類比教學、使用隱喻、實物模型、多元詮釋。 ・學生小組合作學習。
評量方式與目的	・透過量化評量，以正確的答案來確定學生的學習成效。	・透過多元評量、觀察的方式發現學生的深層思考。

　　而許多建構主義者對科學學習提出不同的主張，例如：有學者認為，科學學習應該是和個體內在認知結構與外在社會脈絡都有關的過程（Driver et al., 1994）。他們認為意義（meaning）是由學習者所創造的，而且與學習者已有的知識基模有關，當學習者的基模失衡而發生改變時，這時候學習就產生了，所以學習就是一個概念改變與意義建構的過程；然而倘若知識的建構只是一個與個體內在認知結構有關的過程，那和傳統的「發現式學習」（discovery learning）並無兩樣（Tsai, 2001），就建構主義的觀點而言，知識的建構和學習者外在的社會脈絡也是很有關係的。除了上述的觀點外，也有建構主義者認為科學本身是一種文化（culture）或價值觀，而科學學習就是這種文化的分享過程，學習者透過教師引導而在學習的過程中慢慢融入（encultured）到這樣的文化之中（Hodson, 1999）；換言之，科學學習是一種由教師導引的「認知見習」（cognitive apprenticeship）的過程（Collins, Brown, & Newman, 1988）。

　　從上面所提到的幾個觀點，可見現今建構主義者對於科學學習的觀點是相當多元的，從歸納許多不同派別的建構主義者對於科學學習的主張中，我們可以得到下列幾點結論：

1. 學習者是帶著自己的已有概念（existing conceptions）進入到學習情境之中，所以學習者的已有概念或先備知識在新知識的獲得時扮演重要的角色。
2. 一般的教學策略是很難改變學生的另有概念（alternative conceptions）。
3. 科學學習是一連串概念改變的動態歷程。
4. 學生的想法和教師的想法可能是「不可共量的」（incommen-

surable），因此想要了解學生的學習和思考必須從他們的觀點考量。

5. 學習者是知識的產出者而非複製者。學習是學習者主動建構知識和意義的歷程；不是被動複製知識的過程，所以科學學習需要學生的創造力。

6. 當學習者處於自己所喜好學習環境中時，可以達成有效且有意義的學習，而這樣的環境通常允許學習者可以透過與同儕間的對話，探索、比較、批判與分享彼此的想法。

7. 學習者的學習可以透過各種不同的方式來達成，所以必須鼓勵學習者透過不同的方式來探索、解決問題，而且必須用質化評量的方式來評量學習的過程而非學習結果。

8. 科學學習是和複雜的社會、歷史、文化和心理脈絡有關的，所以應該將和科學有關的哲學、歷史、社會和心理學的內容融入到課程教材之中。

9. 科學是一種文化或價值觀，而科學學習是對科學文化的融入與分享的過程。

㈡ 建構取向的科學學習模式、策略

許多研究者根據建構主義的主張，提出了建構取向的科學學習模式以及概念改變的教學策略，例如：概念圖（concept map）、類比（analogies）教學模式、學習環（learning cycle）、POE 教學策略、衝突圖（conflict map）策略，茲挑選數個模式與策略簡介如下：

1.「建構詮釋的教學設計模式」

Black 與 McClintock（1996）所提出的「建構詮釋的教學設計模式」又稱為 ICON 模式，強調學習活動中學習者對於訊息的詮釋與知識的建構過程。ICON 模式中並對建構取向的教學設計提出了八點實用的原則：

⑴透過真實的活動觀察（observations in authentic activities）

學習者如果沒有透過真實活動中來觀察，則科學學習變成只是事實的記憶或背誦，和學習者的日常生活是沒有相關的。

⑵學習者建構屬於自己的詮釋（interpretation construction）

建構主義主張：「知識是學習者主動建構，而非被動吸收的」，而所謂的科學不是事實的呈現，而是對自然現象的一種詮釋方式，因此學習者在觀察之後應嘗試「創造」出自己的詮釋。

⑶情境脈絡化學習者的先備知識（contextualizing prior knowledge）

教師應提供不同種類的教材或使用不同的學習策略，以創造出和學習者先備知識相連結的情境脈絡。

⑷促使學習者發生「認知衝突」（cognitive conflict）

許多科教者都認為「認知衝突」是促使學生概念改變不可或缺的必要條件，然而只是引起學習者的「認知衝突」卻不足以使學生改變他們的迷思概念。

⑸「認知見習」（cognitive apprenticeship）

雖然學習是個人知識的建構，可是在這個教學設計模式中非常強調這種由教師所導引的「認知見習」，學習者透過「認知見習」的過程學習如何觀察、提出詮釋，以及如何處理所接收到的新訊息。

⑹合作研究（collaboration）

科學知識是科學社群內的科學家所共同討論與協商而產生的，而學習應該視為一種意義建構的社會活動，因此，學習者必須和同儕及教師一同對於所觀察到的結果或詮釋進行協商以達共識。

⑺多元的詮釋（multiple interpretations）

科學不是在表徵事實，因此對同一自然現象應該可以有不同的詮釋方式，因此，對於同一現象，教師必須從各式各樣的角度提供學生不同的詮釋方式，以利學生知識的建構。

⑻多元應用（multiple manifestations）

在 Posner 等人（1982）所提出的四個概念改變的條件當中，其中有一個條件是「新的概念可能可以適用到更廣的範圍（fruitful）」，

因此，學生所學習到的概念或知識必須可以應用到不同的情境。

2.「衝突圖」策略

一般而言，與「概念改變」有關的教學策略，進而將其分成三類：(1)透過「異常資料」（anomalous data）引起的「認知衝突」（cognitive conflict）；(2)使用「類比」（analogies）教學；(3)透過合作、分享的學習方式（Limon, 2001）。而在第一大類的教學策略中，大部分的研究者所提出的概念改變模式，都特別強調「認知衝突」是促使概念改變發生的最重要條件。通常教學者在應用「認知衝突」的教學策略時，會依照以下三個步驟：

(1)分辨先備概念：了解學生在教學前的先備概念狀況。
(2)教學介入：透過情境脈絡，由教師呈現矛盾訊息（contradictory information）。
(3)評估成效：在教學介入後實施後測，以評量學生的先備想法或信念（prior ideas or beliefs）的改變程度。

雖然在教室情境應用「認知衝突」的教學策略的實徵研究中，有一部分研究的結果顯示「異常資料的出現可以幫助學生得到更詳細及精緻化的答案」，因此這個教學策略對於促使學生概念改變是有成效的；然而有些研究卻指出，當學生遇到矛盾訊息時，通常無法造成有意義的衝突（meaningful conflict）或對他們的先前概念發生「不滿足」，因此「認知衝突」的教學策略沒有達到預期的成效。對於這樣的結果，有學者認為：學生必須有足夠的先備知識與推理能力及正確的知識論信仰，而且必須是在對學生有意義的情境脈絡下，「認知衝突」教學策略才有可能發揮作用。此外，學習者個人特質（動機、學習策略、態度）和社會因素（教師和同儕的角色）等因素，也會影響到「認知衝突」教學策略的成效。這樣的觀點也呼應於 Strike 與 Posner（1992）對於概念改變的條件所提出的理論修正。

而「差異性事件」（discrepant event）常常被用來造成「異常資料」，以挑戰學生的迷思概念，也可視為「認知衝突」教學策略中的一種。但是 Tsai（2000）認為只是提供「差異性事件」並不足以造成學

生的概念改變，因此，他根據 Posner 等人的理論並修改 Hashweh 所提出的模式，提出了「衝突圖」（conflict maps）的教學模式。

Tsai（2000）認為一個可以有效促進概念改變的教學（以「自由落體運動」單元為例）中必須包含幾個部分，而這些即是「衝突圖」的要素：

(1)差異性事件（discrepant event）：2 公斤的物體和 1 公斤的物體由同一高度落下何者會先落地。

(2)要教給學生的科學概念（target scientific concept）：因為重力加速度都相同，從相同高度落下的物體會同時到達地面。

(3)關鍵性事件或解釋（critical event）：在真空中，從同一高度同時開始落下的羽毛和銅板會同時到達地面。

(4)其他相關科學概念（relevant concept）：如：牛頓第二運動定律。

(5)可支持的經驗（supporting perception）：如：伽利略的自由落體「思想實驗」（thought experiment）。

在教學時應先呈現「差異性事件」，以發覺學生的「迷思概念」，再依序呈現「要教給學生的科學概念」、「關鍵性事件或解釋」、「其他相關科學概念」、「可支持的經驗」。

3.「POE 教學策略」（Predict-Observe-Explain）

建構主義的學習觀認為，學習者透過將新的感官經驗放入原有的概念架構之中，以建立他們的概念架構，因此學習者的先備知識深深影響本身知識的建構。建構主義者鼓勵教師認同學生進入教室時所帶有的觀點和想法，而且提供他們必要的經驗，以幫助他們建立屬於他們的知識。而在建構取向的教室中，更強調學生應該透過口頭或書寫的方式，分享與討論他們對於周遭世界的詮釋。

White 與 Gunstone（1992）提出了「預測（predict）—觀察（observe）—解釋（explain）」（POE）的教學程序，以作為引發學生想法並且增進學生討論他們想法的教學策略。在這個策略中包含：

(1)預測：學生預測教師所將展示活動會出現的結果或現象，並討

論出支持他們預測的理由。值得注意的是，即使觀察相同的現象，不同的學生常會看到不同的結果，因此在這個過程中，也同時會要求學生即時寫下他們所看到的東西，避免學生因為聽到別人的說法而改變自己的看法。

(2) 觀察與解釋：觀察教師的展示活動，並解釋預測和觀察之間所存在的差異。對於學生而言，讓學生協調在預測與觀察間的差異處可能是很困難的，因此，教師必須鼓勵學生思考各種的可能性，教師所扮演的角色是學習的媒介者和促進者，這和建構主義所主張教師的角色相同。

POE 教學策略已經被大量的使用在探索學生的想法，也引起了許多研究者的討論。一般而言，POE 的用途大概有兩種：(1) 作為有效的促進學生概念改變的教學策略（Tao & Gunstone, 1999）；(2) 設計實驗室活動（White & Gunstone, 1992）。

POE 最關鍵的步驟就是讓學生決定最後的理由，學生經常以他們的日常生活經驗作為支持他們的預測或觀察結果的理由，或應用與正式概念相異的想法去理解現象，透過 POE 比一般的教學策略更能夠探測學生用以解釋現象的想法與信念，因此常被當作有效促進學生概念改變的教學策略。

許多研究者都認為現在的實驗活動常常流於形式，學生在實驗操作前就已經知道結果，實驗活動只是在驗證已知的理論，而非學習真正的科學方法。Hodson（1998）也認為食譜式的實驗容易誤導學生對於科學本質和精神的想法，而 POE 的教學策略可以在一開始就引起學生的興趣，並且引發學生思考各種可能性，透過和同儕討論分享想法以精緻化自己想法，再透過動手操作驗證其想法，最後達成有意義的學習。因此，POE 可以當成實驗室活動實施步驟的依據，也有研究者將 POE 應用在小學教室中，獲致良好的成效（例如：Palmer, 1995）。

四 建構取向的教學活動設計實例

　　本教學活動設計是針對國小五年級課程中的電與磁單元進行設計，結合第三節所提到的 Black 與 McClintock（1996）的「ICON 模式」、Tsai（2000）的「衝突圖」策略和 POE 教學策略作為活動設計的依據。研究者以「建構詮釋的教學設計模式」為本教案教計的原則，再以「衝突圖」策略為整個主要的單元教學架構，融入 POE 策略於實際教學活動中，期望能促進學生的概念改變，達成有意義的學習。

（一）單元衝突圖

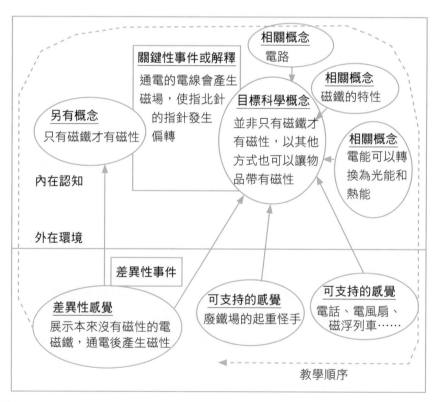

圖 5-1　「電與磁的奇妙世界」單元「衝突圖」

資料來源：引自吳穎沺和蔡今中（2005）

(二) 教學活動設計（引自吳穎泚，2003）

- 設　計　者：吳穎泚
- 科　　　目：自然科
- 教學年級：國小五年級
- 單元名稱：電與磁的奇妙世界
- 教學時數：九節（共 360 分鐘）
- 單元目標：
  1. 學生能了解指北針的指針就是小型的磁鐵，並了解指北針的特性。
  2. 學生能觀察到置於通電的電線附近的指北針之指針會發生偏轉，並驗證其原因。
  3. 學生能利用「電生磁」的原理製作「電磁鐵」，並能找出使「電磁鐵」磁力增強的方法。
  4. 學生能舉例說明電與磁在生活中的運用。

衝突圖要素	教學目標	教學活動	教學用具	時間配置
差異性事件	引發學生的認知衝突（學生通常認為只有磁鐵才具有磁性），並引起學習動機。	**・教師示範：（ICON：透過真實的活動觀察）** 教師分別示範未通電的電磁鐵並不是磁鐵，也未具備磁性；而通電後的電磁鐵卻可以吸起迴紋針。	電磁鐵	10分鐘
	連結學生之先備知識並活化之（磁鐵的特性〔二上〕、電路〔四上〕）。	**・教師講述：（ICON：情境脈絡化先備知識）** 教師利用磁鐵及簡單電路裝置複習「磁鐵的特性」與「電池的並聯、串聯」。	幻燈片磁鐵	30分鐘

關鍵性事件或解釋	使學生了解通電的電線附近會產生磁場，使指北針的指針發生偏轉。	・POE策略 1.**預測：（ICON：建構自我詮釋、合作研究）** 教師發問：「將指北針置於通電的電線附近會有什麼現象發生呢？為什麼？」請學生寫下預測之後分組討論上述問題。 2.**觀察：（ICON：透過真實的活動觀察、認知衝突）** 教師展示「將指北針置於通電的電線附近時，指北針會發生偏轉的現象」，學生觀察之。 3.**解釋：（ICON：建構自我詮釋、合作研究、多元詮釋、認知見習）** 讓學生分組討論，協調預測與觀察之間的差異，並加以解釋。教師扮演學習的媒介者和促進者，鼓勵學生思考各種的可能性。等學生分組報告完後，教師最後提出目前科學上的解釋。 ・**學生分組合作學習：（ICON：合作研究）** 1.實作「通電的電線會使指北針的指針發生偏轉」。 2.學生分組討論「如何使指北針的偏轉角度變大？」後報告，並歸納學生討論之結果：加大電流或將電線多繞幾圈。	指北針 簡單電路 指北針 簡單電路 電池	80分鐘

相關的科學概念（電磁鐵）	電磁鐵的特性。	・教師示範與說明：（ICON：透過真實的活動觀察） 1.教師展示小馬達的內部構造，並說明漆包線的功用。 2.教師複習「通電的電線附近會產生磁場」及「將電線多繞幾圈可使磁場變強」的概念，並進一步解釋電磁鐵的原理。	小馬達	10分鐘
		・學生實作電磁鐵： 每個學生實作一個電磁鐵。		70分鐘
	學生能找出使電磁鐵磁力增強的方法。	・POE策略 1.預測：（ICON：建構自我詮釋、合作研究） 教師發問：「(1)除了線圈數不同之外，其他條件都相同的兩個電磁鐵，吸起迴紋針的數目會相同嗎？(2)除了中心的材質不同之外，其他條件都相同的兩個電磁鐵，吸起迴紋針的數目會相同嗎？(3)除了電池的數目不同之外，其他條件都相同的兩個電磁鐵，吸起迴紋針的數目會相同嗎？」請學生寫下預測後分組討論上述問題。	鐵棒 漆包線 電池電線	80分鐘
		2.觀察：（ICON：透過真實的活動觀察、認知衝突） 教師展示三組不同的電磁鐵吸起迴紋針的情形，學生觀察。	電磁鐵數組	
		3.解釋：（ICON：建構自我詮釋、合作研究、多元詮釋、認知見習）		

		讓學生分組討論，協調預測與觀察之間的差異，並加以解釋。教師扮演學習的媒介者和促進者，鼓勵學生思考各種的可能性。等學生分組報告完後，教師最後提出目前科學上的解釋。		
		·學生製作強力的電磁鐵：（ICON：合作研究、多元應用） 教師提供材料，讓學生分組競賽，製作強力的電磁鐵。	鐵棒 漆包線 電池 電線	
相關的科學概念（各種能量間的轉換）	使學生了解電能可以轉換成其他能量，例如光能及熱能。	·教師講述： 以電燈及電鍋為例，說明電能可以轉換成光能及熱能。	圖片	20分鐘
可支持的經驗（生活中的磁製品）	使學生了解生活中有許多的「磁」有關的物品，並知道如何保存這些物品。	·學生分組合作學習：（ICON：合作研究、多元應用） 1.請學生蒐集生活中和磁有關的物品並分組報告，教師歸納各組報告的結果。 2.學生分組討論該如何保存這些磁製品，教師歸納之。		30分鐘
可支持的經驗（生活中利用電與磁的原理製成的用具）	使學生了解生活中有許多的「磁」有關的物品。	·學生分組合作學習：（ICON：合作研究、多元應用） 請學生討論生活中和電與磁的原理有關的用具並分組報告，教師歸納各組報告的結果。		30分鐘

課後作業

1. 在不同建構主義的形式中，你比較認同哪一個派別的主張？抑或是你有其他的想法？

2. 請列舉本章中所沒有提到的建構主義取向的教學策略，並說明這些教學策略與建構主義基本主張之間的關係。

3. 想一想，在真實的教學現場實施建構取向的教學可能遇到哪些限制？可能因應的方法為何？

4. 請你試著找到其他跟概念改變有關的教學策略，並試著分析其在真實科學教室中適合的實施方式。

延伸學習資源

1. 黃台珠等譯（2001）。**促進理解之科學教學：人本建構取向觀點**。臺北：心理出版社。

2. 詹志禹主編（2002）。**建構論——理論基礎與教育應用**。臺北：正中書局。

參考資料

中文部分

吳穎泗（2003）。**建構主義式的科學學習活動對學生認知結構之影響**。國立交通大學教育研究所碩士論文，未出版，新竹市。

吳穎泗、蔡今中（2005）。建構主義式的科學學習活動對國小高年級學生認知結構之影響——以「電與磁」單元為例。**科學教育學刊**，*13*，387-411。

英文部分

Ausubel, D. P. (1968). *Educational psychology: A cognitive viewpoint*. New York: Rinehart & Winston.

Black, J. B. & McClintock, R. O. (1996). An interpretation construction approach to constructivist design. In B. Wilson (Ed.), *Constructivist Learning Environments*. NJ: Educational Technology Publications.

Bodner, G. M. (1986). Constructivism: A theory of knowledge. *Journal of Chemical Education, 63* (10), 873-878.

Brook, J. G. & Brooks, M. G. (1993). *The Case for constructivist classrooms*. Alexandria, VA: Association for Supervision and Curriculum Development.

Carey, R. L. & Stauss, N. (1970). An analysis of experienced science teachers' understanding of the nature of science. *School Science and Mathematics, 70*, 366-376.

Carey, S. (2000). Science education as conceptual change. *Journal of Applied Development Psychology, 21*(1), 13-19.

Clement, J., Brown, D. E., & Zietsman, A. (1989). Not all preconceptions are misconception: Finding "anchoring conceptions" for grounding instruction on students' intuitions. *International Journal of Science Education, 11*, 554-565.

Cobern, W. W. (1993). Contextual constructivism: The impact of culture on the learning and teaching of science. In K. Tobin (Ed.), *The Practice of constructivism in science education* (pp.39-50). Hillsdale, New Jersey: LEA .

Collins, A., Brown, J. S., & Newman, S. E. (1988). Cognitive apprenticeship: Teaching the craft of reading, writing and mathematics. In L. B. Resnick (Ed.), *Knowing, Learning and Instruction: Essays in Honor of Robert Glaser* (pp.453-494). Hillsdale, New Jersey: LEA .

Driver, R. & Bell, B. (1986). Students' thinking and the learning of science: A constructivist view. *School Science Review, 67* (240), 443-456.

Driver, R., Asoko, H., Leach, J., Mortimer, E., & Scott, P. (1994). Constructing scientific knowledge in the classroom. *Educational Researcher, 23* (7), 5-12.

Fosnot, C. T. (1996). Constructivism: A psychological theory of learning. In C. T. Fosnot (Ed.), *Constructivism: theory, perspectives and practice* (pp.3-7). New York: Teachers College Press.

Hodson, D. (1998). Becoming critical about practical work: Changing views and changing practical through action research. *International Journal of Science Education, 20*, 683-694.

Hodson, D. (1999). Building a case for a sociocultural and inquiry-oriented view of science education. *Journal of Science Education and Technology, 8* (3), 241-249.

Limon, M. (2001). On the cognitive conflict as an instructional strategy for conceptual change: a critical appraisal. *Learning and Instruction, 11*, 357-380.

Palmer, D. (1995). The POE in the primary school: An evaluation. *Research in Science Education, 25* (3), 323-332.

Posner, G. J., Strike, K. A., Hewson, P. W., & Gertzog, W. A. (1982). Accommodation of a scientific conception: Toward a theory of conceptual change. *Science Education, 66*, 211-227.

Solomon, J. (1987). Social influences on the construction of pupils' understanding of science. *Studies in Science Education, 14*, 63-82.

Strike, K. A. & Posner, G. J. (1992). A revisionist theory of conceptual change. In R. Duschl & R. Hamilton (Eds.), *Philosophy of Science, Cognitive Psychology, and Education Theory and Practice* (pp.147-176). Albany, NY: SUNY.

Tao, P. & Gunstone, R. (1999). The process of conceptual change in force and motion during computer-supported physics instruction. *Journal of Research in Science Teaching, 36* (7), 859-882.

Tsai, C.-C. (1998). Science learning and constructivism. *Curriculum and Teaching, 13*, 31-52.

Tsai, C.-C. (2000). Enhancing science instruction: The use of "conflict maps". *International Journal of Science Education, 22*, 285-302.

Tsai, C.-C. (2001). The interpretation construction design model for teaching science and its applications to internet-based instruction in Taiwan. *International Journal of Education Development, 21*, 401-415.

von Glasersfeld, E. (1989). Cognition, construction of knowledge, and teaching. *Synthese, 80*, 121-140.

von Glasersfeld, E. (1993). Questions and answers about radical constructivism. In K. Tobin (Ed.), *The practice of constructivism in science education* (pp.39-50). Hillsdale, New Jersey: LEA .

White, R. & Gunstone, R. (1992). Prediction-observation-explanation. In R. White & R. Gunstone (Eds.), *Probing understanding* (pp.44-64). London: The Falmer Press.

Wandersee, J. H., Mintzes, J. J., & Novak, J. D. (1994). Research on alternative conceptions in science. In D. L. Gabel (Ed.), *Handbook on science teaching and learning* (pp.177-210). New York: Macmillan.

第 6 章

探究式教學

許良榮

本章概要

一、探究導向教學（inquiry-based instruction）是一種讓學生分組進行問題探討、蒐集與分析資料、進行討論以形成結論與解釋等等過程的教學。

二、探究式教學沒有單一特定的教學流程或模式，包括學習環、專題導向（project based）教學、Vee 圖教學、結構式探究等教學法，都可用在教學現場具體落實探究教學的精神。

三、學習環（learning cycle）的教學步驟，包括探索（exploration）、概念介紹（concept introduction）與概念應用（concept application），此三個階段在教學中可以不斷重複，反覆應用於教學。在 90 年代學習環修訂為五個教學步驟，稱為 5E 學習環。分別為：投入（engagement）、探索（exploration）、解釋（explanation）、精緻化（elaboration）以及評鑑（evaluation）。

四、專題本位教學（project-based instruction）是讓學生針對某項主題，進行問題解決的歷程，其特色為

1. 探究的主題可由教師規劃或是由學生自主決定。
2. 學生採小組合作方式進行探究。
3. 非線性的學習歷程。
4. 不同於傳統的教學技巧。

 科學探究的意義與內涵

　　近半世紀以來，「探究」（inquire）是科學教育課程改革中相當受到重視的方向，探究導向教學（inquiry-based instruction），強調讓學生思考與發現問題、形成假說、設計實驗、蒐集和分析資料、描繪出科學問題或現象的結論。簡單的說，就是如同科學家進行科學的探究。

　　根據國科會區塊研究歸納的「科學探究」（scientific inquiry）的定義為：科學探究是獲取科學知識的過程，透過證據之建立與邏輯分析

來進行問題解決的活動。科學探究包含提問與假說、計畫、實驗與資料蒐集分析、詮釋與結論等四個面向，此四個面向的內涵如下：

(一) 提出問題與形成假說

能基於經驗、證據或理論而提出問題與暫時性解釋。包括：(1)能經由觀察的資料，提出問題；(2)能提出可以探究的問題；(3)能使用操作型定義描述概念；(4)能根據資料形成可以驗證的假說。

(二) 計畫

能針對問題採取恰當的策略，並運用資源，規劃解決問題的方案。包括：(1)能根據問題提出可以執行的探究計畫；(2)能操弄與計畫相關的控制變項（變因）；(3)能控制影響計畫結果的干擾變項（控制變因）。

(三) 進行實驗與資料蒐集分析

能運用恰當的工具蒐集資料、整理資料和建立證據。包括：(1)能依據計畫內容進行實驗；(2)能應用不同的方式蒐集資料；(3)能運用不同的工具記錄資料；(4)能對蒐集到的資料，進行比較分類。

(四) 詮釋與結論

能在證據與結論之間建立恰當的論證，透過精確的邏輯思考，推斷證據與結論間的關係或形成解釋的模式。包括：(1)能使用科學術語描述與解釋資料；(2)能根據資料形成結論；(3)能根據資料進行推論；(4)能根據資料進行預測。

　　由上述可看出探究教學包含的要素相當多面性，包括了科學家進行科學探究所應具備的基本知能。

　　早在 1960 年代，科學教育的課程改革已經重視科學探究的重要性，某些課程設計也納入了探究的教學。例如美國學者薩克曼（Richard Suchmann）提出來的主動探究模式（inquiry training model），教師呈現待解決的問題之後，學生在確認問題、提出假說等階段，可以提出問題問老師。但是提出的發問，老師只能說：是或不是、有或沒有、可以或不可以等二分法的回答；學生由老師的回答主動思考、歸納出恰當的步驟或問題的解答為何。此外，也有過程探究模式（process inquiry model）、理性探究（rational inquiry）、發現式探究（inquiry by discovery）等等，不一而足。

　　但是 90 年代的科學教育所強調的探究教學，在理念上有不少的變革。1996 年美國《國家科學教育標準》（*National Science Education Standards*）中對於課程提升探究所強調的改變，整理如下：

1. 以往教學活動重視演示和證明科學的內容，現今強調問題的探究與分析。

2. 以往經常限制在一定課堂時間內完成；現今重視延續較長的一段時間。

3. 以往過程技能的學習脫離真實情境；現今強調與真實情境相關聯。

4. 以往分別學習各項過程技能（例如觀察或推論）；現今同時運用多種的過程技能（例如操作、認知、程序性的）。

5. 以往的探究重視得出答案；現今重視運用證據和策略以發展或修訂解釋。

6. 以往認為科學包括探索和做實驗；現今認為同時包括了論證和解釋。

7. 個人或小組在分析和歸納數據時，在以往缺乏對結論進行辯護的機會；現今強調個人或小組對結論能夠進行辯護。

8. 以往為了有較多時間學習大量的科學內容，只進行少量的探究；現今為了發展學生的理解、能力、探究的評價和科學內容的

知識，鼓勵進行大量的探究。

9. 以往探究的最終一步是得到實驗結果；現今將實驗結果再應用於科學論證和解釋。

10. 以往重視教材和設備的經營；現今更重視概念和資訊的經營。

11. 以往學生將私下的溝通意見以及將結論告訴教師；現今強調學生能公開溝通意見，並與同學合作。（參考自 NRC, 1996, p.113）

 ## 二 探究式教學的目標

　　探究導向的教學並沒有固定的形式，Keys 和 Bryan（2001）指出探究不是一個特定的教學模式方法或課程模式。因此有些學者強調結構化（有一定程序）的教學活動，例如引導探究（guided inquiry）的教學策略。有些學者則認為教師的教學介入越少越好，也有強調啟發式（heuristic device）設計以協助學生技能的學習；也有學者強調讓學生「做實驗」，以增進其探究能力（例如 Martin, Kass & Brouwen, 1990; Shepardson, 1997; Sutman, 1996）。因此，包括學習環、Vee 圖教學、專題導向（project based）探究教學、結構式探究等教學法，都可以用不同的方式在教學現場具體落實。雖然這教學策略有不同的形式，但是基本上皆重視：(1)以學習者為中心的學習歷程；(2)以生活世界的現象、議題來形成問題；(3)強化學生的表達機會；(4)增加師生與學生之間的意見溝通；(5)重視小組學習。

　　設計探究導向的教學，首先應釐清教學目標，亦即是以「讓學生學習探究的方法與技能」為目標；還是以探究為方法，以「讓學生學習科學概念或科學方法」為目標？例如 Abd-El-Khalick 等人（2004）將「探究教學」區分為「方法與目的」（means and ends），以「方法」而言，探究是當為一種教學方法，其目標為達成學生對科學內容（概念）的理解，亦即以學習科學理論、科學概念為目標；而「目的」是將探究當為教學目標或成果，目的是學生在學習如何進行探究（to do inquiry），亦即以學習科學方法或科學過程技能為重心（例如觀察、推理、形成假說、設計實驗等等）。

以下介紹二種探究教學的形式，分別為強調科學概念學習的「學習環」（learning cycle）以及非結構性教學的「專題本位教學」（project-based instruction）。

三 學習環（Learning Cycle）

學習環（learning cycle）一詞最早由 Karplus 在 1970 年提出，分為探索（exploration）、發明（invention）與發現（discovery）。1977 年將名稱修改為更易於了解的探索（exploration）、概念引介（concept introduction）與概念應用（concept application）。之所以稱為學習環，是因為此三個階段在教學中可以不斷重複，反覆應用於教學。

(一) 探索（exploration）

教師呈現或安排自然現象的觀察或實驗，讓學童以自己的概念來解釋或預測。在這個階段的探索中，教師除了扮演傾聽和觀察的角色，也要鼓勵學生發表自己的看法，並引發學生的疑惑，使學生感受到這是一個很值得探索的問題。因此此階段在提供令學生感到興趣的觀察事件，引發學生去探索。

(二) 概念引介（concept introduction）

教師適時的引進恰當的、對學生而言是新的概念，讓學生能合理的解釋先前觀察到的現象，使探索的經驗獲得學習的意義。

(三) 概念應用（concept application）

引領學生將學習的新概念應用於新的情境，解決相關的問題，以促使學生建構新概念的深層意義。

學習環的教學設計「磁鐵的奧秘」，舉例如表 6-1。

表6-1 「磁鐵的奧秘」學習環教學設計

教學階段	教學活動（第一循環）	教學活動（第二循環）
第一階段：探索階段	1.以厚紙板或墊板畫上簡單的迷宮，上面放置迴紋針或鐵製小玩偶，背面以磁鐵吸引小玩偶走迷宮，以引起學生的好奇。 2.教師引導學生猜測小玩偶會跑，是因為背面有磁鐵。再發問：小玩偶是用什麼材料做的？磁鐵會吸引所有東西嗎？ 3.發給各組橡皮擦、小刀、火柴棒、鐵釘、鋼釘等等，讓學生操作探索磁鐵會吸引哪些物品，並且記錄下來。	1.教師將小型的磁鐵放進迴紋針盒中，讓學生猜一猜會吸引多少根迴紋針，引發學生好奇。 2.教師引導學生思考：磁鐵的磁力能不能用吸引多少根迴紋針來測量？ 3.學生了解可以用迴紋針來作為測量磁力大小的依據之後，教師發給各組一根長形的磁鐵與迴紋針，讓學生操作與探索：「長形磁鐵的前、中、後的磁力有沒有一樣？」
第二階段：概念引介	1.引導學生歸納探索的結果：會被磁鐵吸引的物品共同的特徵是：鐵製品。 2.教師介紹概念：「磁鐵只會吸引鐵」。	1.引導學生歸納探索的結果：磁鐵兩端吸引的迴紋針比中間部位多。 2.教師介紹概念：「磁鐵不同部位的磁力大小會不一樣」。
第三階段：概念應用	讓學生應用磁鐵，以歸納發現教室內或自己隨身物品，有哪些是屬於鐵製品。	將學習的概念應用到圓形磁鐵，讓學生自行操作並歸納發現：圓形磁鐵各個部位的磁力大小有何差異？

從上述的步驟中可以看出，教學活動是以學生為活動主體，學生在老師的引導下，一方面藉由操作蒐集資料、記錄結果，探討與歸納現象的共同特徵。同時在教師的引介中，連結現象與新概念的意義，最後再應用新概念，期能達成學生主動建構知識的目標。

　　學習環在約 1990 年代再修訂為五個教學步驟，稱為 5E 學習環。分別為：「投入」（Engagement）、「探索」（Exploration）、「解釋」（Explanation）、「精緻化」（Elaboration）以及「評鑑」（Evaluation）（字母共五個 E，故稱為 5E），如圖 6-1 所示。依序進行之後，可以依需要再次循環，或是在精緻化與評鑑階段重複進行探索（圖中虛線表示教學有需要時可再次進行探索）。

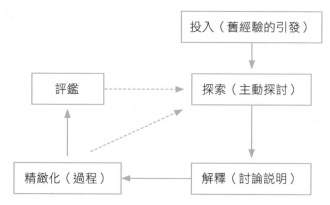

圖 6-1　5E 學習環教學流程圖

　　5E 學習環與三階段學習環的差異性並不大，主要為增加第 1 步驟的「投入」以及最後步驟的「評鑑」。其教學設計重點方向如下：

1. 投入：以演示、影片、問題，甚至簡單的發問，並儘量與學生已有的舊經驗相關聯，引起學生的好奇與興趣，產生關注後續學習活動的動機。

2. 探索：與三階段學習環的探索階段相似，讓學生主動操作、蒐集資料，以探索問題。

3. 解釋：與三階段學習環的概念引介相似，讓學生發表他們的探索操作過程，並嘗試解釋結果的原理，教師再以引導的方式介紹科學概念。

4. 精緻化：與三階段學習環的概念應用相似，學生將發展出來的新概念活用於新情境中，以期能深入內化，並使建構的新概念更為

穩固。

5.評鑑：除了鼓勵學生評量自我的了解程度，教師也進行評量學生的了解程度，以評鑑教師的教學技巧、教學成效與目標的達成情況。

四 專題本位教學（Project-based Instruction）

專題本位教學中的「專題」意為計畫、主題或方案，是 W. H. Kilpartrick 在 1918 年提倡的教學法。此種教學基本上是讓學生針對某項主題，進行問題解決的歷程，在此歷程中學生進行的探究活動包括：提出與界定問題、規劃與設計實驗、進行資料蒐集（觀察或實驗等）、資料分析、結果討論與推理、獲得結論與呈現成果等等。此種教學的特色與重點，可歸納為以下三點：

㈠ 探究的主題可由教師規劃或是由學生自主決定

探究的主題基本上是有待解決或挖掘的問題，而此問題應與日常生活現象或社會（社區）問題相關聯，避免脫離真實生活情境的主題。除了由教師規劃探究的主題，應多鼓勵每一組學生形成自己的探究主題，師生共同討論、決定探究主題的恰當性與可行性。

㈡ 學生採小組合作方式進行探究

在探究過程學生除了主動參與，也需要與他人討論、溝通。Schneider 等人（2002）指出在專題的探究期間，學生必須在社群內進行學習，這種合作的關係包含了同儕、教師以及小組成員。換言之，專題本位教學具有合作學習的精神與特色。

（三）非線性的學習歷程

一般的循序性教學強調由淺而深、由簡而繁，概念或方法的學習有一定的順序或程序。而在專題本位的教學，學生雖然歷經提出問題、設計實驗、資料蒐集等等共通的過程，但是探究過程所處的真實情境是複雜的，具有不可預測性與變動性，在探究過程經常需要修改。Grant（2002）即指出，專題本位教學的要素之一即為學習者的「反思」（reflective thinking），反思促成學生對於探究過程施行步驟的修正與調整，進而引發不同的學習順序。

（四）不同於傳統的教學技巧

在專題本位的教學，教師的角色必須擺說單純的講述與示範，也難以採用特定的教學程序。因為學生在探究問題的過程中，可能遭遇不同的問題，如何引導學生思考問題、設計實驗、蒐集資料等等，並沒有固定的形式或解答。在專題本位的教學，教師在引導過程，應儘量避免直接提供學生解答，以免喪失讓學生思考與主動解決問題的旨意。因此如何恰當的引導學生，是教師必須面對的問題，也是教師必須學習與反思的重要課題之一。

專題本位的教學沒有特定的教學流程，以下介紹 Krajcik 等人（2003）提出的教學模式，如圖 6-2，以供讀者參考。

圖 6-2 的 Krajcik、Czerniak 和 Berger（2003）專題本位教學模式，基本上由驅動性問題（driving question）開始，此問題的來源是教師或學生的生活經驗與現象，或是現今的社會議題。驅動問題扮演專題探究的關鍵角色，是學生探索解答的核心，所以必須具備學生（能力）可以做（feasibility）、值得做（worth）、意義化（meaning；學生有興趣探索，對學生而言是有意義的）、真實世界的情境（contextualization）、無立即性解答、須持續一段時間的探究（sustainability）等特徵。例如「校園有哪些種類的昆蟲？」這個驅動問題是否具備這些特徵？以學生的能力而言，應能探究「某某昆蟲吃什

麼？」「不同的昆蟲生活在哪裡？」等等相關的問題。而且這些有趣的問題與生活情境息息相關，必須花一段時間自行探索出解答，因此是一個恰當的驅動問題。

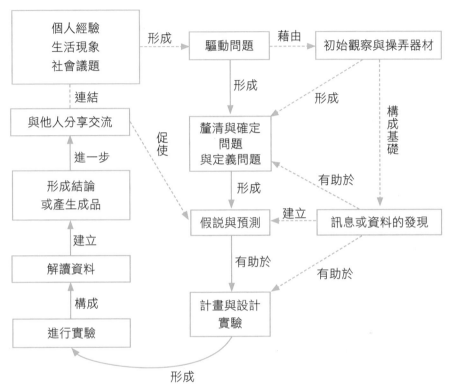

圖 6-2　專題本位教學模式圖
資料來源：Krajcik 等人（2003）；修改自洪振方（2003）

　　有了驅動問題，為了讓學生提出探究問題更為明確，可以讓學生進行「初步的觀察或操弄器材」。例如帶學生到校園，以放大鏡（以及鑷子、捕蟲網等）觀察在不同地點有什麼昆蟲，並記錄觀察到什麼、這些觀察現象讓人想到有什麼問題可以探討，如此可以讓學生探究的問題更為明確。而老師可以指導學生問如何（how）、有什麼（what）、何時（when）等問題。例如「不同的樹有什麼不同的昆蟲？」「在草皮生活的昆蟲如何營生？」等問題。Krajcik 等人（2003）指出，讓學生觀

察與操弄器材是相互伴隨的成分，可幫助學習者決定該進行哪些變項的操弄。上述「觀察與操弄器材」也可形成尋找資訊或資料的基礎，讓學生更清楚應該找哪些方面的資料。經由網路、書籍等等的資料，除了可以協助學生再次釐清問題，並可用以形成假說或進行預測，例如：「在地面（底）生活的昆蟲，也會在樹上築巢？」「在樹葉產下的昆蟲的卵，都會先變成毛毛蟲？」等等。

為了解答假說或預測，必須計畫與設計實驗。實驗有可能是單純的實地觀察，也可能是在實驗室或教室進行。無論如何，計畫與設計實驗對國中小學生是個挑戰，尤其牽涉實驗變因的控制與操縱時更為複雜而困難。這時可利用表 6-3 協助學生發展實驗的設計。

表6-3 計畫與設計實驗

（一）我們的設計
1.我們想要知道、需要確定的變因是什麼？
2.為了回答問題，我們需要蒐集的資料是什麼？
3.我們應該觀察什麼？
4.我們要控制的變因是什麼？
5.我們要操縱的變因是什麼？
6.我們要測量或觀察的變因是什麼？
7.多久測量或觀察一次呢？
（二）我們的計畫
1.需要什麼器材或儀器？需要的數量呢？
2.可以取得這些器材或儀器嗎？

資料來源：修改自 Krajcik 等人（2003）

完成計畫與設計實驗之後，學生可以進行實驗並觀察與記錄實驗結果，獲取解答問題的資料；再藉由分析與解釋獲得資料，做出研究之結論。而在專題本位學習的最終階段，學生必須與他人分享成果，並以不同的方式呈現成果，例如書本、手冊、小論文、錄影帶或作品陳列等方式。如同科學理論必須經過社群的檢驗一般，學習者完成這些作品後分享研究過程中所學習到的知識（概念）與技能，並接受同儕或教師的指教與評判。學生是否能呈現一個完整、豐富、獨特的成果並不是最重

要的，而是整個探究歷程的親身參與及思考技能的學習，以及蒐集、分析、歸納、呈現資料的能力培養。

五 教師的挑戰：實施探究式教學

雖然促進學生的科學探究能力已成為科學教育的核心目標，但是從相關的實徵研究顯示，探究導向的課程或教學仍有很大的努力空間（Lee, Buxton, Lewis, & LeRoy, 2006）。進行探究式教學，很多教師對於營造教學環境、協助學生發展恰當的科學探究有困難（Crawford, 2000）。Tamir（1991）也認為，大多數的教師並未準備好有效的實驗教學，除了習慣於講述教學之外，主要是受限於食譜式的教學內容，即學生依據教材或老師的規定，只會使用特定的步驟和方式，來驗證書本上記載的事實或自然現象。Costenson 和 Lawson（1986）與有經驗的科學教師進行晤談，表 6-4 列出科學教師不使用探究式教學法的理由。

表6-4 科學教師不使用探究式教學法的十個最常見理由

項　　目	理　由　與　原　因
1.時間與精力	要發展良好的探究單元教材，必須花費許多時間。
2.教學進度問題	學區有規定的課程，必須教完所有教材。
3.閱讀困難	學生無法閱讀探究取向的書籍。
4.有風險	行政單位不了解課室，他們會認為教師沒有在做教學的工作；而教師也不確定如何有效地使用探究式教學。
5.學生能力	普通生物班級沒有好的思考者（學生）。
6.學生不夠成熟	學生不夠成熟，會浪費太多時間而無法充分學習。
7.教學習慣	我這樣教學已經 15 年了，沒辦法改了。
8.教科書有固定順序	探究取向的教科書使我們陷於所編列的教學順序中，又無法略過任一個實驗，太多要教的。
9.師生不習慣	教師無法掌控課室中的活動，會覺得不自在，學生也是。
10.價錢太高	實驗室設備不適合探究，學區也不會購買探究取向所需的材料。

資料來源：修改自 Lawson（1995）

由以上所述，如何提供教師合適的教學設計，以降低或克服教師在時間與精力、教學進度、教學習慣、主觀感受等等的問題，是進行探究式教學需要思考面對的問題。

目前國內中小學學校，都有採用特定教科書，課程的教學也安排了一定的進度。在此情形，要求教師自行設計進行探究式教學，或許是緣木求魚，不切實際。但是以教師應持續的專業成長，以及課程是發展而非發明的理念，除了可以應用於彈性時間，也可適時在教學中安排較為單純的學習環的探究式教學。至於較為複雜，需要較長時間的專題本位教學，則可以應用於中小學科學展覽的發展。

無論何種教學，教師扮演了學生學習的關鍵角色，而在探究式教學建議教師基本上應培養以下各項的專業知能與態度。

1. 教師本身應具備或願意充實科學探究歷程的基本知能，例如何謂控制變因、操縱變因、推理、預測、形成假說等等的理解與掌握。

2. 對自然現象具有好奇心，經常向大自然發問。

3. 願意面對學生在探究過程中產生的各種不同問題，並協助學生解決問題的態度。

4. 能接受非固定程序的教學，樂於嘗試彈性的師生互動、腦力激盪。

5. 能了解科學是一種「了解世界的方式」（a way of knowing），不是既定的、不可改變的知識體系，願意帶領學生成為建構科學知識的一分子。

課後作業

1. (1)試以三階段「學習環」設計一個單元的教學（例如月亮的盈缺、槓桿、植物的身體、氧氣的性質與製備等等）。(2)如何將前述教學，設計為5E學習環的教學？

2. (1)試擬一個專題式探究的問題，並說明是否為一個恰當的「驅動

問題」。⑵試擬的驅動問題，可以讓學生探究哪些問題？至少提出二個。⑶任選前述一個提出的探究問題，你會如何計畫實驗？操縱變因、控制變因又為何？觀察或蒐集的資料又是什麼？

參考資料

中文部分

洪振方（2003）。探究式教學的歷史回顧與創造性探究模式之初探。高雄師大學報，*15*，641-662。

英文部分

Abd-El-Khalick, F., Boujaoude, S., Duschl, R., Lederman, N. G., Mamlok-Naaman, R., Hofstein, A., Niaz, M., Treagust, D., & Tuan, H. L. (2004). Inquiry in science education: International perspectives. *Science Education*, *88* (3), 397-419.

Costenson, K. & Lawson, A. E. (1986). Why isn't inquiry used in more classroom? *American Biology Teacher*, *48* (3), 150-158.

Crawford, B. A. (2000). Embracing the essence of inquiry: New roles for science teachers. *Journal of Research in Science Teaching*, *37* (9), 916-937.

Grant, M. M. (2002). Getting a grip on project-based learning: Theory, cases and recommendations. *Meridian: A Middle School Computer Technologies Journal*. Retrieved February 10, 2007, from http://www.ncsu.edu/meridian/win2002/514/.

Keys, C. W. & Bryan, L. A. (2001). Co-constructing inquiry-based science with teachers: Essential research for lasting reform. *Journal of Research in Science Teaching*, *38*(6), 631-645.

Krajcik, J. S., Blumenfeld, P. C., Marx, R. W., & Soloway, E. (1994). A collaborative model for helping middle grade science teachers learn project-based instruction. *Elementary School Journal*, *94*, 483-497.

Krajcik, J. S., Czerniak, C. M., & Berger, C. F. (2003). *Teaching science in elementary and middle school classrooms: A project-based approach*. New York: McGraw-Hill.

Lawson, A. E. (1995). *Science teaching and the development of thinking*. California: Wadsworth Publishing Company.

Lee, O., Buxton, C., Lewis, S., & LeRoy, K. (2006). Science inquiry and student diversity: Enhanced abilities and continuing difficulties after an instructional intervention. *Journal of Research in Science Teaching, 43*(7), 607-636.

Martin, B., Kass, H., & Brouwen, W. (1990). Authentic science: A diversity of meanings. *Science Education, 74* (5), 541-554.

National Research Council. (1996). *National science education standards*. Washington, DC: National Academy Press.

Schneider, R. M., Krajcik, J., Marx, R. W., & Soloway, E. (2002). Performance of students in project-based science classrooms on a national measure of achievement. *Journal of Research in Science Teaching, 39* (5), 410-422.

Shepardson, D. P. (1997). The nature of student thinking in life science laboratories. *School Science and Mathematics, 97* (1), 37-44.

Sutman, F. X. (1996). *Seeking more effective outcomes from science laboratory experiences (Grade 7-14): Six companion studies*. ERIC Document Reproduction service No. ED393703.

Tamir, P. (1991). Practical work in school science: An analysis of current practice. In B. E. Woolnough (ed.), *Practical science* (pp.89-100). Great Britain: Open University Press.

第 7 章

問題解決教學

吳穎沺

本章概觀

　　培養學習者問題解決能力（problem-solving ability）一直是科學教育的重要目標之一，特別是學習者如何應用在科學課堂上所學習到的知識與科學過程技能於解決日常生活中遇到的問題，而這也就是問題解決能力的「學習遷移」（transfer of learning）。本章將首先針對什麼是「問題」、「問題」的類型、什麼是「問題解決」及問題解決的歷程及步驟進行介紹，接著介紹問題解決教學有關的教學實施步驟，最後則是以「土石流」為教學內容的問題解決教學學習活動設計實例。

問題解決教學的理論基礎

(一) 問題及問題解決的定義

1. 問題的定義

　　許多學者對於「問題」（problem）一詞有不盡相同的定義。認知心理學家張春興（1991）認為，「問題」是指「需要經由思考並找出方法以達成目的的難題」。也有學者提出，一個「問題」必須包括兩個要素：(1)「目標」；(2)「此目標是解題者所無法達到的」，目標可能受到各種理由，例如缺乏資源、缺乏訊息等因素而被阻礙（Kahey, 1993）。而 Jonassen（2000）則認為，「問題」必須至少包含以下兩個重要的特徵：(1)在某些情境下（介於目標狀況與現在狀況之間的差異），這個問題具有一個未知的事實（an unknown entity）；(2)發現或解決這個未知的事實必須有社會、文化或智能上的價值（intellectual value）。

　　王美芬、熊召弟（1995）則認為 Mayer 的定義較為明確且容易了

解。Mayer 表示「問題」有三個特色：

(1) 有已知的條件（given）：問題起始階段，包含一些訊息、條件、因素。

(2) 目標（goals）：問題預定達成的另一階段。問題解決就是由第一個階段移到第二個階段。

(3) 障礙（obstacles）：由第一階段移到第二階段時有困難，因為對解決問題者來說，目前沒有明確與直接的策略，稱之有障礙。由此可知，由第一階段移到第二階段，如果沒有困難或障礙，那麼就不算「問題」了。

綜覽上述學者的觀點可知，「問題」雖然有不同的定義，但其共同特徵可視為「在現況階段與目標階段之間所需克服的障礙或困難」。而「問題解決」就是克服上述的障礙或困難，以達到預定目標階段的歷程。

2. 問題的類型

在學校及日常生活中遇到的問題可說千奇百怪，無所不有。小從計算數學習題、寫作文、挑選食物，大到安排結婚事宜、買房子、進行研究計畫等等，大多數的問題是沒有標準答案的，問題的解答完全依照個人的經驗、知識、興趣與能力而定。

一般而言，問題的類型可依問題結構的嚴謹度分為「**結構性**」（well-structured）問題與「**弱結構性**」（ill-structured）問題。結構性問題具有詳細的問題說明，問題中說明包含所有解決問題的要素，有定義清楚的初始狀態與已知的目標狀態，解決問題的過程需要某些特定領域的概念、規則，並藉由特定的邏輯運作就可以獲得答案（Jonassen, 2002）。例如進行數學科應用問題的解題計算，這類問題通常有特定的答案及解題形式，即為結構性問題。

一般而言，在我們的日常生活中或專業領域裡遭遇到的問題大多是弱結構性問題。這類的問題說明常是含糊不清、模稜兩可的，答案通常是不可預期的、非收斂性的，問題可能有好幾個答案，甚至可能沒有答案。解決問題的過程需要不只一個領域的知識或概念，並且經常需要

問題解決者進行價值判斷，與表達個人對此問題的意見或信念（Chi & Glaser, 1985; Jonassen, 2000）。例如討論環境污染議題時，牽涉到的概念可能包含自然科學、經濟、政治、社會學等等，而且通常沒有固定答案，這類問題就是弱結構性問題。

美國賓州大學教授 Alfke 亦將自然領域中的問題分為兩大類：**操作性問題**（operational questions）與**理論性問題**（theoretical questions）。「操作性問題」是一種直接或暗示地指出：「應該怎麼運用科學材料去得到問題的解答？」操作性問題不能用「為什麼」來問，因為「為什麼」所蘊含的是一個理論性（theoretical）的答案。「操作性問題」可以讓學生透過觀察、實驗等操作活動來找出問題的答案。例如：「紙飛機的重量會如何影響它飛行的距離？」「鐘擺的繩長如果改變，擺動的次數會有什麼變化？」學童在操作過程中不僅形成科學概念、熟練各種科學過程技能，也能培養其科學態度（鍾聖校，1995）。

而「理論性問題」通常用「為什麼」作為問題的開頭。例如：「為什麼現在的世界上沒有恐龍？」「種子為什麼會發芽？」「為什麼月亮是圓的？」這些問題是幼稚園或小學階段的學生對自然科學世界的直觀疑惑，卻也是最難回答的。往往需要較深的理論才能回答問題，而且答案常是不明確的，甚至根本沒有答案。但是理論性問題仍有其存在的價值，因為它代表了孩童的好奇心，經由教師的適當引導，例如鼓勵學生進行科學性讀物的閱讀以增加其科學知識，作為孩童日後進一步深思或探討的基礎經驗（鍾聖校，1995）。

因此，一般來說，在問題解決教學實務中，為了引導學生高層次的思考能力，我們會以「弱結構性問題」或「理論性問題」作為課程的核心問題，再配合「結構性問題」或「操作性問題」作為具體問題，以循序漸進的方式引導學生進行問題解決活動。

3. 問題解決的定義

大英百科全書（2009）對於「問題解決」（problem solving）的定義是「對一個問題致力尋求解決的過程」。而許多學者針對問題解決的

定義亦有不同的定義，茲將這些定義整理如下表 7-1。

表7-1 不同學者對問題解決的定義

學者	問題解決的定義
Gagne（1984）	結合且運用先前所學的規則去解決新奇的情境，並且在過程中產生新的學習。
Anderson（1980）	一連串具有目標導向的認知運作（any goal-directed sequence cognitive operations）。
Kahney（1986）	個人在日常生活中遭遇特定問題時，試圖確認或發現有效的解答的一種自動引導的認知行為過程（self-directed cognitive-behavioral process）。
D'Zurilla和Nezu（2001）	問題解決是個體在情境的需求下利用已學過的知識、技能，獲致解答的過程。
黃茂在和陳文典（2004）	人們運用既有的知識、經驗、技能，藉各種思維及行動來處理問題，使情況能變遷到預期達到的狀態，是心智活動的歷程。
張俊彥和翁玉華（2000）	個人運用先備知識、技能和理解能力去滿足新情境的需要，並重組他所擁有的資訊，發展出新的方法，以獲得解答的過程。
張春興（2001）	問題解決乃個人在面對問題時，綜合運用知識、技能，以期達到解決問題的思維活動歷程。

綜合上述學者的觀點可知，問題解決是一種複雜的心智過程，必須應用個人的先備知識、技能及高層次思考能力，以獲得解答或達到問題解決的過程；換言之，在問題解決的歷程中，認知知識、過程技能（觀察、比較、分類組織、關聯、研判、推斷……）及思考智能（綜合統整、演繹推論、批判、創造……）等都是必要、缺一不可的（黃茂在、陳文典，2004）。

4. 問題解決的歷程、步驟

美國教育學者杜威（Dewey, 1910）表示：「思維起源於某種疑惑、迷亂或懷疑；思維的結尾是清晰、一致、確定的環境。第一種情境稱為反省前（pre-reflective）的情境，它提出需要解決的問題，提

出反省思維要回答的問題。後一種情境中，懷疑消除了，這是反省後
（post-reflective）的情境，獲得滿足和愉快。反省思維就是在這兩種
情境中進行的。」而從認知心理學的角度來看，問題解決的歷程牽涉到
個體如何處理問題情境中雜亂的資訊、如何形成問題表徵、如何整合各
項已知的知識及思考技能以形成問題解決策略。

　　而有研究者也以資訊處理模式（information processing model）分
析人類的問題解決過程，將問題解決分成四個主要的階段：形成問題
表徵、擬定解題計畫、重新形成問題表徵、執行計畫並檢討結果（董
家莒，2000）。在解決問題的過程中，問題解決者會建構一個問題的
心智表徵（心智模式），就是所謂的問題空間（problem space）。經
驗豐富的問題解決者，其心智模式能整合多種知識（例如該問題系統中
的結構性知識、程序性知識、反省知識、策略性知識）。亦即問題解決
能力的呈現關鍵，在於各種高層次思考能力的應用與整合（王如玉，
1999）。

　　至於問題解決的步驟，杜威在其《How We Think》一書中，將問
題解決的過程，分五個步驟：「發現問題或遭遇挫折、確定問題之所
在、找出可能的解決方案、選擇最適當的解決方案、驗證結果的正確性
並接受或修改」（張振松，2001）。有國內學者亦對問題解決的過程
模型做了詳細的分析與整理，他發現這些過程模型明顯地包含了準備、
實行與評估三個階段（引自董家莒，2000）：

(1)準備階段：問題解決者試圖從自己的舊經驗及知識中了解這個
　　問題，並根據各種現有的資料，開始建構解決此問題的方針或
　　藍圖。

(2)實行階段：問題解決者運用各種模式或方法，將上述的方針或
　　藍圖付諸實施，想辦法解決此問題。

(3)評估階段：問題解決者可能會得到不同的解答；在此階段，他
　　們必須評估各個解答的正確性及結果，如有需要可能重新來
　　過。

　　黃茂在與陳文典（2004）則提出「發現問題、確定問題、形成策
略、執行實現、整合成果、推廣應用」等六個問題解決步驟（階段），

各步驟相關的能力表徵說明如表 7-2。

表7-2 問題解決的歷程中所運用的能力表徵

發現問題	1.對於情勢的發展，能保持一個正向、積極、求好的心態。 2.面對問題能先做合理評估，並具有勇於承擔的態度。 3.藉由批判與想像，察覺依現實情境尚有許多可開拓的空間。
確定問題	1.能由情境演變的脈絡中去確定「問題」的意義。 2.能準確評估問題的始態及擬設問題的末態。 3.能洞察問題各層次結構，並由結構中察覺解決問題的關鍵。 4.能適切的評估可運用的資源和受到的限制條件。 5.能妥善的表述問題。 6.養成一種遇到問題時，先行考量、了解、規劃的習慣。
形成策略	1.能藉推論、想像來開拓「問題」的發展空間。 2.能同時擬構多種的解題策略，也能決斷地選擇其一。
執行實現	1.能以行動來處理問題，具有動手實作的習慣。 2.具行動力，能控制變因做有條理的處理。 3.能隨機處理未如預料的情境變化，使工作持續沿主軸推進。 4.養成能在過程中隨時做好欲達成的目標、教學活動及評量的三角校正工作的習慣。 5.能與人分工合作完成工作。
整合成果	1.對所獲得的資訊，能統整出成果及做合理的評價。 2.能由事件的前因及後續發展中看出其意義並做詮釋。 3.觀察到處理過程的瑕疵及改進的空間。
推廣應用	1.體會處理事件過程所產生的影響，並做合理的調節。 2.發現事件後續的發展，並做合理的處理。 3.獲得經驗，應用於解決其他的問題上。

資料來源：引自黃茂在和陳文典（2004）

　　觀察上列數位學者在問題解決階段的說明，可以發現問題解決的歷程中，需要個體整合已有的經驗、知識與心智技能（如分析、歸納、推理、假設、評估等）進行問題解決，而這些高層次思考能力的應用與整合是否良好是解題的關鍵。因此，對於一般的教師而言，如何教導學生適當的認知策略並使他們能有系統地運用這些策略，就顯得格外重要。對於想要在教學活動中培養學生高層次思考能力或問題解決能力的教師

而言，確實有必要深入了解問題解決教學的實施步驟，包含如何進行課程設計、問題情境安排、教學引導技巧，以及如何給予學生明確的指導與回饋等。我們將在下一節中進行探討及說明，深入了解問題解決教學的核心內容及教學注意事項。

二 問題解決教學法的實施步驟與注意事項

許多在科學教育上的研究結果顯示：以問題解決為基礎的教學方法確實顯著地增進了學生的學習成就、科學態度或學習興趣，特別是在高層次認知學習方面（Chang & Barufaldi, 1999）。而藉由上一節文獻中問題解決歷程的分析，我們了解問題解決涉及複雜的思考歷程與認知能力，而在各種問題解決模式中，我們建議教師可以使用較為人熟知的「創造性問題解決模式」（creative problem solving, CPS）進行問題解決教學。

「創造性問題解決模式」是一種非常適用來解決弱結構性問題的解題模式，而且經過多年的發展與修正後，解題步驟清楚完整，並且有許多實證研究證實，「創造性問題解決模式教學」（CPS 教學）對提升學生的創造思考能力及問題解決能力有顯著的效果。相較其他的問題解決歷程而言，「創造性問題解決模式」為了增強問題解決歷程中思考的周密性，更強調「**發散性思考**」（divergent thinking）與「**收斂性思考**」（convergent thinking）的應用（張俊彥、翁玉華，2000）。因此 CPS 教學對於學生高層次思考能力的培養有積極且正面的效益。

CPS 最初是由 Parnes 在 1966 年所發展，為線性的五階段解題模式，其解題歷程為：發現事實（fact-finding, FF）、發現問題（problem-finding, PF）、發現點子（idea-finding, IF）、發現解答（solution-finding, SF）、尋求可被接受的解答（acceptance-finding, AF）。後來經由 Treffinger、Isaksen 等學者持續修正，認為原有的線性過程並不符合解題者實際的解題歷程，因而提出了非線性的三成分六階段的 CPS 模式（圖 7-1）。

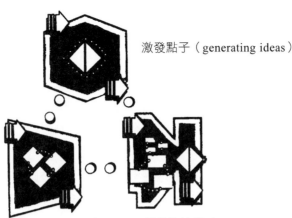

激發點子（generating ideas）

了解問題（understanding the problem）　　　行動的計畫（planning for action）

圖 7-1　非線性的 CPS 三成分圖示

資料來源：引自 Treffinger（1995）

　　茲針對 Treffinger 等人（1992）提出的三成分、六階段的創造性問題解決模式說明如下：

成分一：了解問題（understanding the problem）

　階段一：發現困境（mess-finding, MF）：定位並找出目標、任務或問題。

　階段二：尋找資料（data-finding, DF）：探索問題或工作的諸面向，並決定焦點所在。

　階段三：發現問題（problem-finding, PF）：發展問題的敘述，並精鍊而釐清之。

成分二（亦為階段四）：激發點子（generating ideas）

　階段四：此時要儘可能找出各種點子、他種選擇、另種解法，新奇或古怪的都可接受。

成分三：計畫行動（planning for action）

　階段五：找出答案（solution-finding, SF）：首先要發展出一套評價標準，並釐清前一階段所提各種點子的真義，然後使用選定的標準去評估。

　階段六：尋求接受（acceptance-finding, AF）：運用所選擇的解法，發展特定的行動計畫，同時實踐之，並尋求能支持行動計畫的資源。

　　在實際的科學教室的學習活動時，除了可以參考上述的 CPS 模式外，Treffinger 在 1988 年所提出的「創造性學習模式」（Creative

Learning Model, CLM）（Treffinger et al., 1992）也可以納入教學設計中。CLM 內容包括：（引自湯偉君、邱美虹，1999）

1. 使用 CPS 教學時，應該先教導學生 CPS 各階段的含意、主旨和各階段內的聚斂性及發散性思考技巧。
2. 接著採用一些示範例題，帶領學生依照 CPS 的線性解題步驟操作，使學生能對 CPS 解題過程有所體驗，此時可採小組合作解題方式進行。
3. 接著以與科學相關的時事議題為主，鼓勵學生自行依照 CPS 的概念進行解題，此時可以小組合作或個別進行，而教師可以主動適時提供解題所需的科學概念，但也可以讓學生自行蒐集相關訊息。
4. 在進行第三階段時，需注意在此階段不應強調依特定的步驟進行，應鼓勵學生考慮問題的情境、個人的認知偏好，以便自行調控解題流程。
5. 課程設計者在運用 CPS 時，宜採近年來所提出的非線性模式，取代原有線性模式來設計教材，以充分發揮 CPS 的特色。

要使學生能有效地使用 CPS 模式來處理重要問題，必須花費相當多的時間及精力進行練習及引導，使學生能針對學習任務或問題進行深入的評估及並思考解決計畫，達到後設認知能力的提升。教學是一門藝術，期望有智慧的老師能融合各種理論知識與實務技巧，因地制宜、因材施教，達成有效能的教學。

 教學活動設計實例

（一）教材分析

歷年來颱風對臺灣造成的傷亡不少，尤其是颱風過境引發的土石

流災害最為可怕，往往造成家毀人亡，甚至滅村（如高雄縣甲仙鄉小林村）。因此本單元計畫以土石流為主題進行討論，以事先設計好的情境問題引導學生深入探討「土石流的形成原因」，並於活動末提出「土石流問題的解決策略」。

（二）教學設計

本單元教學活動模式參考 Treffinger 和 Isaksen（1994）等學者提出的創造性問題解決模式（CPS）進行設計，實證研究證實此模式可用於提升問題解決能力及高層次思考能力。此問題解決模式之特色為重視發散性思考與收斂性思考技巧的交叉運用，且活動過程需要教師給予學生明確的討論指引及訊息回饋。模式主要內涵為：了解問題（understanding the problem）、激發點子（generating ideas）、行動的計畫（planning for action），為非線性之問題解決模式。為完整呈現整個問題解決教學，整個單元教學活動（共五節課）呈現如下：

教學科目	自然與生活科技	學校	○○國小	教學年級	六年級	設計者	林銘傳
單元名稱	土石流不要來	教學時間	5 節，共200 分鐘	教材來源	康軒版六上自然課本及習作、土石流防災教育網、新聞剪報、颱風及土石流相關書籍		
教學研究	教學重點： 1.以教學活動引導學生進行發散性思考及收斂性思考，培養學生高層次思考能力。 2.使學生能利用資料蒐集、實驗及討論等方式，提出土石流問題的解決策略。 學生經驗： 1.具備網路搜尋資料的能力。 2.具備整理書面資料及摘要重點的能力。						
單元問題	1. 土石流的形成原因有哪些？ 2. 如何解決土石流的問題？						

單元目標	1.能了解土石流的形成原因有人為因素與自然因素。 2.能利用資料蒐集及討論等方式，提出解決土石流問題或減輕土石流災害傷亡的方法。	能力指標	1-3-1-2察覺一個問題或事件，常可由不同的角度來觀察而看出不同的特徵。 1-3-4-3由資料顯示的相關，推測其背後可能的因果關係。 2-3-4-4知道生活環境中的大氣、大地與水，及它們間的交互作用。 5-3-1-1能依據自己所理解的知識，做最佳抉擇。 6-3-2-3面對問題時，能做多方思考，提出解決方法。 6-3-3-2體會在執行的環節中，有許多關鍵性的因素需要考量。

能力指標號碼	教　學　活　動	教學資源	時間分配（分鐘）	備註
1-3-1-2 1-3-4-3	◎學習前暖身：課前完成 請學生使用網路或至圖書館蒐集土石流形成原因的相關資料，並將資料帶至學校，上課討論時需要用到。 **活動一、「土石流的形成原因」** **第一節** CPS成分：了解問題（understanding the problem） 1.師生討論土石流對環境及當地居民的影響。 2.教師引出討論主題：「土石流的形成原因」。 3.請各組同學利用課本、網路蒐集的資料及老師準備的相關書籍進行資料分析與討論。 4.請學生進行小組討論後提出土石流的形成原因，至少五個以上，數量越多越好。並將想法寫在 A4 紙上。【發散性思考】	土石流影片 土石流相關書籍、報紙	10 15	

	5.請學生報告各組提出的原因,數量越多越好。(教師須注意不要對學生的想法提出評鑑或異議,鼓勵學生任何新奇的想法,營造自由發表的氣氛。)【給予討論指引】	電腦、A4紙	15	
	第二節 CPS成分:了解問題(understanding the problem)			
	6.接著請各組依據影響力大小的標準,選擇出各組認為最重要的因素,將該項因素以紅筆圈畫起來,並請學生在每個選擇的原因旁附註說明,說明此項原因的重要性。【收斂性思考】		10	
	7.各組報告討論結果。		20	
2-3-4-4	8.教師進行「土石流形成原因」的綜合歸納,說明土石流形成的人為因素及自然因素。人為因素如:山坡地濫墾濫建、道路開發。自然因素如:地震造成的土石鬆動、颱風造成的豪大雨、山坡地坡度陡峭等。		10	
	活動二、「土石流問題的解決策略」 第三節 Cps成分:激發點子(generating ideas):			
	1. 教師引出討論主題:「解決或減輕土石流災害的方法有哪些?」	土石流相關書籍、報紙	5	
6-3-2-3 6-3-3-2 5-3-1-1	2.請學生進行腦力激盪,提出解決土石流問題的方法有哪些。至少五個以上,數量越多越好。並將想法寫在 A4 紙上。【發散性思考】		15	
	3.請學生報告各組提出的解決方法,數量越多越好。(教師須注意不要對學生的想法提出評鑑或異議,鼓勵學生任何新奇的想法,營造自由發表的氣氛。)【給予討論指引】	電腦 A4紙	15	

	4.教師對學生提出的各種不同的想法及創意予以肯定，提醒各組組長注意討論秩序及報告者上臺報告的技巧及聽眾禮儀。【給予回饋】		
	第四節 CPS 成分：行動的計畫（planning for action）		
	5.請學生透過小組討論的方式，以環境永續經營者的角色進行判斷，將各組提出的想法進行效益排序，問題解決效益最大者排在第一順位，並寫出理由。【收斂性思考】	20	
6-3-2-3	6.各組報告排序的結果及理由。	20	
6-3-3-2 5-3-1-1	第五節 CPS 成分：行動的計畫（planning for action）		
	7.請各小組在聽過上節課各小組報告後，再次進行小組討論，決定是否要變動排序的結果【收斂性思考】。	10	
	8.再次請各小組報告，變動的結果及理由。	20	
	9.教師進行「土石流問題的解決策略」綜合歸納，並說明整個單元活動的意義在於鼓勵學生思考與推論，解決問題的方法可能有很多個，每個人也會有不同的觀點，應該要學習傾聽與包容別人不同的想法。【給予回饋】	10	

課後作業

1.請各試著找出三個「結構性問題」、「弱結構性問題」、「操作性問題」與「理論性問題」。

2.針對上述問題，試著找到一個合適的問題，並利用創造性問題解決模式設計教學大綱。

延伸學習資源

吳清山（2001）。問題導向學習。**教育研究月刊**，*97*，120。

劉佩雲、簡馨瑩譯（2003）。**問題解決的教與學**。臺北：高等教育出版社。

參考資料

中文部分

大英百科全書（2009）。問題解決。2009 年 10 月 7 日取自大英線上繁體中文版。
　　http://www.stpi.org.tw/fdb/tbol/index.html

王如玉（1999）。**地球科學問題解決教學模組對高一學生學習影響之初探**。國立師
　　範大學地球科學研究所碩士論文。

王美芬、熊召弟（1995）。**國民小學自然科教材教法**。臺北市，心理出版社。

張俊彥、翁玉華（2000）。我國高一學生的問題解決能力與其科學過程技能之相關
　　研究。**科學教育學刊**，*8*，35-56。

張春興（2001）。**教育心理學**。臺北市：東華書局。

張振松（2001）。**自然科創造性問題解決教學對國小學童創造力及問題解決能力之
　　研究**。臺北市立師範學院科學教育研究所碩士論文，未出版，臺北市。

湯偉君、邱美虹（1999）。創造性問題解決（CPS 模式）的沿革與應用。**科學教育
　　月刊**，*223*，2-20。

黃茂在、陳文典（2004）。「問題解決」的能力。**科學教育月刊**，*273*，21-41。

董家莒（2000）。「**問題解決**」為基礎之電腦輔助教學成效。國立臺灣師範大學地
　　球科學研究所碩士論文。

鍾聖校（1995）。**國小自然科課程教學研究**。臺北市：五南圖書。

英文部分

Anderson, J. R. (1980). *Cognitive psychology and its implications*. New York: Freeman.

Chang, C. Y. & Barufaldi, J. P. (1999). The use of a problem-solving-based instructional model in initiating change in students' achievement and alternative frameworks. *International Journal of Science Education, 21* (4), 373-388.

Chi, M. T. H. & Glaser, R. (1985). Problem-solving ability. In R. T. Sternberg (Ed.), *Human abilities: An information-process approach* (pp.227-250). New York: Freeman.

Dewey, J. (1910). *How we think.* Boston: Heath.

D'Zurilla, T. J. & Nezu, A. M. (2001). Problem-solving therapies. In K. S. Dobson (Ed.), *Handbook of cognitive-behavioral therapies* (2nd Ed.) (pp.211-245). New York: Guilford Press.

Glaser, R. (1984). Education and thinking: The role of knowledge. *American Psychologist, 39,* 93-104.

Kahney, H. (1986). *Problem solving-A cognitive approach.* Milton Keynes: Open University Press.

Kahey, H. (1993). *Problem solving: Current issues* (2nd Ed.). Buckingham: Open University Press.

Jonassen, D. H. (2000). Toward a design theory of problem solving. *Educational Technology Research and Development, 48,* 63-85.

Jonassen, D. H. (2002). Engaging and supporting problem solving in online learning. *Quarterly Review of Distance Education, 3* (1), 1-13.

Treffinger, D. J., Isaksen, S. G., & Dorval, K.B. (1992). *Creative problem solving: An introduction.* Sarasota: center for creative learning.

Treffinger, D. J. (1995). Creative problem solving: Overview and educational implications. *Educational Psychology Review, 7* (3), 301-312

第 8 章

STS 教育理念
與課程教學

黃鴻博

本章概觀

一、STS 教育之緣起與發展：介紹 STS 科學教育改革運動之緣起背景
與發展。

二、STS 教育理念：簡述自然科教學如何結合社會資源、在生活情境
中取材、設計教學活動、引導學生學習。

三、STS 教學活動設計與實施：介紹 STS 教學與傳統教學之比較，
STS 教學活動設計之基本理念、目標訂定、內容選擇、流程安排
等。

近十幾年中，在科學教育領域中強調科學、技學與社會互動連結的
STS 運動（Science/Technology/Society Movement）在世界各地引發廣
泛的關注與迴響，此一運動表徵著科學教育界主動或被動的對於近代日
益科技化社會變遷的回應，也是對於 1960 年代起，那一波科學課程改
革風潮所倡導科學教育目標、課程、教學所做的檢討與重新定位。本章
包括三部分：首先介紹 STS 教育改革運動之產生背景與發展，其次介
紹 STS 教育理念，最後簡介 STS 教學活動設計與實施。

STS 教育的緣起與發展

對於 STS 之意涵，將之視為一種特定類型教育理念、課程或教學
模式都有，然而，基於在不同時代與世界不同國家、地區所發展出來的
STS 教育，其性質、內容與主張有相當大的歧異性，要為其找一個共
同的定義卻是相當困難，或許將 STS 視為在近幾十年當中，逐漸在世
界各地發展成為一個影響廣泛的科學教育改革運動較為適合，且有其普
遍性的背景因素存在。以下將簡要描述其緣起背景與發展狀況，以為設
計教學活動時能掌握時時代脈動與核心價值。

(一) 科技化社會

回顧幾世紀以來社會的變遷，科技無疑是推動改變社會結構、生活、文化、價值，乃至於地球的生態環境的最大力量。社會學家托福樂（Alvin Toffler）在他所著《第三波》（*The Third Wave*）中指出：從 1955 年開始人類已經邁向一個以電腦、通信為基礎的第三波資訊社會，在資訊社會中科技成為每一個人日常生活的一部分，人類的社會結構、生活型態與價值觀將因科技而引發巨大的改變。在今天，科技已經成為現代社會中每一個人生活不可或缺的一環，而非如以往科技僅是少數科學家與技術人員的專業領域。

(二) 全民科技素養的需求

傳統科學教育向來以傳承科學社群文化、培養社會經濟發展所需科技人才為主要關切目標。但在當今科技化社會中，具備基本的科技素養成為人人必要的能力，全民化科學素養的需求也成為當前科學教育的一項新的挑戰。近年來，無論在科學教育目標、課程、教學、師資培育各領域的研究與實踐，無不受到此一社會新局面的影響。美國科學促進會（AAAS, 1989）在發展未來科學課程的「2061 計畫」（Project 2061）中，就將把科學素養提供給每一個國民（science for all american）列為首要課題，重新對科學教育的目標、內容等做出檢討與回應。英國皇家學會（The Royal Society）在 1985 年提出一項相當簡短有力宣言：「科學是要提供給每一個人」（science is for everybody），並且主張學校科學教育的內容必須做全面的檢討；認為學校的科學教育將不只是讓學生了解基本的科學事實與方法，而且要讓學生了解到科學的限制、風險與其中的不確定性，明瞭科學和許多事物有相當密切的關聯，這些都應該納入科學課程的目標與內容。臺灣地區經過近幾十年來的發展，已逐漸從傳統農業社會逐步進入科技化的社會，也面對相同的問題與挑戰。

(三) 對 1960 年代科學課程改革的檢討

在學校教育中，科學教育普遍化與向下延伸在最近幾十年當中獲得很大的進展，聯合國教科文組織（UNESCO）在 1980 年代末期所做的全球性科學教育實施現況調查研究的結果指出：全球多數的國家中，科學教育已相當普遍的納入各級學校的教育課程當中，但是並不表示這就足以讓學生具備生活在科技社會中所需的基本素養。

1960 年代源於美國的自然科學課程、教材改革風潮，其影響擴及美國以外相當廣大的地區（包括我國在內）並持續到現在。這些課程基本上是以科學學科知識、概念與探究技巧為核心，以培養更多科學家與工程師為主要的目標，但卻忽略了對於 95% 將來不會成為科學家、工程師的學生，這也許不是一套合適的課程與教材。美國在 1970 年代對於 60 年代課程改革成果的評估就指出，課程目標、內容的不適當與諸多配合措施的不足，是造成學生學習科學興趣、成就低落的問題根源。在英國等歐陸國家也檢討傳統以學科中心的科學課程，在面對社會變遷及所衍生的環境問題、科學社會責任或女權運動等社會情境並無法做有效的因應，而有必要做全面性的改弦更張。

(四) STS 科學教育改革運動

STS 科學教育改革運動，正反映著科學教育界對於以上社會變遷過程中所遭遇問題反省與思考解決途徑的努力。STS 教育主張讓科學教育重新聚焦在個人與社會目標之上，肯定科學教育應協助個人能在日益科技化的社會中有良好的生活適應與未來發展，要理解科技與社會的互動關係與科技的本質，所有科學教育的「教」與「學」都應建立在個人生活經驗與社會脈絡之上等。雖然不同時期、國家、研究者所關注、認知的 STS 理念、實際的做法有相當大的歧異，但是，對於回應社會科技化與全民科學素養的基本訴求則相當一致。

回顧 STS 科學教育發展的歷史：自 1960 年代萌芽，70 年代的發展，到 80 年代和當代一些教育改革潮流匯集，而成為科學教育深具影

響力的改革理念與實際。究其能茁壯擴展的原因在於：一方面，它相當有效的吸納近幾十年來在社會、環境變遷所衍生出來的社會議題，諸如：環境保護運動、女性主義，社會科技化等，並提出有力的回應；另一方面，STS 運動成功的和當代一些科學教育領域（科學哲學、認知科學）研究成果、趨向相互結合，而在諸領域中以各種不同的面貌出現與擴散。

實施 STS 教育的擴散：在地理上，從早期的工業化國家，諸如北美的美國、加拿大、歐洲的英國、澳洲等，逐漸擴散到開發中國家；目前在亞洲、非洲、南美洲，都有一些推動 STS 教育理念的科學教育計畫在實施。在學校層級上，STS 的教育也從早期在大學校院實施而逐漸的擴散到中學、小學的階段。臺灣地區有關 STS 教育的研究雖然沒有很長的歷史，但是經過一些先驅者的努力與逐漸增加研究者的投入，也已經有相當豐盛的研究成果。不論在 STS 理念的引介、傳播、STS 教學評量方式、教學策略、師資培育等方面的研究，有相當多研究人力投入這個領域，也獲得可觀的成果。

STS 教育理念

雖然自 1980 年代以來，STS 教育理念在全世界許多國家都受到廣泛的注意，並成為影響科學課程、教學與教育改革運動的重要影響力量。但是，基於不同時代、地區所推動的 STS 科學教育計畫各有其不同的目標、哲學與歷史背景，要尋求普遍被認可統整的定義幾乎是不可能。事實上，在這些不同的 STS 教育流派間尚不乏存在觀點、理念歧異，甚至相左的緊張關係，將 STS 教育視為：一個擁有一些共同的特性又允許其中有些許歧異與彈性的當代科學教育改革運動，則是比較合乎事實。檢視許多個不同的研究者對於 STS 教育內容的描述，發現其中重疊之處並不太多，但以下六個有關 STS 教育的特性卻相當廣泛地被認同：

1. STS 教育強調科學、技學與社會間的交互作用。
2. STS 教育在提升對 STS 相關議題的覺知層次。
3. STS 教育包括倫理與價值的考量。
4. STS 教育增加學生對技學知識應用的理解。
5. STS 教育促進學生做決策的技巧。
6. STS 教育促使學生參與本地社區的行動。

(一) 對科學教育對象與目標的新定位

STS 教育的觀點檢討傳統中小學科學教育課程，發現其主要是以為未來科技菁英教育做預備為導向，強調自然科學學科知識、概念的獲得，科學探究能力、態度的培養。這樣的課程教學內涵，對於多數未來並不是直接要從事科技事業，而將成為商人、農人、服務業從業人員的學生而言，不是太深奧，會在學習上遭遇困難，就是不切合實際需要，只淪為課堂、考試上的操演、回憶，而無益於學生日常生活改善也無益於整體社會科學素養的提升。美國 1960 年代科學課程改革實施的成果，在 1970 年代已經被批判為並不適合於這種全民教育的需求，並且是造成學生學習興趣與成就日益低落的重要原因。

STS 科學教育主張教育應重新聚焦於個人和社會目標上。美國在 1970 年代末期對於以往科學教育的檢討，所規劃推動的 Project Synthesis，即將 STS 的教育納入 80 年代科學教育的重要推展方向，該計畫將科學教育目標放置於更寬廣的社會文化脈絡當中，認為科學教育目標應該包含：(1)滿足個人的需要（personal needs）；(2)回應社會事件（society issues）；(3)學術的準備（academic preparation）；(4)生涯的覺醒（career awareness）等四個方面，這可以表徵 STS 教育對於全民科學教育目標的重新定位。傳統的科學課程普遍的比較重視其中學術準備目標，而對於其他的目標不是列為附帶就是根本的忽略，STS 的教育主張的是一個更寬廣的教育目標。

(二) 教育內容的調整

當代科學、技學與社會互動日益密切，傳統科學教育卻沒有提供足夠的教育內容讓國民能有正確的認知與判斷，從 UNESCO 所做的全球各個國家科學與技學教育實施概括調查研究結果發現：在將近 100 個國家的學校教育中，科學課程的實施相較於技學課程是普遍得多，在中等學校階段幾乎所有國家都有教授科學課程，但在初等教育階段，特別是發展中國家實施科學課程則還不普遍；而在技學教育方面則除極少數國家外，尚少有正式實施。從過去分析教科書內容中所包含 STS 相關議題的內容教材分量的研究結果發現：所占比率無論在中外都是相當的有限，在教科書中包含之 STS 教材內容並不多，學科本位的思想仍然是相當的濃厚。STS 教育主張教育應協助個人有效理解、適應科技社會的生活，並能獲得充分的發展，在學習內容上強調以學生為中心的完整的學習，要去除過去學科本位、孤立的教育形式。

一個以學生為中心，表徵科學、技學與社會互動的示意圖（如圖 8-1），能相當完整的闡明 STS 教育中三者的互動關係。在這個圖形中以學生需要了解、解決他每日生活的問題為中心，他必須接觸理解自然的環境（nature environment）的科學部分、人工建構的環境（artificially constructed environment）的技學部分，還有社會環境（society environment）的社會部分，而環繞在學習者周圍的科學、技學與社會環境間存在著密切的互動關係。從這樣以學生為中心的觀點，可以進一步了解 STS 教育內涵的一些主張。

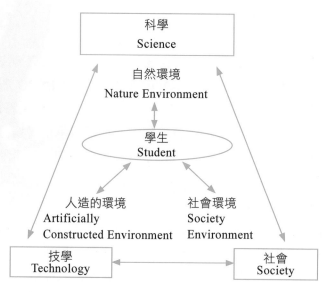

圖 8-1　科學、技學與社會的互動示意圖

1.擴大科學的領域

STS 教育主張面對此一科技與社會互動密切的時代，科學將不能孤立於其他領域之外，而是要在真正生活社會情境中給學生一個完整的學習經驗。除傳統科學教育的內涵外，「技學的素養」（technology literature）亦是廣被注目的教育內涵。

STS 教育者主張科學教育要糾正傳統只偏重科學知識的現象，同時兼顧到科學知識的探究方法、科學知識相關互動的知識，讓學生在課程上能獲得一個完整的學習經驗。STS 的教育的內涵包括：科技與社會的互動；科技對社會所產生的影響及社會如何的影響科技的發展；人在日常生活與社區生活中面對科技相關事物，應該做怎樣的決定與行動等，較諸傳統的課程有更廣的學習內容。

2.跨越不同學科間的界限

日常真實的生活情境中所面對的問題經常是各種因素整體互動的情境，而非單獨孤立的一個學科範疇可以完全解決。傳統科學教育的內涵

向來和其他學科少有關聯，甚至教授的內容或有相互衝突之處，即使本來應該關係密切的科學與技學兩個領域也是相互脫節。在普通教育領域中向來是重科學，而較輕忽技學的部分，認為熟悉科學的原理與方法，學生在實際生活中就可以自行加以運用，但實際上卻不然，使得科學的學習經常止於課堂之上而和實際生活、社會脫節。事實上，科學與技學經常是互為表裡，密不可分，表現在外的技學產品、工作程序等，其內部均蘊含著科學原理作為資源（resource），兩者經常相互為用。

　　檢討目前在世界各地所推動的 STS 教育計畫實施的內容、方式與時機是相當多元化。非但在正式科學與技學間整合，也嘗試將 STS 教育理念融入到不同學科間實施，所以，有一些計畫是在科學科目中實施，也有在社會科（society study）中實施，或是在技學教育（technology education）中實施；還有一些計畫是嘗試連結科學與人文學科的研究中被提出。STS 教育和環境教育（environmental education）、全球教育（global education）等，在學習概念議題上有顯著的連結是目前普遍的發展趨勢。這些發展的趨勢都顯示 STS 教育擴大傳統科學學習領域，邁向更多元、整合的教育方式。

(三) 完整學習的經驗

　　面對此一資訊爆炸的時代，新知識的產生量遠非學校有限的教學時間可以容納，學校課程內容的過度擁擠不堪，經常成為課程、教學上的難題，以致近代課程學者提出一個新的理念「少即是多」（less is more），主張課程應該提供給學生完整的學習經驗，針對特定的學習主題讓學生有完整的學習，而能遷移到其他的情境中；此一理念在 STS 的教育廣被肯定，普遍認為要讓學生能主動的去建構科技與社會互動的複雜關係與意義，需要讓學生有充分的時間與機會去做嘗試。過去的科學教育較偏重在讓學生獲得科學的知識、技能，只強調學習科學的部分（learning science），而忽略了科學的實作（to do science）、相關（about science；諸如科學的歷史、哲學等）的部分，STS 的教育主張科學教育要同時涵蓋這三個部分，讓學生有一個完整的學習經驗。

三 STS 教學活動設計與實施

（一）STS 教學與傳統教學之比較

比較 STS 課程與現行一般學校實施的傳統科學課程教學上的差異（如表 8-1），由其中可以進一步理解 STS 教育的特徵與兩者之間的差異：

表8-1 STS 課程與傳統課程差異比較表

類別區分	傳統課程	STS 課程
學習內容來源	主要的科學概念來自標準本的教科書。	選定地區性的問題、興趣／影響。
教學活動	實施課本或實驗手冊建議的活動或實驗。	使用地區資源（人才、物資）來解決問題。
學生學習	學生被動的吸收教師或教科書中所提供的資訊。	學生的活動是主動尋找可用的資訊。
教學重點	聚焦於知識重要性，讓學生去熟練這些知識。	聚焦於個人的影響，運用學生天生的好奇心，或個人關切的問題。
對科學的觀點	學生將科學視為教科書或老師講解的內容。	學生不會視科學僅僅是存在讓學生熟悉的東西，因為那個在印刷物中都有。
對科學過程技能的觀點	學生練習科學的基本過程技能，但未將它用在評鑑目的上。	不太強調科學過程技能，因為那被看作為過度美化的科學家運用工具。
技學領域與生涯發展	很少注意到學生在技學領域可能生涯發展，除了偶爾會論及某個科學家（一般是已經過世了）和他們的發現。	重視生涯發展的覺知，強調在科學或技學的領域學生可能的發展，特別是除了在科學研究、醫學或工程之外的領域可能的發展。
學習的廣度	學生專注在老師或書本所提供問題的探討。	學生在他們試圖去解決自己選定的事件的過程中，變得更知道他們身為國民的責任。

科學課程的定位	作為學校科學課程的一部分，科學僅發生在科學課堂之上。	學生學得在特定的社區中一個給定的情境裡，科學所能扮演的角色。
學習的過程	科學是一堆學生被期望去獲得的知識體。	學生被鼓舞將科學的研習成為一個愉快的經驗。
時間取向	科學課堂專注於過去已經知道的事情。	科學聚焦於未來可能是怎麼個樣子的問題。

（二）STS 教學活動設計舉例

「甘藷 Ｑ Ｑ Ｑ」

設計者：王寶鳳老師

壹、設計構想

　　能源和日常生活息息相關，不久的將來，全球將面臨能源短缺的現象，本單元課程將讓兒童了解能源在生活上的重要性，進一步整合過去所學的科學概念——「熱的傳導有快慢」，用什麼方法使熱不易散失？進而解決生活上的問題，煮或烤甘藷用哪些方法可以節約能源？

貳、單元目標

一、知識與概念

　　1.認識能源。

　　2.能源在日常生活中的重要性。

　　3.能源是有限性的。

　　4.熱可以使物質發生變化。

　　5.熱的傳播，因物質不同傳導速度不同。

二、學習技巧

　　1.資料蒐集分析：透過小組合作學習過程，蒐集有關能源的資料，並加以整理分析，提出報告和同學分享。

　　2.調查活動：調查家中或學校中消耗能源最多的是什麼。

　　3.實驗探究：經由實驗驗證哪一種方法煮食物可以節省能源。

　　4.觀察結果：觀察煮熟的甘藷——色、香、味、軟硬的變化。

三、價值與行動

　　1.養成節約能源的習慣。

　　2.培養能源危機意識。

　　3.能用最省能源的方法煮食物。

參、教學對象

一、適用年級：國小五年級

二、學習經驗分析

1. 第五冊「熱從哪裡來」：產生熱的方式有很多種。不同的物質傳熱方式也不同。

2. 第七冊「物體受熱膨脹」。液體、氣體和固體受熱體積會膨脹。

肆、學習內容

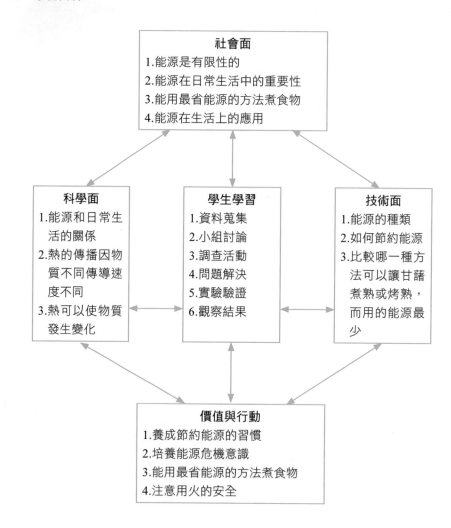

社會面
1. 能源是有限性的
2. 能源在日常生活中的重要性
3. 能用最省能源的方法煮食物
4. 能源在生活上的應用

科學面
1. 能源和日常生活的關係
2. 熱的傳播因物質不同傳導速度不同
3. 熱可以使物質發生變化

學生學習
1. 資料蒐集
2. 小組討論
3. 調查活動
4. 問題解決
5. 實驗驗證
6. 觀察結果

技術面
1. 能源的種類
2. 如何節約能源
3. 比較哪一種方法可以讓甘藷煮熟或烤熟，而用的能源最少

價值與行動
1. 養成節約能源的習慣
2. 培養能源危機意識
3. 能用最省能源的方法煮食物
4. 注意用火的安全

伍、教學活動設計

活動一　甘藷變 Q 了

 1.教學時間：80 分

 2.事前準備：①悶燒鍋；②小瓦斯爐；③小瓦斯；④免洗碗筷；⑤湯勺；
  ⑥甘藷；⑦大燒杯 500cc；⑧小石子、細沙、泥土

 3.學習活動：

學習目標	教　學　活　動	評　量　方　法
認識能源和生活的關係 能源在日常生活中的重要性 能源的有限性	一、老師說一個能源和生活相關的故事 小泰山生於印度的小村子裡，他是一個樵夫的兒子，小時候被一隻瘸老虎襲擊，幸虧被狼救助，狼把他帶到叢林中扶養長大。他和叢林中的動物為伍，餓了就去摘野果、野草當作食物，他喜歡爬到樹上從這一棵盪到那一棵，他的夥伴們在樹下欣賞他的英姿，所以森林中的動物都把他當作「叢林之王」。有一天森林發生一場大火，叢林中很多動物被燒死了，泰山撿了燒焦的動物來吃，他吃得津津有味，後來他學會用木柴來烤獵物，覺得熟食比生食味道甜美多了。為了填飽肚子，他騎著馬到處捕捉動物，後來被一個獵人發現，獵人用帆船把他帶回故鄉。因為泰山離開人群太久了，他不會說話只會亂叫，生活習慣不能適應，幸好村中有一個小姑娘非常善良，耐心的教導他，泰山很認真的學習，進步很快，不久就能適應生活了，泰山非常感激她，兩人日久生情，後來就結婚了，搭飛機到夏威夷渡假。 ◆小組討論：故事中的泰山可能用到哪些能源？ ◆討論內容寫在白報紙上，請各組代表上臺報告，答案不要重複。 ◆老師引導學童歸納學習重點。 ◆家中媽媽常常利用哪些方法來烹調食物？這些方法要用到哪些能源？ ◆小組討論： 能源（瓦斯、石油）會用完嗎？怎麼辦？ 節約能源。 開發新能源（太陽能、核能）。 二、甘藷如何變 Q ？ ◆小組討論：如何將甘藷烤熟變 Q ？	能在活動單上寫出泰山的生活中應用到哪些能源。 能在活動單上寫出日常生活中常用的能源有哪些。 能在活動單上寫出烹調食物的方法有哪幾種、應用到什麼能源。 能源會用完嗎？ 我將怎麼做？ 能在活動單上寫出： 我想用什麼方法來烹調甘藷最 Q，最快。 如何知道甘藷熟了？ 我們用瓦斯燒了（　　）分甘藷就熟了。

學習目標	教 學 活 動	評 量 方 法
能利用能源解決問題	◆分組報告： 小組決定要用哪一種方法來烹調。 （煮的、鋪沙烤的、鋪小石子烤的、鋪泥土烤的、用悶燒鍋悶的、煎的） ◆介紹小瓦斯爐的操作方法和指導用火的安全。 ◆各組實際做做看！ ◆燃燒 20 分鐘後，關掉瓦斯，等 5 分鐘後，打開蓋子有什麼變化？ ◆觀察後分組報告。 三、甘藷熟了大家來嘗嘗 〜 第二節完 〜	

活動二　大家來煮甘藷

　　1.教學時間：80 分

　　2.事前準備：①悶燒鍋；②小瓦斯爐；③小瓦斯；④糖；⑤免洗碗筷、湯勺、甘藷、大燒杯 500cc

　　3.學習活動：

學習目標	教 學 活 動	評 量 方 法
比較哪一種方法可以節約能源	◆我們來煮甘藷湯，哪一種方法最快熟？ 實驗一：將甘藷切成塊狀，加水放進鍋裡用瓦斯煮熟。 實驗二：將甘藷切成塊狀，加水放進鍋裡煮 10 分鐘，再放入悶燒鍋中 10 分鐘後看甘藷熟了嗎。 ◆實驗方法： 　(1)準備 800cc 水。 　(2)小塊甘薯 1 公斤。 　(3)測量煮熟甘藷所需的時間。 　(4)比較兩種加熱的時間。 ◆討論問題： 　(1)哪一種方法加熱的時間最短？ 　(2)哪一種方法可以節約能源？為什麼？ 　(3)煮熟的甘藷和沒有煮的甘藷有何不同？	寫出兩種實驗的操縱變因和控制變因 測量甘藷在鍋裡煮熟時間（　）時（　）分 測量把甘藷放在悶燒鍋裡煮要燃燒（　）時（　）分 用哪一種來煮甘藷比較可以節省瓦斯？

熱可以使物質發生變化	◆甘藷煮熟了，加些糖，大家來嚐嚐。 〜 第三、四節完 〜	熟了的甘藷吃起來感覺如何？

活動三　大家來烤甘藷

    1.教學時間：80 分

    2.事前準備：①餅乾盒；②小瓦斯爐；③小瓦斯；④細沙；⑤小石子；

          ⑥甘藷；⑦烘烤爐、洞洞盒

    3.學習活動：

學 習 目 標	教 學 活 動	評 量 方 法
熱的傳導因物質不同，傳導速度不同	◆用餅乾盒來烤甘藷，盒子裡分別鋪上小石子和細沙，比較哪一種傳導速度較快。 ◆如何辨別甘藷熟了？	鋪小石子那一盒要多少時間才能烤熟？ （　　）時（　　）分
熱可以使物質發生變化	方法一： (1) 各組將餅乾盒鋪上等量的小石子。 (2) 把甘藷放在小石子上。 (3) 蓋上蓋子，放到瓦斯爐上烤。 (4) 測量時間，20 分鐘後把瓦斯關掉，10 分以後再把蓋子掀開，看看甘藷熟了嗎。	鋪細沙那一盒要多少時間才能烤熟？ （　　）時（　　）分 能比較出放小石子或細沙的哪一種熟得快？
知道用哪一種方法最省能源	方法二： (1) 各組將餅乾盒鋪上等量的細沙。 (2) 把甘藷放在細沙上。 (3) 蓋上蓋子，放到瓦斯爐上烤。 (4) 測量時間，20 分鐘後把瓦斯關掉，10 分以後再把蓋子掀開，看看甘藷熟了嗎。	用哪些方法烹調食物比較可以節省能源？ 我喜歡吃用哪一種方式烹調的甘藷？
認識能源的重要、節約能源、開發新能源	◆比較哪一次燃燒的時間較少。 ◆討論問題： (1) 盒子裡放了哪一種傳導的物質（小石子或細沙）甘藷熟得快？ (2) 哪一種方法可以節約能源？為什麼？ (3) 加熱一段時間後為什麼要停 10 分鐘再掀開蓋子？	本單元的活動我覺得最有趣的是什麼？

	◆玩洞洞樂 抽題目回答，答對者有獎。 〜 第五、六節完 〜 本單元結束	

課後作業

1. 查閱半年內新聞傳播媒體（報紙、雜誌、電視等）所報導與科學、科技相關之社會議題，並加以分類。

2. 選擇一個自己有興趣的科學性社會議題，參考本章內容，設計一個針對國小學生之 STS 課程活動。

延伸學習資源

1. 臺灣 STS 虛擬社群

   http://stsweb.ym.edu.tw/

2. 麻省理工學院開放課程：科學、科技與社會（Science, Technology, and Society）

   http://www.myoops.org/twocw/mit/Science--Technology--and-Society/index.h

第 *9* 章

科學論證

游淑媚

本章概觀

本章主要說明：科學論證是什麼？論證教材的類型為何？教師可使用的策略為何？如何評測科學論證的品質？最後提供有關科學論證的實例。

一 科學論證是什麼？

論證是一個抽象的名詞，不容易定義清楚，因此學者對於什麼是論證有許多不同卻相近的認定。林煥祥（2007）指出，科學新知的產生是必須經由同社群的檢驗、批判及辯論等過程，新知的被認同也需要提出相關的數據、資料來說服大眾，而其中不乏需要藉由邏輯推理、詮釋或整合。因此，當需要提出數據或資料並加以整合，進而連接或說明這些數據或資料與結論之關係，這樣的過程便稱之論證。學者認為論證可以看作是：(1)透過思考和寫作發生的個體活動，或是在特定社群中團體達成共識的社會活動。(2)對於某件事有兩種以上不同的主張時，需要進行辯論，這樣的過程稱之論證。(3)包含主張、支持主張的證據和反對意見的敘述，而且證據至主張的過程需要經由推理的過程。(4)某 A 提出一個主張，要是此主張並非不證自明的話，則某 A 必須提出支持的依據。或者某 B 可能會想要挑戰某 A 的論證，於是質疑某 A 所提出的證據是不是充足、是不是能夠被接受，或是這個證據是不是真可以支持某 A 所提出的主張。某 B 可以提出一個反面的主張駁斥某 A 的看法，某 A 也可以再提出新的證據來為自己辯護，這樣的意見交換過程，可能可以導出一個暫時或是完全的解決方案。

綜合以上學者對論證的說法：論證是持不同意見的眾人，透過溝通、對話對每個不同的主張進行協調；而這個溝通的過程需要提出證據佐證自身的主張，而證據和主張之間必須要有合理的理由，並藉由邏輯推理、詮釋或整合的過程。

Toulmin 提出了一個分析論證內容的方法，Osborne、Erduran 和 Simon（2004）稱之為圖爾明論證模式（Toulmin's argument pattern，簡稱 TAP）。Toulmin 將論證內容裡出現的特徵分成幾個基本的組成要素。圖 9-1 表示一個完整的論證過程，分別為主張、資料、理由、支持、修飾、反駁。

圖 9-1　Toulmin 的論證架構圖

資料來源：Toulmin（1958）

　　論證的發生是對一個議題產生看法稱之為主張（claim），並提出相關的資料（data）作為佐證。然而，在主張尚未被驗證前，是需要接受批判的，因此原先提出的想法必須給予挑戰，進行論證的另一方提出反面的主張（counter-claim）挑戰提出主張的一方，可以算是挑戰方的主張；而在提出挑戰時，依然是要有所依據，而其提出的證據或觀點則是 TAP 中的反駁（rebuttal）。被挑戰方接受了挑戰方的反駁之後，發覺自己所提出的主張，不是完全符合現實，為此他在自己的主張上有所保留，之後修正自己的主張加上一些假設性的條件，例如：「假設在……的情況之下，我的主張是……」，這些修正後的主張稱作修飾（qualifier）；更進一步來說，修飾可以是用作限制主張，說明主張在何種情況下適用。透過相互來回的討論修正原先的想法，從而提出符合真實情況的最佳解釋。

　　理由（warrant）和支持（backing）也都同樣屬於擁護主張的基

礎：理由是作為從數據推理到主張的驗證步驟，可以是一個原則、原理或是推理的依據等等；支持則是支持理由的進一步資料，是一個基本的假設，最能夠被大家所接受，可以證明理由是正當的（黃翎斐、胡瑞萍，2006；Toulmin, 1958；Osborne et al., 2004）。表 9-1 列舉出進行論證所需要的要素及其明確的定義。

表9-1 進行論證所需要的要素與定義

論證的要素	說明
主張	表明立場的論述。
資料	說明立場的理由。
理由	支持理由說明的想法。
支持	能夠更進一步支持這些想法的資訊。
修飾	用作限制主張，能指出在何種情況之下適用。
反面的主張	提出反對的立場。
反駁	檢驗「主張」的條件性假設，說明在何種特殊情況主張並不成立。

資料來源：Osborne 等人（2004）；Toulmin (1958)

　　圖 9-2 論證的例子，是討論一位叫小美的小女孩的髮色。某人提出「小美是一個黑頭髮的女生」的主張，因為他說「小美是小明的妹妹」，然而這樣的證據似乎還不夠證明小美就是黑頭髮的女生，所以他進一步提出「小明的任何一個姊妹都是黑頭髮」，而且他之前看到「小明的姊妹們都是黑頭髮」，所以他更加確信小美就是黑頭髮的女生。不過必須考慮到有例外的發生，有人提出反面的主張表示他看到的情況不是如此，故某人猜想可能「小美染頭髮了」、「小美頭髮變白了」，或是「小美沒有頭髮」，有可能他之前的觀察都是正確的，但是並不符合現在真實的情況，所以他必須修正現在的主張，他說「除非小美頭髮變了顏色或是小美沒有頭髮，在這些情況之外，小美的頭髮也許是黑的。」因為可能會有他還未發現的證據可以反駁他的說法，所以他目前只能提出最符合真實情況的假說。

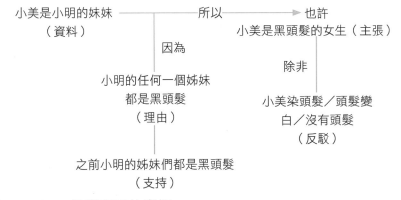

小美是小明的妹妹 ————————所以————→ 也許
　　（資料）　　　　　　　　　　　小美是黑頭髮的女生（主張）

　　　　　　　　　　因為　　　　　　　　　除非

　　　　　小明的任何一個姊妹　　　　　小美染頭髮／頭髮變
　　　　　都是黑頭髮　　　　　　　　　白／沒有頭髮
　　　　　（理由）　　　　　　　　　　（反駁）

　　　　之前小明的姊妹們都是黑頭髮
　　　　　　　　（支持）

圖 9-2　TAP 論證要素的實例

資料來源：修改自 Toulmin（1958）

　　由於「資料」、「理由」在論證中常同時提出，又或者結合成同一個證據支持主張，使得資料和理由之間的界線模糊且不易辨認。黃翎斐、張文華、林陳涌（2008）參考 Osborne 等人的研究與 Toulmin 的定義，認為區分「資料」與「理由」有兩種方式：(1)「資料」是直接說明、支持主張的論述，而「理由」是比較間接的，目的在說明「資料」與「主張」之間的關係；(2)在陳述事情時，通常先提出來的會是自身的觀點，而後接的句子則是說明前句話的內容，若以此看來「資料」會是語句的前段，而「理由」會接在「數據」之後。此外黃翎斐等人（2008）為了區分理由的正確性，融合了 Kuhn 的研究將理由再做細分，列舉於表 9-2。

表9-2　論證要素與定義

論證要素	定義
資料（D）	可作為主張基礎的事實，可能有實證性也有假設性的。
主張（C）	一值得被建立的結論。
理由（W）	可顯現由數據推論到主張是正確的描述。
非理由（W_N）	提出的證據是非必要的或不相關，與主張間並無因果關係，或是單只引用數據本身作為現象和事件的證據。

偽理由（W_P）	能描述事情或現象細則，但無法明確定出理由與數據、主張間的因果關係。
真理由（W_G）	能正確提出具有因果關係的理由。
支持（B）	為最基本、眾人都可接受的假設。
修飾（Q）	用來作為限制主張。
反駁（R）	對他人的論點提出質疑。
反駁──數據（R-D）	反對他人提出的數據。
反駁──理由（R-W）	反對他人提出的理由。
反駁──反駁（R-R）	反對他人提出的反駁。

資料來源：黃翎斐、張文華、林陳湧（2008，頁381）

 # 論證教材的類型為何？

Osborne 等人（2004）為了發展自然科教師在論證方面教學的教材，提出九項論證教材的類型，可以提供給科學教師在設計教材時的參考，其內容如下：

（一）陳述表

學生會得到一張特定科學主題的陳述表。他們要說出他們同意或不同意這些陳述，以及對他們的選擇進行辯論。這是從物理現象的工作中所發展出來的。

（二）學生想法的概念圖

選擇學生所做的概念圖，請學生進行討論其中個別的概念與連結是否正確，並說明他所依據的理由。

(三) 學生所進行科學實驗的報告

給學生一份其他同學所做的實驗紀錄以及結論。而這份實驗故意寫得缺少了某些數據,或寫得不那麼容易被證明出來,藉此來引起他們的爭論。要求學生要提出答案來解釋他們對實驗的想法,和結論要如何被證實。

(四) 競爭理論——圖像

用圖像的方式展示給學生兩種以上的競爭理論,要求他們指出他們相信哪一個,並且說明為什麼他們認為他們的想法是對的。

(五) 競爭理論——故事

用一個吸引人的故事的形式展示報紙上所報導的競爭理論,然後要求他們要提出證據來佐證他們認為的對的理論,並說明理由。

(六) 競爭理論——想法與證據

給學生一個科學現象,提供兩個或兩個以上的競爭選擇,同時對理論提出一些可能支持或反駁理論的證據,請學生在小組中討論這些證據與理由之間的關係,並評量它的重要性與扮演的角色;再由討論的結果選擇大家認為是正確的理論,且需說明依據的理由有哪些。

(七) 建構理由

提供學生一個科學現象,並提供數個能說明該現象的解釋,請學生從中選擇一個他認為正確的解釋,而學生需說明他之所以選擇該解釋理由為何。

（八）預測、觀察和解釋

介紹一個未修飾的現象或裝置，請學生經由小組討論預測可能會發生的事情並說明原因，再由教師進行示範或學生親自動手操作證實後觀察發生的現象與結果。若觀察到的結果或現象與學生預期不符合，則請學生重新討論，並提出一個新的理由來解釋所觀察到的現象。

（九）設計實驗

請學生分組設計實驗來測試一個假說，要詳細說明測量或觀察的變項及採取的步驟，並試著討論另外可行的實驗方法。

Osborne 等人（2004）在 1999 年到 2001 年之間「增進學校科學的論證品質」（Enhancing the quality of argument in school science）三年的研究計畫中，進行了發展教室中論證的教材與教學策略，及評量學生論證的發展過程，共分為兩個階段。第一階段的目的是與 12 名科學教師發展支持課室中論證的教材與教學策略，期間開設工作坊訓練教師，讓教師能夠學習促進論證的策略，並介紹 TAP 的理論架構，幫助教師可以應用於教室之中，同時也發展多樣可供科學教師教學用的教材。第二階段的目的為評量學生論證能力的發展過程，主要的對象是八年級的學生，其主要的做法有三：教師提供任務；進行全班討論；最後小組內討論之後獲得共識再發表各組意見，並寫下說明他們的論證為何。進行的論證議題包含社會性科學議題（socio-scientific issue）與科學性議題（scientific issue）；社會性科學議題例如：新動物園的設置，這樣的議題不但具有科學性的成分，同時具有社會面，即動物園與學生的日常生活相關；科學性議題例如：光的行進概念。

三 教師可使用的策略為何？

林煥祥（2007）對於「論證模式」的詮譯分成「修辭或教誨式的

論證」（rhetorical or didactic argumentation）以及「對話式或多元意見式的論證」（dialogical or multivoiced argumentation）兩類。另有學者將論證分為分析、對話以及修辭三種形式。

（一）分析型的論證（analytical arguments）

以邏輯理論為底，是由一前提對結論來進行歸納或推論，包括例子（例如排除、物質暗示、三段論和謬論），比較傾向於對事、物的邏輯性解說分析。

（二）對話型的論證（dialectical arguments）

發生在討論或者辯論的期間，其談論之間具有往返對話的特性，有不明顯的前提推論，是屬於非形式邏輯領域的一部分。

（三）修辭型的論證（rhetorical arguments）

為一種演說型的論證，於演說中利用推論的過程技巧去說服聽眾，與其他兩種論證的形式相比，比較強調證據的最重性，這一類型的論證是強調知識證據及說服。

黃翎斐等人（2008）分析個案老師教學的資料的過程，歸納出三種不同的布題模式：主張式的論證、開放式的論證以及選擇式的論證。主張式的論證布題模式是教師在提問時，以肯定的方式說明科學上的現象、理論或知識，再要求學生對教師所提出的陳述，用自己的經驗中或是學習過的知識作為依據，來支持、詮釋它。開放式的論證布題模式沒有一個絕對肯定的答案，容易產生多元化的觀點。選擇式論證布題模式是在對話過程中出現兩條論證路線，引導學生進行分析、辯論與選擇符合科學性的正確解答。該研究結果發現教師提問的類型會影響學生論證形成的面貌。主張式的論證，教師會提出科學性的概念，因學生無空間

努力，所以論證的品質比較低；而開放式的論證品質會優於選擇式的論證品質，不過因為提問的方式較開放，使得論證層級的分布會趨於兩極化，故選擇式的論證適合教師在進行提問時使用。

黃翎斐等人（2008）的研究結果發現，教師使用的策略能夠提高學生論證的品質，其使用的策略包括：

1. 教師在學生提出錯誤或不完整的數據或理由時，對其論證質疑。
2. 教師要求學生說明具有邏輯性、合理性的理由。
3. 教師會讓學生針對同儕的發表提出反駁和論點。
4. 教師使用其他策略，如指定答題人員、小組，或個人加分，引發學生參與論證的興趣。

除了上述的教學策略可以促使學生進行論證之外，營造一個適合培養論證能力的環境也是相當重要；在此適合進行論證的環境應該要由學習社群組成，在這社群中學生可以自由的決定是否接受主張，這樣的決定是根據自己分析所有資訊之後所得到的結果，而不是畏於教師的權威才偏服於一方（Jiménez-Aleixandre & Pereiro-Muñoz, 2005）。

論證學習活動的進行，除了在課室進行之外，也可利用網路進行（蔡俊彥、黃台珠、楊錦潭，2008）。Clark 等人（2007）提出，線上論證環境包含了廣泛而具體的教學功能（包括合作溝通界面、知識產物共同創造和分享、取得豐富訊息，以及讓學習者自行安排學習順序等功能），藉以促進參與者之間互動的效率性，這些功能可促進積極的學習和有效率的互動，超越更多傳統學習環境可以達成的效果。

 四 如何評測科學論證的品質？

Osborne 等人（2004）在其計畫中訂出兩個論證的特徵，一是論證是由許多的理由所組成的，其目的是要將主張具體化，以提供合理的思考去批判或是為自己的信念辯駁；二是論證當中出現反駁時，可以評斷該論證的品質是比較好的，而且可以證明學生有較高層次的論證能力，

並且以反駁為基準將論證的品質分級（見表 9-3）。

Osborne 等人（2004）的論證層級的分析架構

論證層級	說明
第一級	提出一個簡單的主張。
第二級	提出包含數據、理由或支持的主張，但是不包含任何反駁。
第三級	提出一連串的主張或反對的主張，包含數據、理由或支持，偶爾提出比較薄弱的反駁。
第四級	提出一個可以清楚辨識的反駁。這類的論證可能會同時包含數個主張和反面的主張，但是不是必要的。
第五級	提出一個延伸性而且不只一個反駁的論證。

　　Jiménez-Alexiandre 和 Pereiro-Muñoz（2005）結合了 Osborne 等人以及 Toulmin 所提出的分析架構，將論證品質的分析修飾如表 9-4。其中在第一、二、四、五級與 Osborne 等人所提出的相近，但在第三級的部分則做了清楚的區分，用以評鑑有較多要素組成的論證。因為 Osborne 以反駁作為評鑑的依據，因此對於沒有反駁出現的論證則無評斷的依據。

Jiménez-Alexiandre 和 Pereiro-Muñoz（2005）的論證層級的分析架構

論證層級	敘述
第一級	論證裡提出主張或反面主張，卻沒有數據、理由或反駁。
第二級	論證裡提出主張或反面主張，以及其數據、理由或支持、修飾，而沒有提出反駁。
第三級	論證裡沒有反駁出現，但是至少有一個數據或理由出現，這兩類中有三個以上的組成要素。
第四級	論證裡從別人的數據或理由做出反駁。
第五級	論證裡從別人的幾個理由或數據提出不只一個的反駁，也與多個理由或數據相連。

Osborne 等人（2004）先前的研究中，在第三級、第四級、第五級皆以反駁的程度作為區分，Jiménez-Alexiandre 和 Pereiro-Muñoz（2005）則再進一步擴充，使區分的標準更為細緻。黃翎斐等人（2008）認為只有反駁與論證要素的面向，不足以完整表現論證的多元面向，因此訂出四個評鑑論證的向度：理由的正確性、反駁的面向、組成要素的多寡、論點的多寡。分析的向度與標準詳列於表 9-5。

表9-5 黃翎斐、張文華、林陳涌（2008）論證品質的分析向度及評分標準

得分 項目	0	1	2	3
理由的正確性	未能提出任何理由。	論證中只能提出非理由。	論證中同時出現非理由、偽理由。	論證中出現有真理由。
反駁的面向	無任何反駁出現。	只出現針對單一要素的反駁。	有針對多個要素的反駁出現。	除有多個反駁出現外，且能進行反反駁。
組成要素的多寡	只有主張或是數據的提出，無理由支持。	有主張提出，及支持的數據或理由；有數據提出，及其支持的主張，或連接兩者的理由。	有主張、數據、理由，及其他一至二個論證要素組成，如支持、修飾、反駁。	有主張、數據、理由，及二個以上的論證要素組成，如支持、修飾、反駁。
論點數目的多寡	未能主動提出其他的主張。	能主動提出一個主張。	能主動提出二個主張。	能主動提出三個以上的主張。

五 科學論證實例

此實例設計參考前述論證教材的類型（六）競爭理論——想法與證據，以及對話型的論證（dialectical arguments）策略設計而成。教學對象為中小學學生。

表9-6 生質能源論證議題活動流程與設計目的

階段	流程內容	設計目的
第一階段	線上各自完成議題問卷一（非同步） 此次議題問卷不必查資料，請就你所知道的回答即可。各自完成議題問卷一份，議題問卷資料愈詳盡愈好。 1.能源危機，生質能源成為一種新興的替代能源，你知道什麼是「生質能源」？ 2.原油每桶破百美元，將來有可能上看 200 美元，臺灣平溪等處礦業風采也不再，而臺灣早期是以農業為主，大多數能源礦產均仰賴進口，能源缺乏之際，以臺灣環境現況而言你贊成臺灣開發「生質能源」嗎？為什麼？請詳述。	配合學生先備學科背景初探學生對議題的了解。
第二階段	查尋資料及專家訪談（非同步） 1.請你上網查尋相關資料。將所查得資料上傳至各組資料區，資料區分為「傳統石油能源」、「生質能源」，並附上資料來源及提供者。 2.你知道以專家的觀點「傳統石油能源」、「生質能源」之間的差異有哪些？它又會造成我們日常生活上哪些現象的產生？（請試著親自詢問相關人士，或上網至其專業部落格進行詢問，例如：修車師父、理化老師、生物老師、地球科學老師等。） 請依訪查結果完成「第二次議題問卷」，並上傳至「第二次議題問卷專區」。	了解學生是否經由所查尋的資料檢視自身的論點及了解學生會以何種角度切入資料查尋。
第三階段	線上各自完成議題問卷三（非同步） 一、填寫第三次議題問卷 　　本階段於進行組內非同步論證之前須先前往分組後各組資料區，閱讀組內成員之第一、二次議題問卷及訪談資料，例如：第一組就點選第一次第一組同組資料區，以及點選「傳統石油能源」、「生質能源」資料區查閱同組組員所提供之資料；然後依照議題問卷內容完成填寫「第三次議題問卷」，議題問卷內容張貼於「第三次議題問卷專區」，填寫前請先點選「論證秘笈」再填寫，完成後上傳「第三次議題問卷專區」，才可以進行「組內論證」。	

	二、組內論證規則 1.每位組員於設定的時效之內，各自選定時段進行非同步論證，針對同組組員對於此次議題主題，即「你贊成或不贊成臺灣發展生質能源」之立場所提出之論點內容，點選組內論證區進行「組內論證」，例如：第一組就點選「國三第一組組內非同步論證區」。 2.每一組員都必須對其他組員進行質疑、反駁及回應，可以多次質疑、反駁及回應；論述的過程之中，對於同組組員所陳述之對話可以立即進行評述，對於組員對自己的評述有任何補充論點亦可立即補述，論點談論的敘述以自己的話寫越清楚越好，每人針對自己被提問的問題回應，回應時若需以資料證據來論述時，須表明資料來源，並詳述其回應的理由及依據，亦須詳述質疑的理由及依據。 三、論證議題 1.閱讀過了組內各組員的各項資料後及填寫完「第三次議題問卷」，對於「原油每桶破百美元，將來有可能上看 200 美元，臺灣平溪等處礦業風采也不再，而臺灣早期是以農業為主，大多數能源礦產均仰賴進口，能源缺乏之際，以臺灣環境現況而言你贊成臺灣開發『生質能源』嗎？為什麼？」此問題進行組內論證。 2.進行完上述的議題之後點選「第四次議題問卷」完成第四次議題問卷的內容，完成後上傳至「第四次議題問卷專區」。	
第四階段	一、異質分組論證（同步）；各位親愛的論士大家好！為了能更進一步的釐清論友們的論點，請再回顧一下各位論友們的議題問卷及各項資料，無論是在於資料蒐集、依據主張時理由依據的陳述以及對於預設自己主張無法成立的立場，這些都將成為維護自己所依據的主張以及說服他人認同的必備武器，所以於進行同步論證之前，填寫好「第五次議題問卷」。	

二、請先點選「第五次議題問卷」，填寫完後，確定分組後各組組員再各自選定時段於各組論證專區進行同步論證，針對下列提示進行論證，進行論述之前必先詳閱重新分組同組他人於「資料區」、「第一次議題問卷」、「第二次議題問卷」、「第三次議題問卷」、「第四次議題問卷」、「訪談資料」、「非同步組內論證」的資料，以備與重新分組之後的成員進行論述的依據。此次同步可對新組員於先前各區中的主張論述進行評述，發表自己對新組員舊有論述的意見。

　　以下論述主軸之第 1 及第 2 部分為同時交錯進行，主要論述議題以第 3 點為主，每一位組員都要發言，同步論證結束之後再進行第 4 點之最後立場表態。

1.與自己相左論點的質詢；即在重新分組後，在同組中找出與自己的選擇與立場不一樣或質疑的論點進行論述。須詳述與自己不同論點的論述，與為何質疑。

2.進行說服；即發表自己所依據的論述，進而說服立場不同的同學，此階段須表明自己想說服的對象並徵詢對象對於自己評述的回應。

3.經過了與同學進行了幾次的論證，對於原油每桶破百美元，將來有可能上看 200 美元，臺灣平溪等處礦業風采也不再，而臺灣早期是以農業為主，大多數能源礦產均仰賴進口，能源缺乏之際，以臺灣環境現況而言你贊成臺灣開發「生質能源」嗎？為什麼？請以可以贊成或不贊成自己的主張的資料來源、理由、依據，以及用來反駁與自己主張相左的資料來源、理由、依據來進行論述。

4.經過了此次的論證活動後，你贊成臺灣開發「生質能源」嗎？為什麼？請說明你形成你自己主張的資料來源、理由、依據及預設自己主張無法成立的立場。

第五階段	論證省思	
	於各階段論述後，整理一下自己的論點用自己的話進行撰寫，撰寫時需詳細敘述省思內容，大綱如下：	
	1.原油每桶破百美元，將來有可能上看 200 美元，臺灣平溪等處礦業風采也不再，而臺灣早期是以農業為主，大多數能源礦產均仰賴進口，能源缺乏之際，以臺灣環境現況而言你贊成臺灣開發「生質能源」嗎？為什麼？請說明你形成你自己主張的資料來源、理由、依據及預設自己主張無法成立的立場。	探討活動後論點的情況用來與第一次非同步比較。 探討立場的變化。
	2.你於此活動中從一開始到結束用來作為你的主張的理由、依據及預設自己主張成立與否的立場有演變嗎？請詳述你原先的主張資料來源、理由、依據及預設自己主張成立與否的立場，經過了活動中的哪些人、事、物而有了演變，或者更堅守自己的主張。	探討證據的使用及脈絡。 評價學生對於反論點的架構能力及反駁的能力。
	3.過此次活動你對於「生質能源」的論點有哪些不一樣的地方？請分別詳述你原先對生質能源的論點是什麼，以及經過論證後對生質能源的論點是什麼。	評價學生論點演變。探討學生反思及論點演變。

課後作業

1.選擇一個自己有興趣的科學論證議題或社會性科學論證議題，參考本章內容，設計一個針對國小或國中學生之論證課程活動。

2.選擇一個自己有興趣的科學論證議題或社會性科學論證議題，舉出各種可能的論點以及論證過程，參考本章內容，設計一個論證品質評測規準，根據前述舉出之各種可能的論點以及論證過程嘗試進行實際評測。

參考資料

中文部分

林煥祥（2007）。智育理念與實踐。載於教育部（主編），**德智體群美五育理念與實踐**（頁60-62）。臺北市：教育部。

黃翎斐、胡瑞萍（2006）。論證與科學教育的理論和實務。**科學教育月刊**，*292*，15-28。

黃翎斐、張文華、林陳涌（2008）。不同布題模式對學生論證表現的影響。**科學教育學刊**，*16*（4），375-393。

蔡俊彥、黃台珠、楊錦潭（2008）。國小學童網路論證能力及科學概念學習之研究。**科學教育學刊**，*16*（2），171-192。

英文部分

Clark, D. B., Sampson, V., Weinberger, A., & Erkens, G. (2007). Analytic frameworks for assessing dialogic argumentation in online learning environments. *Educational Psychology Review*, *19* (3), 343-374.

Clark, D. B. & Sampson V. (2007). Personally-seeded discussions to scaffold online argumentation. *International Journal of Science Education*, *29* (3), 253-277.

Erduran, S. & Jiménez-Aleixandre, M. P. (Eds.). (2008). *Argumentation in science education: perspectives from classroom-based research*. UK: Springer.

Jiménez-Aleixandre, M. P. (2008). Designing argumentation learning environment. In S. Erduran & M. P. Jiménez-Aleixandre (Eds.), *Argumentation in Science Education: Perspectives from classroom-Based Research* (pp.91-115). UK: Springer.

Jiménez-Aleixandre, M. P. & Pereiro-Muñoz, C. (2005). Argument construction and change while working on a real environment problem. In K. Boersma, M. Goedhart, O. D. Jong, & H. Eijkelhof (Eds.), *Research and the quality of science education* (pp.419-431). The Netherlands: Springer.

Osborne, J., Erduran, S., & Simon, S. (2004). Enhancing the quality of argumentation in science classrooms. *Journal of Research in Science Teaching*, *41* (10), 994-1020.

Toulmin, S. (1958). *The uses of argument*. Cambridge: Cambridge University Press.

第 10 章

預測—觀察—解釋（POE）教學法

許良榮

本章概觀

一、POE 是 Predict（預測）—Observe（觀察）—Explain（解釋）的
　　簡稱。可用於評量以及教學設計。

二、讓學生「預測」之後，必須寫出預測的理由，再進行實際的「觀
　　察」與記錄，最後由學生解釋自己的預測與觀察結果為何不一
　　致。

三、設計 POE 時，應確定呈現的現象符合學生的學習階段或學習目
　　標，且現象能讓學生產生認知衝突（cognitive conflict），以利於
　　引起學生的好奇、學習動機。但須注意如果反覆多次預測錯誤，
　　學生容易認為「老師在玩你猜不到」的遊戲，會有抗拒效果。

四、本章最後提供「光的折射」與「毛細現象」的 POE 教學設計。

一　POE的發展與意涵

　　POE 是 Predict（預測）—Observe（觀察）—Explain（解釋）的
簡稱，最初是由美國匹茲堡大學的 Champagne、Klopfer 和 Anderson
於 1980 年發展的 DOE（Demonstrate-Observe-Explain）概念晤談教學
策略改良而來的，後來 Gunstone 和 White（1981）認為預測的理由能
呈現學生原本的認知架構，又能引發學生的學習興趣，對了解學生概念
及提升教學成效具有重要性，因而將 DOE 策略設計改良成 POE 教學
策略，以期更富教育價值。

　　國內外學者在近 30 年來已有上百篇與 POE 相關的研究文獻，各
項實徵性研究的樣本範圍涵括從幼稚園到大學生，研究的層面涉及課
程、教學、評量、概念診斷、師資培育等各個向度，同時許多 POE 教
學設計也尋求與資訊科技相結合，不僅符合時代的需求，也能協助更多
的學生運用 POE 策略進行有意義的學習。

　　POE 基本的程序是，先設計某一情境讓學生進行「預測」將會有
何結果或現象發生；在學生寫下自己的預測以及理由之後，再實際操作

讓學生「觀察」有何現象發生；觀察之後寫下觀察結果，如果與自己的預測不一樣，請學生「解釋」原因或理由。

如下例：

（一）預測

　　如右圖 10-1 將杯子放入水中，讓杯子充滿水，以紗網（玻璃窗用的）壓在杯口，一起垂直的將杯子拿出水面。你覺得杯子中的水會不會流出來？

答：□會　　□不會　　（註：正確結果為不會流出來）

　　請寫出你的理由為何：＿＿＿＿＿＿＿＿＿＿

（二）觀察（教師實際操作）

　　請仔細觀察，並寫下觀察結果是：□水流出來　　□水不會流出來

（三）解釋

　　你的預測和觀察結果有沒有一樣？如果沒有一樣，你會如何解釋呢？請寫出來：

＿＿＿＿＿＿＿＿＿＿＿＿＿＿＿＿＿＿＿＿＿

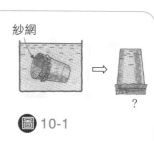

紗網

圖 10-1

二 POE 各步驟之特徵

（一）預測

　　POE 的第一個步驟是讓學生對於現象的變化進行「預測」。現象的變化可以包含物理特徵或化學特徵，通常設計為選項的方式（避免多於三個選項），而預測的情境建議輔以圖形，或是呈現真實的物體，以確定學生能了解預測的情境。另一方面，在進行預測之前，避免學生相互討論，以免以他人的觀點進行預測。但是必須允許學生針對實驗裝置提出疑問（例如水裝多滿、杯子的材質等），甚至可以動手觸摸（例如觸摸沙網），以確認學生真實掌握並理解了預測的情境。

　　學生勾選預測之後，接著要求寫出預測的理由。注意多鼓勵學生寫出「因果關係」的理由，避免「我猜的」、「本來就會這樣」等等直覺性的理由。由學生寫出的理由，可以了解具備的先備概念或是迷思概念？例如上例，學生常預測水會流下來，理由包括沙網的孔太大、地心引力把水吸下來、水有重量等等。此歷程有助於學生釐清自己的原有想法，如同建構主義理念的概念改變教學，在說明正確的科學概念之前，強調必須先讓學生說出自己的概念。此步驟可以讓學生經由比對二種概念（自己的、科學的）的恰當性，而促成概念改變。

(二) 觀察

　　進行觀察時，通常由教師操作以示範的方式呈現現象，並提醒學生仔細觀察以寫下結果。操作時，務必確認所有學生都能完整、清楚的看到操作過程與結果。

　　在很多情形，雖然呈現相同的實驗，但是每位學生寫的觀察結果未必一樣。例如右圖 10-2，繩子繞過一個輪子（輪子可以自由滾動），右邊掛著一個砝碼，右邊掛水桶。保持平衡後，讓學生預測在水桶加入一匙的沙子後，水桶會不動、掉下來一點距離或是掉到地面？

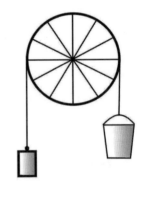

圖 10-2

　　實際操作時，如果加入的沙子的量不多，整個系統並沒有變化（除非加一大湯匙的沙）。而預測桶子會掉下來的學生，有些會記錄「桶子有掉下來一點點就停了」，呈現先入為主「觀察理論負載」（theory loaden）的現象——心中已有的概念會影響觀察記錄。

　　在 POE 中常可看到「觀察理論負載」的情形，前一例杯子與沙網的觀察，預測水是否會流出來的學生，觀察後常會記錄「有一些些的水流出來」，甚至堅持真的有水流出來。

（三）解釋

此步驟為要求學生解釋自己的預測與觀察結果為何不一致，亦即將預測與觀察結果一致化（reconciliation）。由於設計 POE 時必須選擇學生比較容易預測錯誤的情境，如此才能探究學生在應用知識時，可能出現的問題，以診斷學習的困難。

「解釋」的程序可以提供的訊息主要為：學生是否能以「觀察」的結果修正自己的「預測」理由？常見的現象是：部分的學生雖然預測錯誤，但仍會堅持觀察結果並沒有衝突，在解釋時提出可能是「器材有問題」，或是「操作不當」的理由。

例如在「水桶加入一匙的沙子後，水桶會不會掉下來」的例子中，預測水桶「會掉下來一點就停住」的學生，如果實際現象是水桶掉到地面，學生在解釋時提出的理由常會包括「繩子太滑」、「加沙子時，手碰到水桶」等等，顯示學生傾向注意外部表面特徵的變化，而缺乏由力的平衡的觀念來解釋現象的能力。

三 POE 在教學的角色與功能

POE 除了可用以評量、診斷學生的概念或知識的應用，也適合發展為教學策略。Bruce（2000）的研究顯示，POE 策略有助於教學者思考以下幾個方向：(1)POE 教學策略提供科學課堂一個很好的開場白，為未來的學習互動開啟對話之門；(2)因為書寫 POE 活動單需要時間，因此 POE 策略可協助學生們慢下腳步去思考他們正在做什麼、想什麼；(3)由於寫下預測這項步驟增加了參與的感受，讓多數學生對實際的實驗結果感到興趣，尤其是自己的預測與多數人不一致的時候；(4)POE 的相關教學活動可以提供學生作為進一步探索科學原理的基礎；(5)POE 可以呈現學生整體學習活動的歷程紀錄，並可成為進行形成性評量的基礎。

例如 Palmer（1995）研究以 POE 技術釐清小學生的科學知

識，以及探究對於科學概念的理解，研究結果顯示，學生熱衷於（enthusiastically）此種技術，POE 是一種適合於使教師了解學生概念的技術。Searle 和 Gunstone（1990）在為期 12 週的教學研究，探討以 POE 為教學策略對於學生在力學的概念改變，研究結果顯示，雖然要達成長期性（long-lasting）的概念改變是困難的，但是 POE 的教學策略達成了某些成效。而李家銘（2001）探討 6 位國三個案學生在 POE 教學活動中的電學概念發展情形，由研究結果發現個案學生經過 POE 教學後，在 12 個認知概念和 7 個技能概念中，有明顯的進步，顯示 POE 是一具有潛在價值的教學策略之一。

以 POE 為教學策略時應注意的是：(1)必須提供一個學生可以預測，而且能基於個人理解進行推理的情境或實驗，若純粹只是猜測則將失去其價值；(2)要提供真實情境與問題給學生，才有助於 POE 的效果，至少也要提供學生一些線索或說明；(3)要讓學生的觀察是直接可行的，亦即觀察的實驗結果是清晰可見的；(4)可以用勾選的方式，提供幾種可能的情況讓學童做預測，用開放的反應模式，讓學童自己表達想法（Gunstone & White, 1992）。

設計 POE 時，首先應確定呈現的現象符合學生的學習階段或學習目標，避免相關的科學原理或概念太難。例如「沙網蓋住杯口的水是否會流出來」的 POE，牽涉水的表面張力與大氣壓力，就超出國小學生的課程範圍，只適合在國中以上實施。

確定符合學生的學習階層以後，需要思考呈現的現象是否能讓學生產生認知衝突（cognitive conflict），亦即學生的預測與實際發生的現象是否會不一致？如果不一致，則有利於引起學生的好奇、學習動機，以進一步了解自己的觀點與現象之間的差異。此種效果類似科學遊戲或科學魔術，能製造出「訝異」效果，觸發學生的學習動機。但是必須注意：如果學生反覆多次預測錯誤，容易認為這是「老師在玩你猜不到」的遊戲，反而會有抗拒效果。因此實施 POE 時，應留意學生是否會產生負面的感受。

四 POE教學設計

以下舉例說明 POE 的教學設計，分別為「光的折射」與「毛細現象」。每個教學都包含二個 POE，教學程序相同。

(一) POE教學設計——光的折射

教學年級：六年級

教學時間：共二節課（80 分鐘）

教學流程：引起動機→POE 1→歸納與討論→POE 2→歸納與討論
　　　　　→延伸與應用

1. 引起動機（5 分鐘）

教師以發問方式，複習中年級已經學過的「光的直線進行」，例如太陽造成的影子為什麼和物體的形狀一樣？我們在平面鏡中看到的影像和自己都一樣？這些現象和光的什麼性質有關？

在小朋友可以回答這些現象都是光的直線進行之後，再發問光只會直線進行嗎？引導小朋友思考光的性質不只是直線進行，說明接著來討論光的另一種性質：折射。

2. POE1（20 分鐘）

進行以下的 POE 程序：

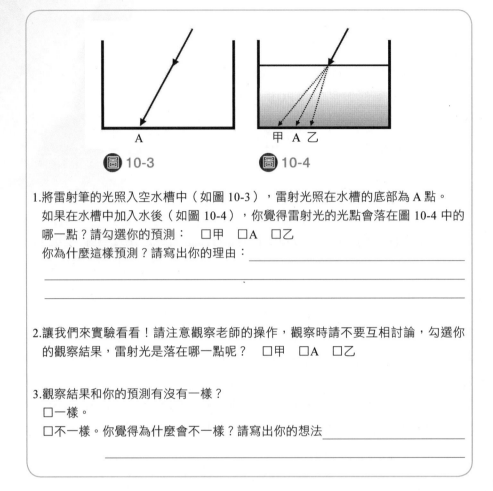

圖 10-3　　　　　圖 10-4

1. 將雷射筆的光照入空水槽中（如圖 10-3），雷射光照在水槽的底部為 A 點。
   如果在水槽中加入水後（如圖 10-4），你覺得雷射光的光點會落在圖 10-4 中的
   哪一點？請勾選你的預測：　□甲　□A　□乙
   你為什麼這樣預測？請寫出你的理由：＿＿＿＿＿＿＿＿＿＿＿＿＿＿＿
   ＿＿＿＿＿＿＿＿＿＿＿＿＿＿＿＿＿＿＿＿＿＿＿＿＿＿＿＿＿＿＿
   ＿＿＿＿＿＿＿＿＿＿＿＿＿＿＿＿＿＿＿＿＿＿＿＿＿＿＿＿＿＿＿

2. 讓我們來實驗看看！請注意觀察老師的操作，觀察時請不要互相討論，勾選你
   的觀察結果，雷射光是落在哪一點呢？　□甲　□A　□乙

3. 觀察結果和你的預測有沒有一樣？
   □一樣。
   □不一樣。你覺得為什麼會不一樣？請寫出你的想法＿＿＿＿＿＿＿＿＿
   ＿＿＿＿＿＿＿＿＿＿＿＿＿＿＿＿＿＿＿＿＿＿＿＿＿＿＿＿＿＿＿

3. 歸納與討論（15 分鐘）

　　完成上述的 POE1 的程序後，可以隨機請小朋友分別發表自己的預
測、預測的理由以及對於實驗結果的想法，之後再以小組討論歸納出最
佳的解釋。

　　小組討論後，教師請一或二組發表看法，再引導歸結出光點落在
乙點原因，此現象稱為「光的折射」。而日常生活常可看到光的折射現
象，例如我們看水中的魚，看到的位置和魚的實際位置不同，而凸透鏡

能聚集光線也是光的折射現象等等。

（第一節結束）

4. POE2（20 分鐘）

教師說明上一節已經實驗了光的折射現象，接著再來動動腦，想一想以下的實驗。

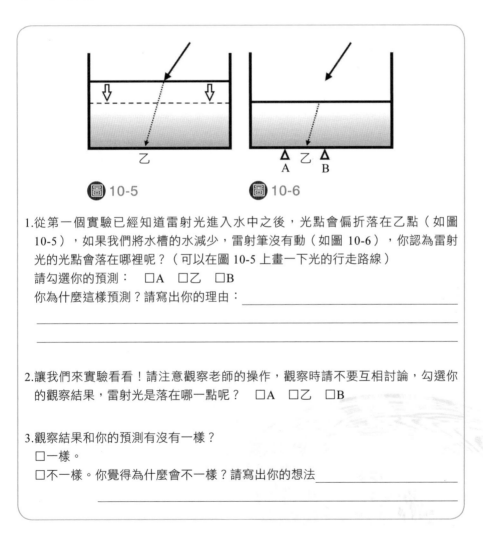

圖 10-5　　　　　　　圖 10-6

1. 從第一個實驗已經知道雷射光進入水中之後，光點會偏折落在乙點（如圖 10-5），如果我們將水槽的水減少，雷射筆沒有動（如圖 10-6），你認為雷射光的光點會落在哪裡呢？（可以在圖 10-5 上畫一下光的行走路線）
   請勾選你的預測：　□A　□乙　□B
   你為什麼這樣預測？請寫出你的理由：＿＿＿＿＿＿＿＿＿＿＿＿
   ＿＿＿＿＿＿＿＿＿＿＿＿＿＿＿＿＿＿＿＿＿＿＿＿＿＿＿＿＿＿
   ＿＿＿＿＿＿＿＿＿＿＿＿＿＿＿＿＿＿＿＿＿＿＿＿＿＿＿＿＿＿

2. 讓我們來實驗看看！請注意觀察老師的操作，觀察時請不要互相討論，勾選你的觀察結果，雷射光是落在哪一點呢？　□A　□乙　□B

3. 觀察結果和你的預測有沒有一樣？
   □一樣。
   □不一樣。你覺得為什麼會不一樣？請寫出你的想法＿＿＿＿＿＿＿＿
   ＿＿＿＿＿＿＿＿＿＿＿＿＿＿＿＿＿＿＿＿＿＿＿＿＿＿＿＿＿＿

5.歸納與討論（15分鐘）

　　完成 POE2 的程序後，同樣請小朋友分別發表自己的預測、預測的理由以及對於實驗結果的想法，之後再以小組討論歸納光點落在 A 點的最佳解釋為何。

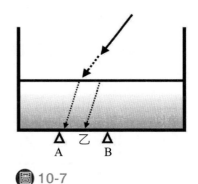

　　教師最後請一或二組發表看法，並歸結雷射光在空氣中前進，接觸水面之前保持直線進行，進入水中產生折射，折射的程度不會變還是一樣，因此光點會落在 A 點（如圖 10-7）。

圖 10-7

6.延伸與應用（5分鐘）

　　引導學生討論，如果是「水位上升」，雷射光的光點又會落在哪裡呢？為什麼？

㈡ POE 教學設計——毛細現象

　　教學年級：四年級
　　教學時間：共二節課（80分鐘）
　　教學流程：引起動機→POE 1→歸納與討論→POE2→歸納與討論
　　　　　　　→延伸與應用

1.引起動機（5分鐘）

　　教師以發問方式，引導小朋友思考日常生活中的現象，例如：毛筆只要筆尖沾到墨汁，墨汁就可以慢慢沾滿毛筆；酒精燈中的酒精，會吸附到燈蕊上而燃燒等等，這些都是「毛細現象」。

　　以下是有關「毛細現象」的實驗，小朋友動動腦想一想，實驗結果應該是怎麼樣？原因又是為何呢？

2. POE 1（20 分鐘）

進行以下的 POE 程序：

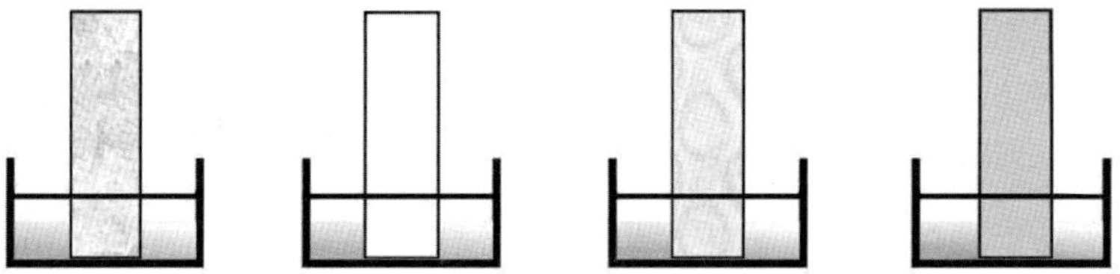

報紙　　　影印紙　　　圖畫紙　　　宣紙

圖 10-8

1. 把四張不同的紙條：報紙、影印紙、圖畫紙以及宣紙，放入水盆中靜置半分鐘。水會吸附到紙面而上升，你認為水在紙條上升的高度，最高與最低的分別是哪種紙？

上升最高的是：　□報紙　□影印紙　□圖畫紙　□宣紙
上升最低的是：　□報紙　□影印紙　□圖畫紙　□宣紙
你為什麼這樣預測？請寫出你的理由：＿＿＿＿＿＿＿＿＿＿＿
＿＿＿＿＿＿＿＿＿＿＿＿＿＿＿＿＿＿＿＿＿＿＿＿＿＿＿＿＿
＿＿＿＿＿＿＿＿＿＿＿＿＿＿＿＿＿＿＿＿＿＿＿＿＿＿＿＿＿

2. 讓我們來實驗看看！請注意觀察老師的操作，觀察時請不要互相討論，勾選你的觀察結果。

上升最高的是：　□報紙　□影印紙　□圖畫紙　□宣紙
上升最低的是：　□報紙　□影印紙　□圖畫紙　□宣紙

3. 觀察結果和你預測有沒有一樣？

(1) 上升最高
　□一樣。
　□不一樣。你覺得為什麼會不一樣？請寫出你的想法＿＿＿＿＿＿
　＿＿＿＿＿＿＿＿＿＿＿＿＿＿＿＿＿＿＿＿＿＿＿＿＿＿＿＿＿

(2) 上升最低
　□一樣。
　□不一樣。你覺得為什麼會不一樣？請寫出你的想法＿＿＿＿＿＿
　＿＿＿＿＿＿＿＿＿＿＿＿＿＿＿＿＿＿＿＿＿＿＿＿＿＿＿＿＿

3. 歸納與討論（15 分鐘）

完成上述的 POE1 的程序後，請小朋友分別發表自己的預測、預測的理由以及對於實驗結果的想法，之後再以小組討論歸納出最佳的解釋。

進行小組討論時，可以發下實驗用的各種紙條一片，讓學生觀察紙張的厚薄、纖維的粗細等等（如果有放大鏡更佳），以引導討論方向。最後教師歸納紙張的纖維如果太過緊密厚實（例如影印紙），水越不容易吸附（孔隙較少），上升的高度就會比較低；反之比較鬆軟的紙張（例如宣紙），纖維的組織比較鬆散，孔隙較大，水容易吸附上升最高。

（第一節結束）

4. POE 2（15 分鐘）

上一節實驗了不同紙張的毛細現象的作用，接著再來動動腦，想一想不同的液體又是如何？

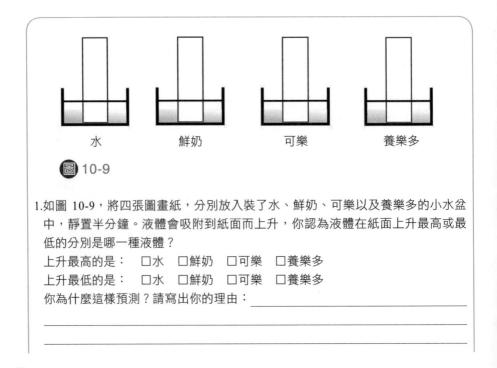

水　　　　　鮮奶　　　　　可樂　　　　　養樂多

圖 10-9

1. 如圖 10-9，將四張圖畫紙，分別放入裝了水、鮮奶、可樂以及養樂多的小水盆中，靜置半分鐘。液體會吸附到紙面而上升，你認為液體在紙面上升最高或最低的分別是哪一種液體？

上升最高的是：　□水　　□鮮奶　　□可樂　　□養樂多
上升最低的是：　□水　　□鮮奶　　□可樂　　□養樂多

你為什麼這樣預測？請寫出你的理由：＿＿＿＿＿＿＿＿
＿＿＿＿＿＿＿＿＿＿＿＿＿＿＿＿＿＿＿＿＿＿＿＿＿＿＿
＿＿＿＿＿＿＿＿＿＿＿＿＿＿＿＿＿＿＿＿＿＿＿＿＿＿＿

2.讓我們來實驗看看！請注意觀察老師的操作，觀察時請不要互相討論，勾選你
　的觀察結果。
　上升最高的是：　□水　　□鮮奶　　□可樂　　□養樂多
　上升最低的是：　□水　　□鮮奶　　□可樂　　□養樂多

3.觀察結果和你的預測有沒有一樣？
（1）上升最高
　　□一樣。
　　□不一樣。你覺得為什麼會不一樣？請寫出你的想法＿＿＿＿＿＿＿＿＿
　　＿＿＿＿＿＿＿＿＿＿＿＿＿＿＿＿＿＿＿＿＿＿＿＿＿＿＿＿＿＿＿＿＿
（2）上升最低
　　□一樣。
　　□不一樣。你覺得為什麼會不一樣？請寫出你的想法＿＿＿＿＿＿＿＿＿
　　＿＿＿＿＿＿＿＿＿＿＿＿＿＿＿＿＿＿＿＿＿＿＿＿＿＿＿＿＿＿＿＿＿

5.歸納與討論（10 分鐘）

完成 POE 2 的程序後，同樣請小朋友分別發表自己的預測、預測
的理由以及對於實驗結果的想法，之後再以小組討論歸納影響不同液體
上升高度的主要因素為何。小組討論時，引導學生思考液體的黏稠度
（濃度）、顏色、味道等等，哪些是影響液體上升高度的主要因素（例
如濃度）？哪些不是主要因素（例如顏色、味道）？

6.延伸與應用（15 分鐘）

最後可進行「毛細現象」的科學遊戲，請參考第 12 章「科學遊
戲」中的「紙花」教學設計。

課後作業

1.試說明如果一個 POE 設計，學生都能預測正確，是否為一個恰當
　的設計？為什麼？

2. 試擬一個 POE 的主題，並說明學生可能的預測理由，並設計為一節課或二節課的教學（包含教學目標、教學年級、節數與教學程序等）。

參考資料

中文部分

李家銘（2001）。**應用 *POE* 策略在國中低成就學生補救教學之個案研究**。國立高雄師範大學科學教育研究所物理組碩士論文，未出版，高雄市。

許良榮（2005）：序列性 POE 之特色與設計。**國教輔導**，*45*（2），6-12。

陳莉娟（2008）。**非科學背景國小自然科教師實施 *POE* 教學策略之個案研究**。國立臺中教育大學科學應用與推廣系碩士論文，未出版，臺中市。

英文部分

Bruce, B. C. (2000). *Benefits of P.O.E.* [On-Line] Available: from http://www.lis.uiuc.edu/~chip/pubs/inquiry/POE/POEbenefits.shtml

Gunstone, R. F. & White, R. T. (1981). Understanding gravity. *Science Education, 65*(3), 291-299.

Gunstone, R. F. & White, R. T. (1992). *Probing understanding*. London: Falmer.

Palmer, D. (1995). The POE in the primary school: an evaluation. *Research in Science Education, 25* (3), 323-332.

Searle, P. & Gustone, R. F. (1990). *Conceptual change and physics instruction: A longitudinal study*. Paper presented at the Annual Meeting of the American Education Research Association. Boston, MA, April 16-20, 1990. (ERIC Document Reproduction Service, ED320767)

White, R. & Gunstone, R. (1992). Prediction-observation-explanation. In R. White & R. Gunstone (Eds.), *Probing understanding* (pp.44-64). London: The Falmer Press.

第 11 章

戶外教學

林素華

本章概觀

　　正規教育發生的場所大多以學校內為主，傳統學習的地點受限於教室的範圍、學習的內容多為高度言辭化的課本、學習的過程又多是被動的，使得課本的內容難以和實際生活結合。若藉由教室外親身的觀察和多元的體驗，以延伸學校課程內容及學習過程，使教學場所、環境得以跨出教室，將可提供跨領域間的知識，能有更多的理解機會、更深入的見解和更清晰的價值。本章所呈現的教材不是戶外教學領域裡的全部，「戶外教學」是要鋪陳一個相當精簡、明確的觀點來描繪出給讀者的學習輪廓，而這個輪廓是從作者共同的研究、實務經驗中引導出來的。相信這裡所呈現的做法、內容與資訊，將協助讀者幫助學生及老師對使用戶外作為一個學習的實驗室能更為熟悉。本章預計先從戴爾經驗塔及 Priest 戶外教育基礎理論介紹開始，輔以戶外教學常用教學法的概述，讓具備一般自然科學概論能力的教學者，可以有走出教室外，從事戶外教學的基本能力；最後，戶外教學的場域介紹，將有助於課務繁忙的教師，挑選一處宜師宜生的最佳場地。本章最後所附的課後作業希望能融入您的實際生活或教學的應用，以提高學習成效；延伸學習資源則列出重要延伸閱讀文章、書籍或網站等，都是能搭配讀者進行戶外教學學習的優良素材，希望讀者能善加運用。

 戶外教育的基礎

(一) 戶外教育的意義

　　早期人類的祖先就是戶外教育的創始者，早期人類都是在戶外訓練其後代如何在大自然當中生存，人類所有的學習都來自於大自然，這就是戶外教育的開端（Neill, 2009；陳佩正，1999）。在中國春秋時代，孔子周遊列國期間，常與弟子就地取材隨機問答，其實就是戶外教育的

實踐（李崑山，1996）。在 18 世紀的歐洲，盧梭（Rousseau）主張教學上要重視自然環境資源的利用，與大自然多接觸，以「實物教學」方式培養兒童問題解決的能力，實為戶外教育的濫觴（王鑫，1995）。

　　戴爾提出經驗塔（cone of experience）模式說明經驗學習的進展，如圖 11-1，學習由具體而抽象（Dale, 1969）。學習經驗分為三種：(1)直接而有效的經驗——透過感官（視、聽、味、觸、嗅），從「做中學」而得，是學習的基礎；(2)從觀察中學習到圖像經驗，由金字塔底部逐漸向上發展，學生由「觀察」學習逐漸進入以創造性活動來學習，想像力逐漸增加；(3)透過思考和概念處理經驗，依賴過去的經驗從抽象觀念學習得到符號經驗。

　　當學生親自參與具體的學習活動時，將表現出很高的學習動機與興趣，繼續發展新的學習（楊榮祥，1979a，1979b）。戴爾認為經驗是一個試探的過程，也是一個主動的認知過程，而經驗是個人主動參與情境活動中得來的（姜文閔譯，1992）。

圖 11-1　戴爾經驗塔

資料來源：修改自 Dale（1969）

　　杜威（John Dewey, 1859-1952）指出學校教育存在的危機，在於正式的指導課程僅止於達成學校內的學習，而脫離了實際的生活經驗。他主張教育方法上要重視實際經驗的教學活動，讓學生學得第一手經驗才是主動的認知。又說：「教育即生活，生活是經驗繼續不斷的重組和改造」，要讓兒童在實際的生活中得到經驗，因此學校的教學內容要與實際的生活相關，要和社會生活打成一片（洪瑞佑，1999）。如果將教育內容與其自然背景分離，將使得內容變得乏味且不真實；如果教育即是生活，那麼便不能與實際的生活環境相隔離（周儒、呂建政譯，1999）。

　　戶外教育是在（in）戶外教育、有關於（about）戶外的教育、為（for）戶外而教育（Ford, 1981），藉由（through）戶外的教育（Bunting, 2006）。戶外教育在學者（Smith, 1987；王鑫、朱慶昇，1995）的詮釋之下，引述了 Lewis 對戶外教育的定義：「戶外教育是擴展課程學習目的至戶外的一個直接的、簡單的學習方法」，其範疇與學習層次，可分成戶外探究、戶外研究、戶外生活體驗三個範疇，以及藝術造型、類比、感官覺知、生態原則、問題解決歷程、決策程序及生存哲學等七個學習層次（Ford, 1981）。

　　戶外教育的目的為：(1)從自然中獲取有關自然的知識；(2)根據從自然中所獲得的知識，發展對保育觀念的了解和戶外技能；(3)激發對自然的興趣和認識；(4)從個人在戶外學習所獲得的經驗來塑造正確態度；(5)確立保育自然的決心；(6)無論何時何地，當有需要的時候會發起明智的保育行動。於定義的延展上，我們應該認知戶外教育為達成下列課程目標、目的之方法，包括：(1)教室的延展至戶外實驗室；(2)涉及天然資源和生存環境，於任一或各方面課程的一連串直接體驗，將會增強個人對環境和生命之意識；(3)所有學生、教師和戶外教育人力資源共同努力、策畫，發展最適宜的教學環境的完善計畫（周儒、呂建政譯，1999）。

(二) 戶外教育的特性

Priest（1986）指出戶外教育有六個特性：(1)戶外教育是一種學習方法；(2)學習過程根據經驗；(3)學習場所主要但並非一定是在戶外的場所；(4)經驗的學習需要利用六種感官（視、聽、味、觸、嗅、直覺）在三個向度上（認知、情意、技能）來學習；(5)所涵蓋的議題是跨學科的；(6)最重要的，它包含了人際間以及和自然資源間的關係。其所呈現出來的戶外教育模式，就像是一棵大樹，如圖11-2（Priest, 1988），在根部進行認知、情意、技能三個向度之六種感官（視、聽、味、觸、嗅、直覺）基礎學習養分的吸收，於各學科課程間內容的傳遞下，滋長出環境教育及探索教育的枝幹；而樹枝上所布滿的葉子（人際、人際間、生態系及社區關係、學習經驗過程），正適足以提供這棵大樹茁壯的養分。

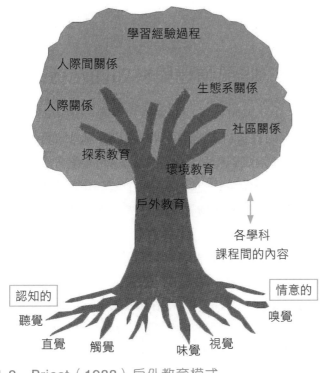

圖 11-2　Priest（1988）戶外教育模式

　　周儒（2003）指出戶外教育就其實質，就是指利用戶外的環境情境，去輔助學校課堂內教學的不足，去豐富學生在真實環境中的體驗與學習。戶外教育是協助達成課程目標及目的的一種方法，其特色應包含有：(1)將教室的學習延伸到戶外；(2)在課程中的任一或全部，提供了包含自然事物及生活情境的一連串直接經驗，可增進學生對環境及生活的覺知；(3)是一種能夠將學生、教師及戶外教育專家凝聚在一起，共同策劃、執行以發展最佳的教學氣氛的教育計畫。

　　聯合國世界兒童權利宣言明定「兒童應有充分的遊憩機會，並配合教育目的的施教，社會及公立機構尤應為兒童的遊憩權利而努力。」國際公園與休閒協會的休閒憲章也指出「家庭、學校與社會應教導個人如何最有效使用休閒時間，在學校課堂給予兒童、青年人……發展與休閒有關技藝態度及了解有關休閒的一些重要字彙的機會」（李嘉英，1998）。

　　美國戶外教育的發展期歷史可視為當代教育史的一部分（周儒、呂建政譯，1999），其中新方向期（1970-1985）與多元化與網路化期（1986-迄今），對現今的戶外教育發展影響甚巨。新方向期時許多戶外教育的課程都是以環境教育作為關切的主題，讓學習者了解人類與環境間的關係是極其必要的，戶外教育逐漸成為環境教育的一個教學方法（周儒、呂建政譯，1999）；這個時期，戶外教育除了強調環境問題、生態教育外，還包括了休閒教育、冒險教育、種族文化教育、都市戶外教育等（王鑫，1995）。網路化時期由於戶外教育及環境教育持續多元化的發展，其涉及領域也更多樣，為了與解決地球村共同面臨的問題，加速各地組織溝通聯繫，聯盟型態與網路系統因應而生（周儒、呂建政譯，1999）。

　　「在英國戶外教育必須是整體課程的一部分，它對國家課程與各學科領域之統整有重要的貢獻，經由第一手的經驗，以促進學生了解生活中自己、他人與環境的關係。」（National Association for Outdoor Education, 1990）同時提供各領域課程更深入的學習機會，尤其是在物理、個人及社會教育部分（OFSTED, 2004），群體活動中透過高品質的教育參訪，使學生得以發展社群技巧並獲得自信心，當學生習得把

知識、技巧運用在人際關係中的能力時，例如：在戶外教學中的生態記錄、調查及監測活動中，將對未來的「生態與環境管理」職場生涯有所助益（House of Commons, 2005）。

二 戶外教學常用教學法

在戶外教學中，如何去學習、滿足好奇心與探索，這需要許多新的教學技術。因此，援助、建議、提示、如何觀察與行動，以及對於事實的詮釋，變成了在教室外有效的教導與學習的關鍵。若要將教育延伸到戶外，就必須找出方法讓學習變得更容易，消除對未知事物的恐懼，並激發努力的精神。戶外教學要引起學童的注意，必須讓戶外訊息對學童產生意義；戶外教學傳達的訊息，大多是看得到、摸得到的，這樣的訊息和教室裡讀書、聽講相較，具體而鮮活許多。

(一) 戶外教學的方式

Brainerd（1968）提出六項戶外教育活動的方式：(1)觀察；(2)辨識；(3)蒐集；(4)測量；(5)記錄；(6)實驗。

戶外教學係利用戶外作為教育學生有關自然環境的知識、技能與倫理的場所（李嘉英，1998）。**戶外教學**是一種達成課程目標的途徑，它包含：(1)從教室內延伸到校外；(2)在課程的任何階段所要獲得的一系列的直接經驗，這些經驗將增加一個人對環境與人生的了解；(3)一種課程設計，包含學生、教師和參與工作的校外教學資源人物發展最適宜的教與學環境（沈六，1997）。目前國內國中小學所實施的露營活動、野外旅行，延伸至國家公園、博物館等具教育性質場所的參觀活動均可視為一種「戶外教學」（王鑫，1995）。

胡金印（1997）指出在以知識為主的戶外教學方式，可分為觀光式、調查式、探究法等三個層次。其中觀光式最容易操作且省時間適合

人數多使用，但因缺乏互動，致使教學趨向呆板，所能成的教學目標就易限於戴爾基層經驗塔的直接經驗學習階段；後兩者雖較能讓學習者達成較高層次的教學目標，但在實施上卻難融入教學現場，除需有教師的用心外，具備戶外教學相關領域知識，才能順暢地運用有效的教學法。

杜威（Dewey, 1938）認為在個人成長的過程中，欲產生學習或行為上的改變，需強調「直接性經驗」（direct experience），直接、具體的實際體驗才是真正學習的過程。Kraft 和 Sakofs（1985）認為經驗教育的過程包含以下要素：

1. 學習者在學習過程中是參與者，親身投入。
2. 學習活動要求個人動機、努力表現、參與和責任。
3. 學習活動以自然的結果方式呈現給學習者，具有真實意義。
4. 學習者的反省是學習過程中最重要的要素。

在經驗教育中個人被置於真實情境中，因而問題解決，或其他具創意的方法會被激盪出；因此學習者在有效的體驗活動中，必須採取某種真實的行動，以完成所處環境之挑戰任務。Kolb（1984）提出著名的經驗學習的循環模式，影響相當深遠。其理論綜合了經驗學習的三大傳統，其一為杜威所提倡的高等教育的經驗學習；其二為勒溫（Lewin）在訓練和組織發展領域中所運用的經驗學習；其三為皮亞傑（Piaget）的認知發展及經驗學習之過程，分別為具體經驗（experiential）、反思（reflecting）、普遍化（generalizing）、應用（applying），再回到具體經驗而組成的體驗學習循環。所以經驗學習圈（The Experiential Learning Cycle）是透過經驗學習循環的操作，讓參加者會有所體驗及收穫，同時帶領者本身也可以從中累積經驗，得到對課程設計方面的心得。

王順美（1993）歸納戶外教學活動的方式可分為七種：以欣賞大自然為主、以探索／調查現況為主、以訪視歷史遺跡為主、以參觀現有設施運作過程為主、以參與現實社會的環境聚會為主、以在社教機構學習為主、以改善環境為目的。2001 年開始實施九年一貫課程，將環境教育納入學習領域的重要議題，靳知勤（1994）在「職前與在職國中教師對環境教育課程及教學法之認知與運用」中指出，大多數教師均肯

定環境教育重要性，也肯定戶外教學法的成效。

(二)常用教學法

　　林智慧（2001）將戶外教育與學校教育的結合方式歸類為三種：
(1)垂直式的結合方式——將一個概括性的主題或基本概念向學生介
紹，隨著不同年級與學科增加，逐漸加強其深度與廣度；(2)水平式的
結合方式——先分析各學科的教學目標和基本概念，再選擇與所教授學
科基本概念相關的戶外活動進行，可同時進行不同分科的探索；(3)單
元模組式——從各種不同的資料中，設計出適合教授的獨立單元或是一
整組相關單元，作為戶外教學之用。

　　戶外教學在於透過實際情境觀察的學習，引起學生的好奇心，深刻
理解學習的主題，甚至引發進一步探索的動力。但是並不是所有的戶外
活動都有類似的效果，比較常發生的現象是：孩子來到學校之外，只想
脫離學校常規的限制與壓力，和同學一起玩遊戲、聊天、跑來跑去，通
常並不在意戶外現場存在的事物。

　　有效的戶外學習，其基本方法包括觀察、研究和思考：直接觀察基
於興趣、好奇心和渴望探究真相的意願而產生；研究則需使用參考書籍
以便學習更多關於戶外的經驗；對於所探究的、所了解的事物必須經過
思考的過程，以確認是否已完全吸收。Sharp 認為藉由探究而學習是戶
外教育最適當的方法，教師們應該給學生機會，鼓勵他們自己去尋找解
答（周儒、黃淑芬譯，1994）。以下概述幾種學習方式：

1. 發現（discovery）的學習方式

　　發現的學習方式之本質，在於了解如何引起學習者的好奇心更勝於
答案的獲得。教師首先引發學生的好奇心，再引導學生深入探討，以滿
足他們的好奇心，這種方法比直接告訴解答的方式，更具學習功效。早
在 300 多年前的教育學者 Comenius 在他的教學目標裡，曾經提到「尋
找和發現是教師教得少而學習者可獲得更多的教學方式。」（周儒、黃
淑芬譯，1994）

2. 順流學習法（王家祥等譯，2005）

戶外教育提供學生自己去發掘、探索和學習萬事萬物的場所和機會，因此活動進行時必須將學生分成小組，以確信每位學生均確實參與，如此每位學生在戶外都有機會運用人的基本感官去看、聽、聞、觸摸和嘗試，而得到最直接最真確的經驗。

Cornell（王家祥等譯，2005）在領導戶外教學多年後，把戶外教學的流程分為四個階段，以自然的步驟體驗自然，依序進行，稱為「順流學習法」（Flow Learning），學生不僅獲得有關自然的知識，更學會了如何感受大自然、體驗自然和欣賞自然。「順流學習法是引導人能知、能心有所感、能樂在自然、能愛自然，可以說是一個兼具知性和情義的教育方式。」Joseph Cornell 強調每一個人運用自己的五官和心靈去領略自然。唯有實際和自然交會的體驗才能幫助一個人汲取前人的智慧，去提升自我，並真正自內心產生關愛自然的信念（方潔玫譯，1994）。以下是「順流學習法」（Flow Learning）四個階段的簡介：

(1) 喚醒熱忱（awaken enthusiasm）

以有趣而興奮的活動引發學生的興趣，有趣的活動規劃，活潑生動的遊程設計，可引發參與者參與之熱誠與興趣。喚醒熱忱的階段是個具有濃厚趣味的階段，利用有趣的活動及好玩的遊戲讓參與者能生氣勃勃，精神大振。讓小朋友能提起興致來探索自然，進而引發其尊重自然及關懷生態的心。Joseph Cornell 歸納此階段的特點有：本於好玩的天性；製造適當的學習氣氛；化解彼此間的隔閡一起活動；培養敏感度，克服被動心態；引發參與感；提升注意力並對領隊產生信賴，創造團體良性互動，為稍後的活動預做準備。

(2) 集中注意力（focus attention）

學習有賴專心，徒具熱忱卻精神渙散無法專心，就無法對大自然或任何事物有強烈的感應。第二階段的活動目的使參與活動學生在興奮之餘，能開始靜下心來注意大自然的動靜，分別運用五官（視覺、聽覺、觸覺等），以獨特的活動規劃及設計讓人每次專心的運用自己的一種感官；此階段不但有助於加強觀察力，也培養大家領略大自然脈動的

能力。此階段的精神在引發求知慾，Joseph Cornell 提出此階段的特點有：注意力的增加；求得更深刻的體認；藉由第一階段所產生的高昂興致到活動中培養觀察力；在平靜的心靈下，引導成員對體驗自然的接受能力。

(3) 直接體驗（direct experience）

使參與學生更用心體驗周圍環境，達到物我交融的境界。Joseph Cornell 在此階段常常運用活動設計，強化參與者去真正領會到自然的本質，找到藏於內心深處的歸屬感和同情心。Joseph Cornell 認為如果我們期待世人能對地球有愛、有關注，就不能沒有這種直接體驗自然的經驗，否則人對自然只有疏離、空泛的認識，永遠不會感動。第三階段的直接體驗的遊戲讓大家與自然交流的力量更強，運用一點點創造力，讓參與者獲得深刻而有意義的自然體驗。歷經一番深刻、直接的自然體驗之後，人的心靈平靜下來，能潛心受教，在活動時便能發揮最高的學習和吸收力。本階段的特點有：自己探索得來的學習成效最高；提供直接、身體力行、直覺的認知；培養好奇、投入、愛；使人對生態保育的理念萌生使命感。

(4) 分享啟示（share inspiration）

分享活動有一種引發人善良本質的力量。經由分享的過程，個人內心深刻的體會得以釐清和強化，透過鼓舞每一位參與者全程參加活動的熱忱，在分享啟示的情境下，圓滿畫下戶外教學活動的句點，亦達成兼顧培養生態環境認知及遊憩體驗的學習成效。最後階段使參與學生透過說故事、朗誦詩詞、歌唱、戲劇或交談等方式表達彼此感受。分享階段可以讓一天活動有一個整體感，並且做個總結。分享活動有引發人善良本質的力量，並非僅是透過學員口述遊憩心得，而是利用簡單的遊戲活動，分享一天的體悟，繪圖或默劇也是一種呈現方式。本階段的精神著重在堅持理想，其特點有：釐清並加深個人從活動中得來的體驗，建立積極的信念；認識一些令人景仰、值得效法的人物；激發友誼，促進團隊的凝聚力；提供領隊一些回饋；讓領隊與充滿求知慾的學員彼此交流心得，分享理念。

「順流學習法」特別的地方在於它的階段式設計，讓人經由四個階

段，從自己的思考網絡中找到直接、深刻體驗的機關。Joseph Cornell 認為「順流學習法」是一種工具，協助人在自然中迅速有效的吸收和反應。順流學習法是根據人性所做的設計，因此在哪裡都可以隨機應用，可用於教室，也可用於個人生活。

　　以下是作者在進行在職班研究生的順流學習教學後同學的心得分享，讀者也可結合語文、藝術與人文領域的學習，讓年紀較輕的學習者能分享靈感。

　　　大自然最美麗的教室，隨地隨處都是最好的教材。

　　　　　　　　　　　　　　　　　　　　　　　　——邱＊緣

　　　從遊戲中體驗融入大自然環境，並知道更珍視環
　　　境。　　　　　　　　　　　　　　　　　　　　——蘇＊雲

　　　自然是無價的寶藏，隨時等著我們去挖掘。　　——何＊芳

　　　接近大自然，體驗大自然，喜歡大自然。自然而然
　　　能珍惜，保護大自然。　　　　　　　　　　　　——施＊雅

　　　重新回味讀小學的時光，就稱它為暑期活動營。　——卓＊雅

　　　接觸自然，聆聽自然，不知不覺，就走進自然。　——林＊華

　　　無煩無憂是自然，人在塵中心淨了。　　　　　　——張＊涓

　　　生命與大自然的美，即使已呈現在眼前，但唯有
　　　用心才能真正領悟與體會。　　　　　　　　　　——吳＊純

　　　自然的力量開啟了隱藏的能力，值得去深深體會。——吳＊芸

　　　親身體驗自然，令人感受深刻。　　　　　　　　——陳＊貽

　　　萬物的奧妙，全賴我們自身的用心體會。　　　　——蔡＊琳

　　　自然的感動俯拾即是，只要——靜下來。　　　　——夏＊意

　　　原來學習可以如此有趣。　　　　　　　　　　　——林＊辰

　　　大自然會教你一切事物的道理，只要用心體會。　——廖＊然

　　　在大自然中，體會到人類的渺小，和大自然的可貴
　　　可敬之處。　　　　　　　　　　　　　　　　　——李＊貞

　　　在大自然的母親呵護下，人們都能平安快樂地發掘
　　　人性的真善美。　　　　　　　　　　　　　　　——張＊中

親近自然是如此的令人感到愉快。　　　　　　──林＊樟

在幽靜的自然中，擁有了多少幸福回憶。　　　　──徐＊宇

我們本是妳所造世界的一分子，但我們切斷所有的

關聯，只是我們仍離不開妳的懷抱，因為我們本就

是妳所造的一分子。　　　　　　　　　　　　──胡＊能

自大自然中，我們都像個小孩般的單純和快樂。　──林＊洲

生命中的樂趣，將從自然裡，自然而然的啟發開來。

　　　　　　　　　　　　　　　　　　　　　　──黃＊豐

3. 解說

在許多的戶外教學方法中，經由校外教學地點提供解說活動，是一種常見而且有效率的學習方式。Tilden（許世璋、高思明譯，2007）為解說立下明確的定義：「解說是一種教育性活動，目的在經由原始事物之使用，以揭示其意義與關聯，並強調親身之經驗……。」透過解說讓人們了解所造訪地點有關的自然、文化與歷史襲產之意義；幫助人們對所處的環境與自身的角色更了解與欣賞；經由欣賞與知性的了解，提升較高品質的生活體驗（吳忠宏，2002）。因此解說對於校外教學而言，即是教學地點與學習者之間溝通的橋樑，運用的範圍非常廣泛。

4. 導覽（學習單）

曾慧佳（1993）指出學習單就是利用經熟學習的概念，在撰寫導覽（學習單）時，通常先將教師一定要學生學會的知識整理出來。稱之為導覽，乃是為了強調「自導式」學習，改變教室教學的限制──每位學生學習進度一樣；既然到了教室外、是有趣的議題，有興趣、動作快的學生，就可以讓他學快一點；慢的人也可以享受慢的樂趣。

各種不同的教學方法，都有助於發展態度和價值，而且積極的態度和價值，一旦建立後，就能持久不變（余興全，1990）。順流學習法可提升學童學習的態度與興趣，有利於培養學童之環境覺知和敏感度的能力（王雅雪、盧秀琴，2004）。

(三) 戶外教學注意事項

王鑫、朱慶昇（1995）認為戶外教學應注意以下原則：

1. 學生人數越少，教學效果越好。
2. 應營造輕鬆、隨和的教學氣氛。
3. 開始時應做重點提示，結束時應做總結。
4. 要求學生做筆記，記載觀察所得的細部。
5. 事前要細心的規劃與預備。
6. 使學生都參與活動並善用感官。
7. 要把握重點，圍繞重點教學。
8. 善用教學材料與設備有助於戶外教學。
9. 讓學生自行發現、發掘、做紀錄，發表心得是最有效的。
10. 解說時要有演員般的演技，並用愛的教育。

學者在專書中（Gilbertson et al., 2006）指出，在戶外教學的過程中應注意下列事項：

1. 使用相同的裝備教導學員，避免因設備等級不同，讓學員無法完成指示，如賞鳥應用相同的望遠鏡讓學員觀察。
2. 確實檢查裝備。
3. 貼近學員對課程學習成果的期望。
4. 有戶外經驗並不一定保證有適當的教學能力；舊有的經驗並不一定適合現在使用，應注意最近技術的學習。

戶外教學的進行是為了要達成基本國民教育的目標，教學的進行過程不宜過度強調某些訊息（biased information），進而提出主張（advocacy），如此會導致學習者面對沈重的事實，反而容易轉變成恐懼（Sanera & Shaw, 1996），造成學習的反效果。

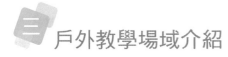

戶外教學場域介紹

從梭羅帶領學生在森林中從事戶外觀察學習開始，美國的戶外教學便逐步成長。1962 年的 Outward Bond 計畫以「個人成長」為戶外教學的主要目的。1965 年的 National Outdoor Leadership School 則以「培養對環境負責任的行為」為主要的目的。其後，許多學校以及民間團體都發展了多樣的戶外教學課程；認知層面的最多，情意層面的較少。自從環境保育運動蓬勃發展之後，以環境保護為訴求的戶外環境教育計畫才大見增長。這一項變化可以從 Project Wild、Project Learning Tree 到 Earth Education 等的演變看出來。除此之外，博物館、自然中心、國家公園以及各級保護區等，都發展了各式各樣的戶外環境教育計畫（周儒、呂建政譯，2001）。

(一) 戶外教學場域的選擇

在地方區域的基層教育環節，有許多實務上的問題猶待克服，例如：教育理念與教師實際執行的教學方式有差距，學校教師將重點放在知識的堆積，而缺少「體驗學習」、「生活化」的課程設計（周儒、林明瑞、蕭瑞棠，2000）。所以當擁有體驗學習、自然環境教學場所及生活化課程的非正規戶外環境教育中心學習系統受到正規教育的合併運用時，便有學者從一個環境學習中心（或是自然中心）要能夠存在的基礎要素做出以下建議（周儒，2001），包括有：(1)方案（program）；(2)設施（facility）；(3)人（people）；(4)營運管理（operation），彼此互相依存、影響，而又以活動方案為核心，逐步影響到設施、人、營運管理。

擁有國內最多森林區域經營權的林務局，過去在缺乏具體的政策與法令依據、環境教育專業人才、人力及適合教材不足等因素下（何森元，2003），難以施展其影響力，惟近年來在各方的努力下，已有 8 個國家森林遊樂區提供自然教育中心（林務局，2009），讓教師、民眾多了選擇；另雖有其他相關中心及 19 處水土保持戶外教室（水保

局，2009）等，但也仍無法滿足社會使用者的需求（周儒，2001），於是推動類似地方社區型的戶外環境教育中心的做法便應運而生（林明瑞、劉泳倫、曾家鈺，2008），如圖11-3。

楊清蘭（2001）研究指出最滿意的戶外教學場所大多為博物館類型，如：科博館、海生館、科工館、奇美藝術館。教師們心目中理想的戶外教學場所應具備之條件如下：

1. 就場所而言：距離不遠（約30-60分鐘車程）、寬敞舒適、配合課程、生態豐富。

2. 就設備而言：提供軟硬體設備（望遠鏡、放大鏡、電腦等）、有學習性兼具娛樂、安全、有休息場所、能解決民生問題、具備做中學習功能的器材或設施。

3. 就服務而言：配合導覽解說員、導覽路線指引、導覽圖、親切、費用不貴、提供適合程度的學習單、活動場景有文字說明。

4. 就配合措施而言：做有獎徵答或設計有關主題的活動、有網站提供搜尋相關資訊。

圖11-3 社區型的戶外環境教育中心

資料來源：劉泳倫、曾家鈺拍攝

大自然提供了無數的教學題材，遍布在各個學科之中，良好的戶外教學正是形成合情合理之學校教育的方式之一，其具體的做法可泛指課堂外的活動，基於發現學習原則與感官的使用，使學生從直接的、實際的、生活的體驗中學習，並藉這種戶外習得的智能，促使學生認識自我以及在社會環境中的角色，同時有助於他對特定主題如環境、地球資源等的了解。於是一處成功的戶外環境教育中心建立，將是所有戶外教學參與者最好的實踐場域（林素華，2004）。

　　學校要充分利用校園環境作為教學的場域，推動戶外教學，讓學生體驗自然，多向自然學習。教師規劃設計、發展適用於該地特色或問題的環教教材、課程與計畫，配合各縣市中特有的場域，例如臺北縣有：「社區有教室」、「假日學校」、「關渡自然中心」、「二格山自然中心」等，臺中市的「科博館」、「大坑步道」等。以下是由一位資深教師的角度（李崑山，2006），提出挑選戶外教學場域的一些省思：

1. 教室是唯一的學習（上課）場所嗎？課本是唯一的教材嗎？
2. 學習可以移動教室嗎？學習可以成為走動式的嗎？
3. 察覺是認識之芽，你相信嗎？察覺來自活動中的引導，而不是背多分、講光抄，你覺得呢？
4. 大自然會說謊嗎？自然災害現象莫非是環境問題的警訊？你覺得呢？今日臺灣環境問題，只是冰山一角罷了，你相信嗎？
5. 間接經驗取代直接經驗的學習危機，已經悄悄來臨，你察覺了嗎？間接經驗的學習，會影響求知態度、樂趣及真知的能力，你察覺了嗎？
6. 行萬里路一定勝讀萬卷書嗎？你認為呢？百聞不如一見，百見不如一試，你覺得呢？
7. 今日兒童處在生活體驗不足、體驗變質的時代裡嗎？豐富兒童生活經驗，及多元化戶外體驗活動，可以提升學習效能嗎？
8. 培育正確休閒、旅遊之觀念，有賴於學校之戶外教學正常

化，你認為呢？培育愛校、愛鄉土、愛環境之情操，有賴於戶外教學之正常化，你認為呢？學習本土化固然重要，但與全球性接軌，更不容忽視，你認為呢？

　　戶外教學從過往學生視為一年一度校園生活中夢寐以求的活動開始，在九年一貫課程的轉化下，學生的領域課程學習中有更多走向戶外及社區的機會，為將來有效運用戶外及社區資源的生活做準備，使認知能力的培養，因實地接觸所學，進而加深學習印象；技能學習的熟練，因行動與認知的結合，進而深化學習的成果；情意態度的陶冶，因更接近戶外、大自然，進而能關懷整個環境。

　　戶外教學場域的選擇，在陳勇祥（2006）所揭露之困境下，應審慎考慮下列因素，以安排適當的場域及替代方案，順利進行戶外教學：⑴師資養成階段缺乏戶外教學相關課程訓練；⑵在職期間缺乏專業成長；⑶戶外教學進行當中狀況不斷；⑷獨立研究進行時間不足與學生對於研究缺乏了解；⑸學生體力欠佳，路況難以掌握。

　　教室提供進行正規教育學習最易取得的環境，但卻難以達成學習者實際操作、親身體驗課文內容的真實情境。杜威的「做中學」（learning by doing），將學習者從被動的觀察者轉換成主動的參與者，戶外場域的實務案例及常態真實世界的狀況將能激發學生的學習興趣，遠勝於使用灌輸的方式。戶外教學可以讓學生接觸自然環境，活動中學生使用五官觀察自然來獲得直接體驗，可覺醒其環境意識，培養其愛護與保護環境的意願（楊冠政，1998）。規劃戶外教學前應考慮活動地點的易達性、時間性、安全性、適合性、可行性（李崑山，1993）。不同類型的戶外學習地點之選用，部分端視個人的地理位置和所預期的教育目的而定。一旦將教室延伸到戶外，所能提供的環境使得學生得以享受探索的單純刺激，和直接且實際的學習樂趣。校園本身，無論是否有樹木、灌木叢、草地密布，或是鋪以柏油、含有遊樂設施，戶外研究活動所花費的時間可以從幾分鐘、1小時，或半天、整天，或長達二天、一星期甚至更久。實地考察體驗的延伸則通常在鄰近戶外教育中心舉行（周儒、呂建政譯，2001）。

Simmons（1993）對於戶外教學地點的偏好研究，將使用密度與教學目標結合分成七大類：校園、都市自然地、開闊田野、鄉村公園、解說步道、森林、河流與池塘沼澤。學校要充分利用校園環境作為教學的場域，推動戶外教學，讓學生體驗自然，多向自然學習。學校老師自己規劃設計、發展適用於該地特色或問題的環教教材、課程與計畫。現今有許多公私立機構，如圖 11-4，為落實推動終身教育及推廣社會教育，增進民眾學習機會，提升國民素質，場域內常包括生態教學園區、定向運動教學園區、數學步道、雨水貯集區、賞鳥步道、昆蟲園地及蕨類園區等戶外教學場域之摺頁簡介及手冊，且大多提供網路資源以供瀏覽下載，讀者應多加利用這項物廉價美的戶外教學資源。

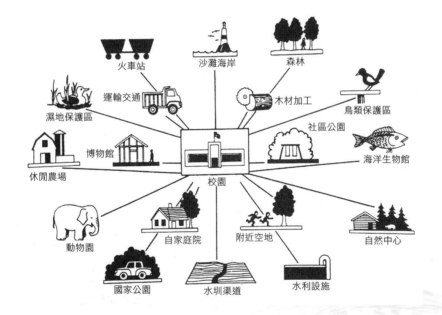

　圖 11-4　戶外教學場域的選擇

資料來源：修改自周儒和呂建政譯（2001）

(二) 戶外教學的歷程

朱慶昇（1993）綜合一般教學模式、問題解決模式、科學思考模式與傳播過程模式研擬成戶外教學模式，進行的歷程有 (1) 界定問題；(2) 確認對象；(3) 決定教學內容；(4) 選擇教學方法；(5) 教學活動；(6) 活動評鑑；(7) 後續發展。

劉璟儀（2001）對學生地景欣賞能力之研究發現，學生在觀賞景觀時，以視覺感受為第一優先，第一眼的感受牽動著學生是否喜歡及進一步觀賞的動機。陳榮輝（2002）對學童戶外情境偏好之研究，將其分為「人工機能」、「原始自然」、「經營管理」、「冒險傾向」、「渡假遊賞」、「社交情感」及「學習求知」等七個構面。

當真正實施戶外教學時，常因學生人數過多或缺乏完善的規劃，導致淪為類似「郊遊」、「觀光」的活動，缺乏實質教學效果（Kent et al., 1997; Bellan & Scheurman, 1998; Tuthill & Klemm, 2002）。

當戶外教學的場域決定時，抱著一份愉悅的心情，進行既定的計畫，途中若有突發狀況，應在合理範圍內轉變一下，在成映鴻教授（2004）的實務分享中，作者整理出以下重點：(1) 共同的策畫與實施；(2) 準備適當、足夠的必需品；(3) 愉快的出遊氣氛；(4) 保持欣賞野趣的美感；(5) 生態環境的維護；(6) 個人安全的維護；(7) 活動後應有反思的過程。「所謂活到老，學到老；學到老，學不了」，戶外學習要隨時隨地聽、看、想。沒有時空限制，也沒有地域區分，處處的一草一木都是我們教學的素材，重點是將理論與實務融合在一起（成映鴻，2004）。

戶外教學對學生的學習成效有正向的影響，透過在戶外環境中直觀的學習，可增強學生的印象，相較於只在課堂上傳授的知識，學生的學習成就表現更佳，而經常性的從事觀察活動可有效提升學生的觀察能力。透過戶外教學的實施，可提升學生的學習興趣；此外，可增加師生間、班級成員間的相互了解並增進彼此的情誼，並能培養學生獨立自主、同儕互助、尊重他人的能力。

筆者曾在一個令人心曠神怡的場域（如圖 11-5），進行了一場英

國小學五年級 5 天 4 夜戶外教學的實踐，以下體驗分享給大家（林素華，2004）：戶外教學之旅，對我們而言像是一次階段學習的總結性評量，教師群與家長間的密切配合、戶外教育中心的資源提供及學生的積極投入參與，都可在行前、中、後的檢討與改進中即時的提供回饋機制，使活動提供給三方主體一個良好的實踐場域，並在理論與實際的結合下完成這成功的活動經驗。這不是一蹴可幾的，是在希望學生能培養「帶得走的能力」之下，從不同年齡的需求（一到六年級），來增加時間的長短、距離的遠近及課程的深淺，經過施教者的細心規劃並了解學生的特質後，所籌畫完成的戶外學習活動，如圖 11-6 流程圖所示。期望所有的參與者，都能抱著一致的共同性：「培養帶得走的能力」，去運用戶外教育的機會，親身體驗、探討問題，獲得統整概念，並發展批判思考與解決問題能力，而非捨近就遠、有名無實式的教學（李崑山，1998）。

🔲 11-5　英國威爾斯 Lledr Hall 戶外環境學習中心主建築
資料來源：作者拍攝

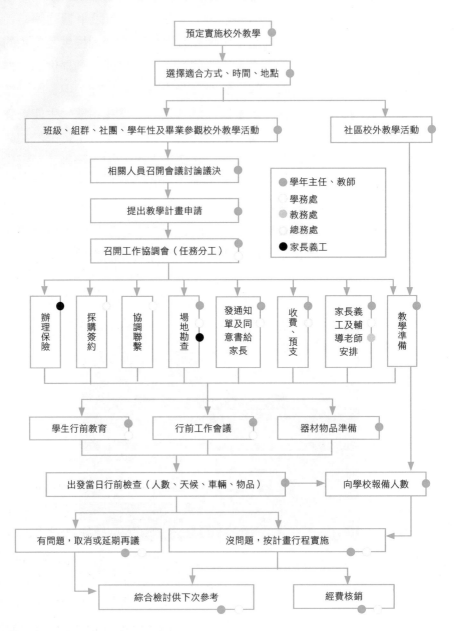

臺北市立教育大學附設實驗國民小學暨幼稚園校外教學實驗流程圖

圖 11-6　校外教學實施流程圖

資料來源：臺北市立教大附小（2009）（http://www.estmtc.tp.edu.tw/~annyta/visit.htm）

(三) 戶外教學的參考方案

林素華、巫麗雯、黃瑞成共同設計

高美濕地戶外教學順流學習法活動設計		教學對象	六年級	教師人數	4 人
教學單元	單元一：認識濕地生態			學生人數	35 人
	單元二：欣賞遠方來的嬌客（觀察候鳥）			時間	120分鐘
教學目標	單元一：認識濕地生態	1.了解什麼是濕地。 2.知道高美濕地的形成。 3.使學生認識高美濕地原來的樣貌，以及了解現在的情形。 4.使學生明白濕地在環境上的重要程度。			
	單元二：欣賞遠方來的嬌客（觀察候鳥）	1.了解賞鳥前應準備哪些東西。 2.能觀察鳥類外型特徵。 3.認識觀察到候鳥的種類。 4.能使用賞鳥工具。			
環境教育議題能力指標	1-1-1能運用五官觀察、探究環境中的事物。 1-1-2藉由身體感官接觸自然環境中的動、植物和景觀，啟發、欣賞自然之美，並能以畫圖勞作和說故事的方式表達對動植物、生態和景觀的感受與敏感度。 1-2-2覺知自己的生活方式對環境的影響。 2-1-1認識生活周遭的自然環境與基本的生態原則。 3-1-1經由接觸而喜愛生物，不隨意傷害生物和支持生物生長的環境條件。 3-1-2具有好奇心，思考存在環境中萬物的意義與價值。 4-1-1能以清楚的言語與文字，適切描述自己的自然體驗與感覺。 4-1-2能運用蒐集資料與記錄的方法，了解與認識校園與住家環境問題，並能具體提出生活環境問題的解決方案。 4-2-3能分析評估國內區域性環境問題發生原因，並思考解決之道。				
能力指標	教學活動		教學資源	時間	順流學習法階段
1-1-1 4-1-1	單元一：認識濕地生態 引起動機 一、教師提問：「請小朋友說說看高美濕地有什麼特別的地方。」（有許多植物、鳥和螃蟹……） 發展活動 二、教師解釋何謂濕地。		高美濕地舊貌圖卡 教師手冊	10 分 20 分	喚醒熱忱 集中注意力

2-1-1	「濕地是指陸地與水域間全年或間歇地被水淹沒的土地,最直接的功能在於生態、防洪及淨水,它提供魚類、甲殼類、鳥類及其他野生動物的棲息處。」			
1-2-2	三、高美濕地地形特色與現況。			
4-1-2	「臺中縣清水鎮高美濕地面積大約是 300 多公頃,只有大肚溪口濕地的十分之一。然而,其中地形的複雜度卻絕不會輸給後者。」			
4-2-3				
	四、介紹濕地小精靈——招潮蟹。			
3-1-1	五、招潮蟹的生態體驗,讓小朋友自行觀察。		20 分	直接體驗
	綜合活動			
4-1-1	六、預留 10 分鐘自由活動時間,並分享學習濕地生態上的心得。		10 分	分享啟示
	單元二:欣賞遠方來的嬌客(觀察候鳥) 引起動機	賞鳥望遠鏡及腳架共 4 組教師手冊		
1-1-1	一、「小朋友,是否有看到停在濕地上的鳥類呢?讓我們透過望遠鏡做進一步觀察。」 發展活動		10 分	喚醒熱忱
	二、教師介紹賞鳥應有的態度。 (不可高聲喧嘩,不可驚擾鳥類……)		20 分	集中注意力
	三、介紹賞鳥設備及使用技巧。 (教師將固定式單筒望遠鏡調整好,請小朋友不要另行調整,若小朋友自行攜帶望遠鏡,則適時協助其自行調整)			
3-1-1	四、學生進行賞鳥觀察。 分組、排隊,依序進行觀察,避免驚擾鳥類,讓小朋友自行觀察。		20 分	直接體驗
	五、鳥類介紹。 教師介紹目前觀察到鳥類的特徵及名稱。 綜合活動			
1-1-2	六、預留 10 分鐘自由活動時間,並分享觀察候鳥上的心得。		10 分	分享啟示
4-1-1				

課後作業

在閱讀完本章後希望讀者能培養出上述摘要中的各項能力,讓評量的工作趨向真實的,就如同發生在真實的生活世界之中,最後透過:

1. 成就檔案評量法(portfolio assessment),將學生之最佳作品加以蒐集並評量。例如:已填寫完畢的鳥類與樹木觀察檢索圖表;在戶外活動中得到美感而創作的詩歌、故事或圖畫;學生自製的校園地圖或戶外教學住宿營區圖。

2. 實作評量(performance-based assessment),是一種測量學生執行特定作業或運用特定技巧之能力的評量方法。例如:運用「簡易日晷法」以測量太陽的方位、高度角;依自行設定的標準將樹葉分類;不利用指北針而尋找北方方位;或評定一個自然棲息地的品質。

3. 實質評量的方法還有其他的方式,這包括學生自製的照片與解說散文集或錄影帶;教師觀察;學生自我評量;師生會談。在實質評量的理念裡,正確的解答通常不會只有一個,同時也允許學生創造各種可供選替的解決方案。

作業一、透過上述一項或多項評量方法之運用,讀者可藉此在戶外教學過程中要求學生執行一項作業或創作一項作品,據以考察學生是否運用已學習過之概念、知識與技能,並觀察學生的行為及情意是否朝正向改變。

作業二、目前小學多選擇到三(劍湖山)、六(六福村)、九(九族文化村)等場域進行校外教學,此一做法是否恰當?若適合,請說明理由並試著策畫一天的活動行程。若不適當,您會選擇何種地點辦理?並試著策畫一天的活動行程。

作業三、請回憶一個你曾經去過的戶外場域(如:陽明山、關渡、東眼山、苗栗有機稻場、水土保持教室),從設施與活動等方面介紹該場域可如何推廣戶外教學。

延伸學習資源

書籍：

Joseph Cornell 戶外教育的著述中都以啟發參與者覺知自然為目的，其重要著述有五：

1. 1979——*Sharing Nature with children*（與孩子分享自然）（王家祥等譯，2005）

2. 1987——*Listening to Nature*（傾聽自然）（金恆鑣譯，2006）

3. 1989——*Sharing the Joy of Nature*（共享自然的喜悅）（方潔玫譯，2005）

4. 1994——*Journey to the Heart of Nature*（探索大地之心）（林淑貞譯，1996）

5. 2000——*My Life with Nature*（學做自然的孩子）（黃漢耀譯，2000）

這五本書中，《與孩子分享自然》介紹了 42 個在大自然中進行的遊戲與活動，Cornell 撰寫此書是為了幫助孩子們接受大自然的啟發，因為大自然的啟迪對成長中的學童特別有價值。這本書提供一些簡單的遊戲，讓大自然激發孩子們歡樂、透徹及清朗的洞察力和經驗（王家祥等譯，2005）。

網站：

1. 林務局（2009）http://nec.forest.gov.tw/NEC-N/necIndex.aspx，自然教育中心。

2. 水保局（2009）http://swcclassroom.swcb.gov.tw/，水土保持戶外教室。

3. 博物館學會（2009）http://www.cam.org.tw/big5/museum01.asp，臺灣博物館名錄。

4. 休閒農場（2009）http://www.taiwan-farming.org.tw/FarmingDevelopmentWebsite/index.htm，休閒農業旅遊網。

5. 教育部環保小組（2009）http://www.esdtaiwan.edu.tw/，永續校園全球資訊網。

參考資料

中文部分

方潔玫譯（2005）。約瑟夫‧柯內爾原著，**共享自然的喜悅**（改版）。張老師出版社。

王家祥等譯（2005）。約瑟夫・柯內爾原著，**與孩子分享自然（20 週年紀念版）**。張老師出版社。

王雅雪、盧秀琴（2004）。環境教育融入生活課程之設計與實現。**國教學報**，*16*，153-184。

王順美（1993）。**環境教育教學活動設計——在環境中教學的教學法**。臺北市：教育部環境保護小組。

王鑫（1991）。自然中心戶外環境教學意義與初步構想。**環境教育季刊**，*15*，36-41。

王鑫（1995）。**戶外教學發展史及思想之研究**。臺北市：行政院國家科學委員會專題研究計畫成果報告（未出版）。

王鑫、朱慶昇（1995）。戶外教育的範疇。**教師天地**，*75*，2-11。

成映鴻（2004）。戶外教學理論與實際。**國教輔導**，*43*（5），2-5。

朱慶昇（1993）。戶外教學設計原理之研究。**環境教育季刊**，*16*，31-38。

何森元（2003）。**探索林務局推動環境教育現況及未來發展需求**。臺北：國立臺灣師範大學環境教育研究所碩士論文。

余興全（1990）。環境教育研究的啟示——環境教育和情意教育。**環境教育季刊**，*7*，8-15。

吳忠宏（2002）。臺灣解說研究之回顧與展望。*2002* 中美奧三國環境解說與生態旅遊國際學術研討會論文集，126-169。

李崑山（1993）。戶外教學活動單設計思考模式。**環境教育季刊**，*18*，61-67。

李崑山（1996）。國民小學戶外教學理論與實務初探。**環境教育**，*29*，62-69。

李崑山（1998）。戶外環境教學何去何從之探討。**現代教育論壇**，第四集。

李崑山（2006）。國民小學戶外教學現況與挑戰——由資深教師的角度觀之。**臺灣教育**，*642*，6-10。

李嘉英（1998）。學校、鄉土、環境與戶外教學——整合戶外教學與國民旅遊。北縣成教輔導季刊，*11*，18-21。

沈六（1997）。**臺灣省各級學校校外教學參考手冊**。臺中：臺灣省政教育廳。

周儒（2001）。環境教育理想的實踐場所——環境學習中心。**中華民國環境教育學會第四屆第二次會員大會暨校園環環境教育研討會論文**，17-42。臺北：中華民國環境教育學會。

周儒（2003）。我們需要有意義的戶外學習機制。**大自然季刊**，96-101。

周儒、呂建政譯（1999）。Hammerman, D. R., Hammerman, W. M. & Hammerman, E. L. 原著。**戶外教學**。臺北：五南圖書。

周儒、林明瑞、蕭瑞棠（2000）。**地方環境學習中心之規劃研究──以臺中都會區為例**。臺北：教育部環境保護小組。

周儒、黃淑芬譯（1994）。Rillo, T. J. 原著，戶外教育的精義。**環境教育季刊**，*20*，52-63。

林明瑞、劉泳倫、曾家鈺（2008）。**社區發展環境學習中心模式之探討──以魚苗寮為例**。臺北：2008 年中華民國環境教育學術研討會論文集。

林素華（2004）。英國 Lledr Hall 戶外環境學習中心之心體驗。**國教輔導**，*44*（2），12-16。

林素華、鄭坤昌（2005）。**苗栗縣國民小學教師實施校外教學調查研究**。2005環境管理實務研討會。臺北市。

林智慧（2001）。**臺中地區現職國小自然科教師在校園中實施自然科戶外教學之現況調查研究**。臺中市：國立臺中師範學院自然科學教育研究所碩士論文（未出版）。

林淑貞譯（1996）。約瑟夫·科內爾、麥可·德蘭嘉原著，**探索大地之心**。張老師出版社。

金恆鑣譯（2006）。約瑟夫·科內爾原著，**傾聽自然**。張老師出版社。

姜文閔譯（1992）。**經驗與教育**。臺北市：五南圖書。

洪瑞佑（1999）。戶外教學對國小六年級學生在鄉土地理學習效果之研究。嘉義市：國立嘉義師範學院國民教育研究所碩士論文（未出版）。

胡安慶（1995）。**影響國小教師利用學童農園從事戶外教學活動意願之因素研究──以彰化地區辦理過校外教學國小為例**。臺中市：國立中興大學農業推廣教育研究所碩士論文（未出版）。

胡金印（1997）。校園附近中學地理實察教學之理論探討。*86 年度南部地區鄉土地理教育研討會論文集*，33-44。高雄市。

許世璋、高思明譯（2007）。F. Tilden 著，**解說我們的襲產**。臺北市：五南圖書。

陳佩正（1999）。現代的環境教育與九年一貫的義務教育。中華民國 *88* 年環境教育研討會論文集，100-104。

陳勇祥（2006）。充實三合模式融入資優班戶外教學課程設計之研究。**資優教育研究**，*6*（1），1-18。

陳榮輝（2002）。**從學童戶外情境偏好與環境議題關切探討環境教育之機會**。臺中市：國立臺中師範學院環境教育研究所碩士論文（未出版）。

曾慧佳（1993）。校外教學與參觀導覽。**國民教育**，*34*（3-4），48-52。

黃漢耀譯（2006）。約瑟夫‧科內爾原著，學做自然的孩子。張老師出版社。

楊冠政（1998）。**環境教育**。臺北市：明文書局。

楊清蘭（2001）。利用教育體驗農園心得。**農業經營管理會訊**，*29*，11-13。

楊榮祥（1979a）。戴爾的「經驗塔」——教學資源運用的原則（上）。**科學教育**，*25*，9-13。

楊榮祥（1979b）。戴爾的「經驗塔」——教學資源運用的原則（下）。**科學教育**，*26*，8-13。

靳知勤（1994）。職前與在職國中教師對環境課程及教學方法之認知與應用。**教育研究資訊**，*2*（6），111-120

劉璟儀（2001）。**國小高年級學童自然之美欣賞能力探討——以地景欣賞為例**。臺北市：臺北市立師範學院自然科學教育研究所碩士論文。

英文部分

Bellan, J. M. & Scheurman, G. (1998). Actual and virtual reality: Making the most of field trips. *Social Education, 62*(1), 35-40.

Brainerd, J. W. (1968). School grounds for teaching man's relationship to nature. In Hammmerman, D. R. & Hammmerman, W. M. (Eds.), *Outdoor education－A book of readings* (pp.176-182). Minneapolis, Minn: Burgess publishing company.

Bunting, C. J. (2006). *Interdisciplinary teaching through outdoor education*. Champaign, IL: Human Kinetics.

Dale, E. (1969). *Audiovisual methods in teaching*. New York: Dryden.

Ford, P. M. (1981). *Principles and practices of outdoor/environmental education*. New York: Jone Wiley & Sons.

Gilbertson, K. et al. (2006). *Outdoor education: Methods and strategies*. Leeds: Human Kinetics.

House of Commons (2005). *Education outside the classroom: second report of session 2004-05: report, together with formal minutes, oral and written evidence.* London : The Stationery Office.

Kent, M., Gilbertson, D. D., & Hunt, C. O. (1997). Fieldwork in geography teaching: a critical review of the literature and approaches. *Journal of Geography in Higher Education, 21* (3), 313-332.

Kolb, D. A. (1984). *Experiential Learning: experience as the source of learning and development.* New Jersey: Prentice-Hall.

Kraft, R. & Sakofs, M. (1985). *The theory of experiential education.* Boulder, CO: Association of Experiential Education.

National Association for Outdoor Education (1990). *Outdoor education and the national curriculum.* Association of Heads of Outdoor Education Centers, National Association for Outdoor Education, Outdoor Education Advisers Panel, and the Scottish Panel for Advisers in Outdoor Education, April.

OFSTED (Office for Standards in Education, U.K.) (2004). *Outdoor education: Aspects of good practice.* London.

Priest, S. (1986). Refining outdoor education: A matter of many relationship. *The Journal of Environmental Education, 17* (3), 13-15.

Priest, S. (1988). The ladder of environmental learning. *Journal of Adventure Education, 5* (2), 23-25.

Sanera, M. & Shaw, J. (1996). *Facts not fear: A parent's guide to teaching children about the environment.* Washington, D. C.: Regnery Publishing, Inc.

Simmons, D. (1993). Facilitating teachers' use of natural areas: Perceptions of environmental education opportunities. *The Journal of Environmental Education, 24* (3), 8-16.

Smith, P. R. (1987). Outdoor education and its educational objectives. *Geography, 72* (3), 209-216.

Tuthill, G. & Klemm, E. B. (2002). Virtual field trips: Alternatives to actual field trip. *International Journal of Instructional Media, 29* (4), 453-454.

網站資料

Neill, J. (2009). History of outdoor education. Retrieved Oct. 4, 2009, from http://www.
    wilderdom.com.

第 *12* 章

科學遊戲

許良榮

本章概觀

一、科學遊戲沒有明確的定義，基本上科學遊戲是蘊含科學原理或科學概念的活動，能提供學生「玩科學，理解科學」的機會，而此活動的必要條件就是參與的兒童會認為「好玩」，並且有高度的意願參與。

二、達成九年一貫的課程彈性化、學校本位以及教師發展課程的理想，科學遊戲是值得參考與推廣的教學資源，一方面能引發國小學童的學習興趣，另一方面也可以培養學童科學實驗、實作技能與解決問題的能力。

三、科學遊戲相關參考書籍或網路資料相當豐富，但是要融入教學需要經過教學者的過濾與組織，避免只是單純的引起學童興趣，而缺乏學習的內涵。經過篩選與過濾科學遊戲的素材後，應考慮的原則包括：

1.器材的取得是否方便、經濟。

2.遊戲效果是否具有明顯效果。

3.比對遊戲內容與欲達成的教學目標之關係，確認遊戲的教學價值。

4.自行試驗操作，確認遊戲（操作）的可行性、安全性與效果。

四、科學遊戲之教學設計舉隅：水、紙、力、光與聲音的科學遊戲。

 科學遊戲的意義

　　對於遊戲到底是什麼，很少有一致明確的共識（段慧瑩、黃馨慧，2000）。學者對遊戲的定義可說是意見分歧，各有不同的解釋。儘管遊戲不容易下定義，但是近年來，有關遊戲的研究為數不少。

　　皮亞傑（Piaget, 1962）認為遊戲是一種行為，該行為的目的是在獲得快樂，一種無組織性的行為。皮亞傑將遊戲行為分為三類：

1. 練習性遊戲：在現代遊戲理論中，將之稱為感覺動作、熟練性遊戲。意指讓兒童練習已經存在基模中的事物。

2. 表徵性遊戲：又稱為想像性遊戲、裝扮遊戲、假裝遊戲。

3. 規則性遊戲：強調共同決定規則，活動中，競爭性質要強過合作性質。

而 Sutton-Smith（1979）指出遊戲可以分為兩大類：(1)理性的遊戲：透過遊戲場的活動與遊戲心理學的配合，在保育學校、實驗室，或受到監控的遊樂場，探究遊戲和問題解決、遊戲和創造力、遊戲和認知發展等主題的遊戲稱之；(2)非理性的遊戲：主要是指激烈的運動、賭博、打仗的遊戲等等。

國內研究方面，蔡淑苓（1993）並根據不同學者之觀點，歸納遊戲具有以下特點：

1. 遊戲是直接動機引起，動機就是遊戲，它是自由的。

2. 遊戲是美的享受、歡樂、滿足及愉悅的情緒流露。

3. 遊戲是滿足的過程，不注重結果的。

4. 遊戲是探索、表達及釋放內在自我的途徑。

5. 遊戲是幼兒將以前獲得的印象，重新組合新的世界。

至於何謂「科學遊戲」，陳惠芬（2000）根據牟中原在《動手玩科學》一書的推薦序指出，科學遊戲就是把科學活動和遊戲結合，寓教於樂，讓同學可以從遊戲中體會科學原理。而許義宗（1981）指出科學遊戲是「依物質的性質及法則，使之對科學關心，對數字產生興趣的遊戲」；由玩弄有形物，而變化出新的有形物，即為科學遊戲。蘇秀玲、謝秀月（2007）也指出科學遊戲就是希望學生邊遊戲邊體會原理，因為玩的同時也就是在實驗。簡而言之，筆者認為科學遊戲是：蘊含科學原理或科學概念的活動，能提供學生「玩科學，理解科學」的機會，而此活動的必要條件就是參與的兒童會認為「好玩」，並且有高度的意願參與。因此科學遊戲是相對的，某一活動對小朋友來說是科學遊戲，但是對於其他不同年齡的人來說，可能由於已經玩過或過於簡單，而沒有興趣參與，就不屬於科學遊戲了。

二 科學遊戲的角色與功能

　　由於科學遊戲能吸引學童的興趣，並且有其潛在的教學價值。Green（1974）指出遊戲的功能不僅在於鼓舞學生，對訊息的保留也有直接和絕對的關係。而 Trollinger（1977）認為遊戲應用於學習具有以下功能：

1. 藉由遊戲過程中，遊戲所要教導的是有價值的正確知識之使用。
2. 遊戲能夠提高學生的批判性思考和下決策的技能。
3. 對遊戲的活動參與，能夠提升學生的知識。
4. 在模仿的遊戲中，教師的角色從知識的模仿者轉變為知識的推動者、資源者（resource）。
5. 遊戲通常是真實生活情況的模型（model），可以讓學生了解未來生活的相關訊息。
6. 在學習的過程中，透過活動的參與，遊戲能激發學生的學習。
7. 遊戲是跨多元學科（multidisciplinary）的，遊戲要求在主要的訓練中，運用許多的技巧。
8. 適當結合各種遊戲，可以滿足不同課程的需求。

　　近年來坊間有不少有關科學遊戲的書籍，而與科學遊戲有高度重疊特徵的「科學競賽」也經常舉辦，包括臺灣科學教育館舉辦的「全國中小學科學展覽」，以及遠哲科學教育基金會主辦的「科學趣味競賽」等等。這些競賽活動都深富教育性、趣味性和創造性，重視激發學生間的相互合作。但是一般科學競賽活動立意雖佳，但大多屬外加式活動，不僅孤立於教學之外，也容易增加教師和少數菁英學生的負擔（林萬來，1997）。類似科學競賽之中小學科學展覽，由於過度重視名次和績效的結果，易使其徒具形式，甚而淪為教師代替學生捉刀和思考的競技活動（白清華，1999；吳綿，1995）。相對而言，科學遊戲不重視「競賽」，比較不會產生上述的弊病。

　　無論科學遊戲或科學競賽，如果沒有和教學、學習活動相互連結，不僅可能產生偏差，也無法落實鼓勵學生從事科學探究的本意，也

會造成教師額外的負擔。在強調全民科學（science for all）的前提下，科學遊戲不僅可以運用於學校的教學，協助科學教育落實在每一個學生的科學學習，也可發揮大眾科學教育的功能，例如科學博物館的科學講座、科學園遊會等，提供大眾參與科學活動與學習科學的橋樑。

目前各版本的國小自然與生活科技教科書的設計，基本上符合「活動本位」的理念，強調讓學生透過實作之後，再引介科學概念並學習科學方法與培養科學態度。但是除了教科書，教師也應廣泛應用各種資源設計科學教學，以達成九年一貫的課程彈性化、學校本位以及教師發展課程的理想。而「科學遊戲」是相當值得參考與推廣的教學資源，一方面能引發國小學童的學習興趣，另一方面也可以培養學童科學實驗、實作技能與解決問題的能力。陳忠照（2000）即指出「科學」可以啟發兒童的智慧，「遊戲」則帶來心靈的歡樂。而喜歡遊戲乃人類的天性，我們可以運用簡易又多樣性的科學遊戲，培養孩子成為一位既明理又知性的現代國民。

科學遊戲的取材與設計原則

有關科學遊戲的參考書籍或網路資料雖然不少，但是要融入教學需要經過教學者的過濾與組織，避免只是單純的引起學童興趣，而缺乏學習的內涵。筆者建議依以下步驟進行科學遊戲素材之選取與設計。

（一）科學遊戲的搜尋

首先可由圖書館或網路搜尋有關科學遊戲的資料，例如以「科學遊戲」或「科學實驗」為關鍵字，用「瀏覽」方式搜尋圖書館館藏目錄，相信可以找到不少參考書籍。在網路用搜尋引擎搜尋相同的關鍵字，也可以找到相當多的相關網站，資源可說不虞匱乏。例如，進入奇摩網站搜尋「科學遊戲」，搜尋結果可說多到看不完，而且也會出現「科學小

遊戲」、「幼兒科學遊戲」、「科學趣味遊戲」等相關詞的相關網站資料，相當的方便而豐富。

㈡ 遊戲素材的過濾

雖然科學遊戲的素材與資源相當多，但是並不是所有的題材都適合用於教學，必須經過篩選與過濾。應考慮的原則包括：

1. 器材的取得是否方便、經濟，避免需要經過訂做或是過於昂貴，以便使每位學生都能實際操作、參與。
2. 遊戲效果是否具有明顯效果，所謂「明顯效果」是指遊戲或操作的結果能引起學童的興趣。
3. 比對遊戲內容與欲達成的教學目標之關係，儘量選取與學童已經學過或將要學習的目標有關聯性的遊戲，亦即確認遊戲的教學價值。
4. 自行試驗操作，確認遊戲（操作）的可行性、安全性與效果。經過前述過程的篩選，相信能夠成為教學素材的科學遊戲。

㈢ 科學遊戲之教學設計

郭騰元（2000）以其教學經驗與研究，觀察並發現有些遊戲是古今科學玩家設計，但是小朋友對於科學遊戲的玩法跟科學家不一樣。郭騰元並且根據下列原則，設計符合學童學習的科學遊戲：

1. 能讓小朋友喜歡與驚訝。
2. 能運用簡單的科學原理解釋。
3. 製作的方法簡單。
4. 所用的材料很容易從家裡、超市、文具店或五金行中取得。
5. 容易改變或改進。

在設計科學遊戲時，首先我們應先思考教學目標（可參考十大基本能力與分段能力指標）以及教學對象具備的技能或能力，例如低年級學

生操作技能有限，不適合做複雜的操作（例如製作電動機），也不適合探討較為抽象的科學概念之遊戲（例如表面張力）。其次要思考的是遊戲的參與方式以及進行的方式，例如「找偵探（猜猜看）」是適合全班進行的解謎遊戲，「空氣砲彈」則適合小組進行的解題遊戲。接著我們必須思考遊戲進行時的規則並準備器材，例如「找偵探（猜猜看）」只能發問是／不是、對／不對等的二分法問題，玩「紙蜻蜓」時不可以往上拋。初步設計之後，教師必須先行嘗試操作，一方面熟悉操作過程，另一方面可以發現是否有事先未注意到的問題，以便修飾遊戲的進行方式或規則。

四 科學遊戲教學設計舉隅

將科學遊戲擴展為科學教學活動，必須把握的重要原則之一是必須有讓學生「動腦筋」的機會，亦即掌握主動探究或解決問題的原則，而不只是玩一玩就結束教學活動。以下舉幾個科學遊戲例子，提供教學的參考。

(一) 紙的科學遊戲：紙花

將報紙剪一個半徑約 5 公分的圓形（如圖 12-1），再將圓分為八等分，沿等分線剪小於二分之一半徑的長度，剪好後將「花瓣」往圓心內摺，成為 8 個花瓣的紙花。將紙花輕輕平放於水槽中，可以看到花瓣依序張開，類似開花的模樣。

在教學上，建議先用報紙製作好一個紙花，示範其開花現象，再說明其製作方法與注意事項，之後就讓學生自行製作與試驗（先不用說明其原理）。在學生進行完成後，讓學生分組進行比較報紙與影印紙做的紙花，其開花速度有何差別？各組操作結束後，教師引導歸納結果——報紙做的紙花開花比較快。說明原因時，建議先說明紙花的開花原理

是：毛細作用使水將紙張被彎曲的纖維回復原狀，如同彎曲的空水管在水龍頭忽然打開很大時，水管會伸直舞動的道理一樣。再利用類比的方式說明：因為影印紙比報紙厚，毛細作用比較慢，如同水龍頭的水流得很慢時，空水管不會動的道理一樣，所以影印紙的開花速度比較慢。

後續的教學可以延伸到驗證上述的「暫時性解釋——假說」，亦即驗證「影印紙的吸水速度比報紙慢」，屬於「假說—驗證」的教學。將報紙、影印紙剪成相同大小的長條狀，垂直向上，尾端再同時浸入水中，觀察水的上升速度。

此外，也可讓學生試驗「相同的紙張但是花瓣數目不同的紙花，開花速度有何差異？」或者進行創意遊戲「設計不同樣式的紙花」——例如將一層的紙花設計為二層或改變花瓣形狀等等。

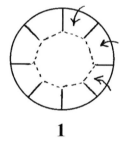
1

2

圖 12-1　紙花製作

（二）水的科學遊戲：沉浮子

在裝了水的寶特瓶中，放入用筆套（加紙黏土）或是吸管（加迴紋針）當為沉浮子，旋緊瓶蓋後（此時沉浮子是浮在水面上），用手壓寶特瓶，沉浮子就會沉下去；放鬆，沉浮子就會浮上來。其原因是：沉浮子浮在水面時，其重量與沉浮子內部的空氣所提供的浮力互相平衡，壓寶特瓶時，因為水的壓力增加，水會進入沉浮子而減少其內部空氣的體積（空氣的粒子數沒有減少），浮力因而降低，沉浮子就會沉下去；反

之，水的壓力降低時，沉浮子內部空氣的相對壓力較大，會將水擠出，使空氣體積增加，浮力也增加了。

在教學時，建議使用吸管套上迴紋針當為沉浮子的方式比較簡易且方便，使用紙黏土容易因為具有可溶性而產生浮力變化。首先教師先做好一個成品，以示範方式讓學生觀察其沉浮現象，「驚訝」的效果會相當不錯。接著說明其製作方法與注意事項，尤其要提醒學生沉浮子不可以露出水面太高，否則會發生無論如何用力都無法沉下去的狀況；換言之，沉浮子露出水面越少，越容易沉下去。

在學生已經製作並操作完成後，可以發問以下問題：

1. 慢慢用力壓，仔細觀察吸管內部（建議使用透明的吸管與寶特瓶）的水面變化，並想一想為什麼（小組討論）。教學目標為學生能仔細觀察出水會進入吸管內部，並能討論出其原因是因為水的壓力比較大。

2. 以創意競賽方式，各組比賽製作出能夠「依序」先後沉下去的沉浮子，越多順序越好。小學高年級可以設定要做出四個，低年級則 2-3 個即可。

3. 發揮想像力，製作出在沉浮過程中會「旋轉」的沉浮子。這個學習任務比較難，可以提醒學生想一想電風扇的形狀。

4. 各組討論想一想，除了吸管、筆套，還有哪些東西可以用來做沉浮子？

(三) 力的科學遊戲：重心的奧秘（適合高年級）

教學程序：

1. 情境的呈現

(1) 先口頭說明物體的平衡和「重心」有很重要的關係，例如我們常會說「重心不穩，所以跌倒」、「相撲時，為了避免跌倒，要站著還是蹲著？」——引導學生了解重心對於平衡的重要。

(2) 再說明：除了這些現象，還有很多和「重心」有關的有趣現象

喔。首先來看（拿出木板、鐵鎚，如下圖 12-2），這一邊的木
板會垂下來（來回撥動右邊垂下來的木板）。

(3)說明因為這個木板有重量，所以都會垂下來。現在如果我們把
鐵鎚掛上去（指著木板上的繩子），問：有沒有增加重量？再
問：重量增加是不是更容易垂下來呢？（每次問完等待約 2、3
秒）。到底會不會垂下來呢？讓學生想一想——我們預期應該
會猜測垂下來。

2.異常現象的呈現

掛上鐵鎚後鬆手，舉高，讓學生看到木板與鐵鎚並沒有垂下來。
（如下圖 12-3）

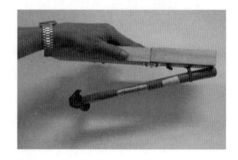

 12-2　　　　　　　　圖 12-3

3.科學原理或概念的說明

因為重心移動到左邊的木板的下方，而該木板有手拿著（支
撐），所以右邊的木板不會垂下來。

4.科學概念的延伸與應用

(1)接著是鐵鎚綁在鐵尺，架在椅子上的操作（如下圖 12-4）。口
頭說明：接著我們再示範另一個奇妙的平衡（拿出道具），這
裡是鐵鎚掛在一根尺上，現在我們把它架在椅子上，會不會掉

下來呢？手先不要放，等學生有所反應或猜測，再放開手，確定大家都看到後，再說明因為重心的位置在支點（與椅子的接觸點）的下方，所以不會掉下來。

(2) 其次是兩手在直尺的移動（如下圖 12-5），先讓觀眾猜一猜：兩手同時往中間移動，木條是一定掉下來、不一定，還是一定不會掉下來？猜測完，再說明：我們現在來試試看（可以請學生出來操作）。操作完（尺不會掉下來，兩手可以移動到尺的重心位置），再解釋原理。

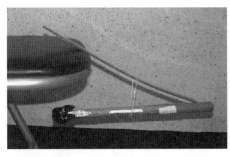
圖 12-4

圖 12-5

(四) 光的科學遊戲：消失的杯子（適合中高年級）

器材：大小杯子各一個

1. 操作步驟

(1) 將小杯子放入大杯子中，從外觀可以看到大杯子中有小杯子。（圖 12-6）

(2) 將水慢慢倒入大杯子中，仔細觀察（從杯子前方觀察），大杯子中的小杯子是不是消失不見了？（圖 12-7）

 12-6　　　　　　　　　　　　圖 12-7

2. 注意事項

想要讓小杯子消失不見，大杯子與小杯子的大小差異不能太多，如果大杯子太大（或小杯子太小），倒水之後，還是看得到小杯子。而倒水到大杯子時，剛好淹滿小杯子即可，以免還是可以看到小杯子的上緣（杯口）。

這個遊戲可以結合「數字魔法秀」，讓學生了解「折射」的原理。指導小朋友時，可以讓小朋友想一想，為什麼杯子的大小不能相差太多？

3. 原理

光由空氣進入水中，或是由水進入空氣，都會發生「折射」。當小杯子的光線由水中進入空氣時，我們看到的杯子影像如圖 12-8，會比原來的位置更靠外側，如果大杯子的距離比較近，就可以擋住這個影像，看不到了。

如果大杯子太大，沒有擋住小杯子的影像，看到的小杯子就會變大了，如圖 12-9。

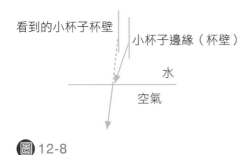

看到的小杯子杯壁

小杯子邊緣（杯壁）

水

空氣

圖 12-8

圖 12-9

（五）聲音的科學遊戲：紙砲（適合低年級以上）

器材：影印紙或圖畫紙、剪刀

1.操作步驟

（1）單發砲

依照圖 12-10 與下列步驟，摺出單發的紙砲。

①把長方形的紙張較長的一邊對摺後打開。（圖 12-10.1）

②將四個角沿著步驟 1 所摺出的中線往內摺，形成二個梯形的六角形。（圖 12-10.2）

③將六角形的紙張向內摺對齊，外觀是一個梯形。（圖 12-10.3）

④把左右兩邊的角沿著中線往下摺。（圖 12-10.4）

⑤再把紙往後摺，外觀形成一個三角形（圖 12-10.5），紙砲就完成了。

⑥抓緊紙砲的兩個尖角部分（圖 12-10.6），用力往下甩，紙張就突出而發出很大的聲響。

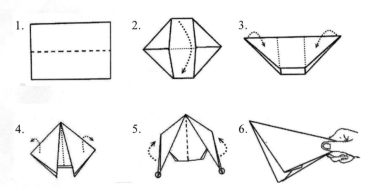

圖 12-10.1-6

(2) 雙發砲

依照圖 12-11 與下列步驟,摺出雙發的紙砲

①如圖 12-10 的步驟 2 摺出二個梯形的六角形。(圖 12-11.1)

②再左右對摺,形成一個五邊形。(圖 12-11.2)

③將五邊形的下方打開後(圖 12-11.3)再對摺;形成圖 12-11.4。

④將圖 12-11.4 的上方打開後(圖 12-11.5)再對摺(如同步驟 3),外觀成為四邊形。(圖 12-11.6)

⑤將圖 12-11.6 上下對摺,雙發紙砲就完成了。(圖 12-11.7)

⑥抓緊圖 12-11.7 左側上方的尖角部分,用力往下甩,紙張就突出二發的紙砲了。

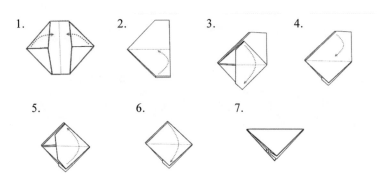

圖 12-11.1-7

2. 注意事項

建議用先用報紙製作，比較容易發出爆裂聲，完成後再指導小朋友用同樣大小影印紙再製作一次，並比較二者發出的聲響有何差別，為什麼呢？（以相同的力量而言，報紙的聲響比影印紙大聲）

3. 原理

用手抓緊紙炮用力往下甩時，內摺的紙張被空氣壓迫衝出來，因為紙張迅速張開壓迫空氣，瞬間產生震動，因而會發出巨大的爆裂聲。如果紙張衝擊空氣的速度越快，聲響就越大聲，因此越用力甩紙砲，就越大聲。而在相同的力量時，報紙比影印紙薄，衝擊空氣的速度會更快，因此報紙就比影印紙大聲。

課後作業

1. 蒐集網路或書籍有關科學遊戲的資料，挑選一個或數個你有興趣的科學遊戲，設計為一個單元的教學（包含教學目標、教學年級、節數與教學程序等），並說明你的設計理念與教學方法。

2. 搜尋國內與科學遊戲或趣味科學實驗相關的網站，你發現了幾個？你覺得最有參考價值的網站是哪些？適合國小學生參考的又有哪些？

參考資料

中文部分

白清華（1999）。杜絕教師或家長捉刀，科展遴選代表現場比賽。**中國時報**，1月11日，第15版。

吳綿（1995）。如何輔導學生從事科學研習活動。**師友**，9，80-82。

林家蓉譯（2000）。*365 個簡單有趣的科學遊戲*。臺北：方智出版社。

段慧瑩、黃馨慧（2000）。不只是遊戲：兒童遊戲的角色與地位。臺北：心理出版社。

施雯黛譯（2000）。*77 個簡易好玩的科學魔術*。臺北：方智出版社。

許良榮（2004）。從科學遊戲到科學教學。**國教輔導**，*44 (2)*，6-11。

許良榮（2009a）。科學遊戲之教學設計與科學展覽應用。**科學教育月刊**，*316*，43-48。

許良榮（2009b）。**玩出創意**：*120 個創新科學遊戲*。臺北：書泉出版社。

許良榮、吳筱婷（2007）。科普活動設計經驗談：以「泡泡世界」為例。**科學教育月刊**，*296*，33-41。

許義宗（1981）。**幼兒科學遊戲**。臺北：理科出版社。

陳忠照（2000）。圓一個快樂童年的夢——親子科學遊戲的實施。**國民教育**，*5*，26-32。

陳惠芬（2000）。「科學趣味競賽」引入國小教學活動成效研究——以水火箭之學習環模組為例。國立臺中師範學院自然科學教育研究所碩士論文，未出版，臺中市。

郭騰元（2000）。**創意的科學玩具**。臺北：牛頓開發有限公司。

蔡淑芬（1993）。遊戲理論與應用。**臺南家專學報**，*12*，151-174。

蘇秀玲、謝秀月（2007）。科學遊戲融入國小自然科教學學童科學態度之研究。**課程與教學季刊**，*10 (1)*，111-129。

英文部分

Green, V. A. (1974). *To determine the effectiveness of board game simulations in the grade five social studies program. Final report 80-7*. British Columbia: Educational Research Inst. of British Columbia.

Piaget, J. (1962). *Play, dreams, and imitation in child-hood*. New York: Norton.

Sutton-Smith, B. (1979). Play as metaperformance. In B. Sutton-Smith (Ed.), *Play and learning* (pp.335-358). New York: Gardner Press.

Trollinger, I. R. (1977). *A study of the use of simulation games as a teaching technique with varying achievement groups in a high school biology classroom*. Unpublished doctoral dissertation. Chapel Hill: The University of North Carolina.

第 *13* 章

科學學習評量

靳知勤

本章概觀

一、科學學習評量的基本意義
　　1.評量在學校教育裡扮演重要的角色，是提供有關課程教學和學生學習發展的決定依據。
　　2.目前知識本質觀的轉變，建構主義和動態評量等理論持教師與學生應在知識的建構中互動，使得教學、學習和評量的理念和以往有所不同。

二、評量設計的理念與做法
　　1.「成就測驗」偏重知識，編製的做法包括：發展雙向細目表、各種題目（客觀試題和主觀試題）的編製原則，以及分析與評鑑試題品質的方式（難度、鑑別度、信度和效度）。
　　2.「創造思考測驗」和「概念構圖」注重思考和認知過程。

三、形成性評量
　　1.在教學過程中，形成性評量可了解學生的學習狀況和教師教學的可能缺失，屬於回饋式的評量過程。
　　2.形成性評量需要提供教師和學生依據（建立評量的規準），最常使用的方式為實作評量和學習歷程檔案評量。

　　科學學習評量在科學教育中扮演重要的角色，其中在一般學校裡的科學學科「成就」測驗，較著重於科學概念與知識的了解；另外還有像是國內外的大規模學生評量（例：PISA、TIMSS、TASA），和科學學科「形成性」評量，則較注重形成科學議題、邏輯思考、科學舉證、創造思考等「能力」。本章包括三部分：首先介紹科學學習評量的基本意義，其次簡介評量設計的理念與做法，最後介紹形成性評量的理念與範例。

一　科學學習評量的基本意義

　　想要進行科學學習評量，首先必須針對評量的定義加以明確敘述，有鑑於評量的定義和架構的重要性，將分別從評量的角色、學習者

與教學者在知識形成中的互動兩方面來探討。

(一) 評量的角色

評量（Assessment）是指一系列有系統的、科學的和專業的過程，在此過程中可提供評估教學決策（課程設計或教學方法）是否有其價值的具體資料，而這些資料除了包括成績的等第之外，還有事實描述、記錄、報告等（鄭湧涇，2009b）。

盧玉玲和連啟瑞（2006）提出評量至少需考量的五項因素：(1)評量的目的：為何需要進行此評量，應著重在了解課程或學生在該科之學習引導或學習表現；(2)評量的對象：此評量要評測的是誰；(3)評量的向度：根據評量目的與對象決定在此範圍中哪些是重點，文獻顯示評量的向度則應該傾向多元思考和操作能力，非僅偏重在記憶了解之檢驗（Linn & Gronlund, 1995; Shavelson, Baxter, & Pine, 1992; Stiggins, 1994）；(4)選用適當的評量工具：評量工具一般採用菁英審查、檢核、訪談、調查等方式進行，但這些形式存在專業主觀與客觀量尺間的平衡問題；(5)評量結果的意義。

教師對學生所進行的教學結果，可能因不同的教學情況和目的而異，而教師如何在不同學習情境下，經由不同的評量工具（筆試、口試、觀察、師生對話）所產生的評量結果，進而對學生的學習成就做出整合性的價值評判，這是學校教育和教育研究者所當深思的課題（羅豪章，2002）。

在現今之教學現場中，「評量」所發揮的重要目的，除了幫助學生了解自己的學習狀況，調整自我學習的進度外，還能幫助教師了解自己教學的成效，並診斷及協助學生克服學習上的困難；進而可以對整體的教學活動進行反思與修正，還能激勵教師與學生持續進步（周惠民、林陳涌、任宗浩、李哲迪，2007；陳惠邦，2000；Davis, 2000）。因此，評量的重要性不僅是針對學生學習成果做判斷而已，並且會直接影響教師的教學與學生的學習（謝祥宏、龍麟如、段曉林，2004）。

Airasian 和 Madaus（1972）就根據評量在教學現場中依序使用的順序，將評量分類如下：

1. 安置性評量（placement assessment）：是在教學前為了解學生對學習新知識應具備之基本條件的評量。通常所關心的問題包括：是否已具備學習新科目所需的基本知識技能？有哪些知識與能力是已經熟知的？

2. 形成性評量（formative assessment）：多半用於教學的歷程中，目的是監控學習進度，提供教師與學生回饋。評量具有能夠確認學生學會什麼、未學會什麼及有什麼學習困難的角色（Gipps & Murphy, 1994）。

3. 診斷性評量（diasnosfle assessment）：多半是在形成性評量之後所實施的評量，目的是對經常表現學習困難的學生確定其學習困難的原因。此時所關心的是持續的或重複的學習困難，這些困難是形成性評量無法解決的。

4. 總結性評量（summative assessment）：用以評估教學結束時的成就。為了解教學目標達到的程度、學生學習經熟的情況，以及評定成績等級，經常在學習告一段落之後實施，稱為總結性評量。

由於教學策略會因環境和對象的不同而改變，因此評量應是連續的過程，讓教學者經由學習者對評量的回應，來獲得具體資料以隨時作為教學上的修正，是以，評量實為任一教育實施過程中相當重要的一環（鄭湧涇，2009b）。

（二）學習者與教學者在知識形成中的互動

傳統上以教師為中心的講述教學法為主，此教學法認為知識是客觀的，可毫無偏差地傳遞給學生（郭重吉，1992）。故在這種教學理念下，評量的內容就是強調記憶與反覆練習，而這樣的評量觀點也反映出以實證主義和行為學派的學習取向，但隨著目前對知識的本質和學習觀

點的轉變，使得教學、學習和評量的理念和以往有所不同（張文華、郭重吉，1995）。

以往對於評量觀點，傾向於實證主義的知識論，認為知識是客觀獨立存在的，因而評量強調以客觀和量化的方式來測量，重視評量結果的客觀性與權威性。然而，建構主義的觀點認為知識是個體建構而成的，主張學習是學生自己主動建構知識，評量目標則改變以往著重片段知識的記憶，轉而強調問題解決能力、思考能力、注重過程而非內容，以及師生及同儕參與的評量（吳毓瑩，1996；謝祥宏、段曉林，2001；Cunningham, 1998；McGhee, 1998）。根據建構主義的主張，評量與學習過程應是融合的、動態的，是不斷重新建構並達到共識的過程。而參與評量的人員和評量內容為了獲得更深更廣的結果，不能永遠一成不變（張文華、郭重吉，1995）。

此外，近年來在心理與教育評量界興起的動態評量（dynamic assessment）則是能提供個體中介協助，有別於一般紙筆測驗的評量方式，老師以「測驗—介入—再測驗」形式，對兒童的一般認知能力或特定學科領域進行持續性學習的評量。其目的在於透過互動過程來測試並促進個體的學習潛能（learning potential），著重學習歷程或認知改變（耿筱曾、陳淑蓉，2005）。可見動態評量是結合教學與診斷於一體，在評量進行中教學者與被評量者的關係是互動的，教學者不斷的在教學中做診斷，也在不斷的在診斷中做教學（許家驊、邱上真、張新仁，2003）。

舉例來說：耿筱曾、蕭建嘉（2002）的研究就結合了動態評量和建構主義的策略——概念圖的技巧，來探討國小六年級學童學習「地球的運動」之概念改變情形。研究方法是將學童未經教學的概念圖在初步完成後先與專家概念圖做比較，以確定學童的先備概念並進一步探討學童的另有架構及迷思概念。之後研究者先施測所設計的前測診斷性評量，再融入建構主義精神的教學活動及 CMDA 流程的教學（Concept Mapping with Dynamic Assessment，概念構圖與動態評量兩者在理念上具一致性與互補性，成為可相互融合的教學模式）。之後，實施後測診斷性評量。在這段期間全班也同時參與三次概念構圖的評量，並選取

其中 8 名進行三次晤談，以隨時了解學生認知情況的變化。在上述的例子裡，教師提供學生具有結構性的特定學習領域情境和教學提示，而教師的評量程序是以「前測——教學支持——後測」的方式來進行。老師需要透過學習單和提示來建立學生的知識，教師的角色只是協助性的教學，而非灌輸性的教導，因此教師需要藉由評量去了解學生在概念上的改變，由此可見，評量在建構知識當中扮演的重要性。

 ## 評量設計的理念與做法

教師需熟悉各種評量的基本理念與做法，以至於在面對無論是科學成就測驗、創造思考測驗、概念圖、寫作／作業或作品等各樣評量方式時，都能保持其評量過程中的良好品質與鑑別度。

(一) 科學成就測驗

為了解學生的學習成就情形，很多學校或老師會發展成就測驗與評量，可見成就測驗在學校教育中扮演重要的角色，而其中的關鍵就是在於評量工具的選用。因此，在實施成就測驗時，如何選擇與製作工具是最重要的。也就是說，在決定評量學生的學習成就之前，應先了解各種測驗工具的特徵及製作過程，其編製測驗工具的過程如下（陳英豪、吳裕益，2001；Linn & Gronlund，1995／鄒慧英譯，2003）：

1. 設計雙向細目表

在編試題以前，要先編製「雙向細目表」（two-way specification）。雙向細目表的目的在於列出各科評量內容所占的比例，以確保能夠評量出有效的學習結果。雙向細目表包含兩個部分：「教學目標」與「教材概念內容」。首先，要確定教學目標，因為教學目標與評量功能和試題的範圍有關。其次是分析教材概念內容，要根據課程的標準或教科書的內容，將教學重點和比例列出。在編制時，將教

學目標置於表格的上方（欄），教材概念內容置於表格的左方（列），按照教材概念內容的重要性，分配每一個方格內的題數比重，最後就完成雙向細目表（見表 13-1）。

表13-1 植物繁殖專題評量之雙向細目表

概念內容	目標			小計（題）	總計（題）
	知識記憶	理解應用	批判思考		
植物繁殖的目的	121	101		2	
植物繁殖的生長方式	103、104、105、108、109、111、119、120、122、211、212、213、214、215	102、106、107、117	112	19	34
植物繁殖的傳播方式		110	221、222、223、224、225	6	
研究植物繁殖的方法	113、230		123	3	
環境與植物生存關係	114	116、115、118		4	
評量的百分比	52.9%	26.5%	20.6%	100%	

註：格內之數字為測驗之題號。題號為三位數，第一位表示第幾大題；後二位表示該大題中的第幾小題。

資料來源：吳青宜（2004，頁 57-58）

2. 題目編製

在學習成就的評量上，我們應根據評量目標和內容來選擇要使用何種題型的評量。因此，評量時就應先決定要使用的是「主觀型試題」（subjective item）或是「客觀型試題」（objective item）。主觀型試題包括：問答題、申論題和解釋名詞等，而客觀型試題則包括：是非

題、選擇題、配合題等；至於題目編製原則會在「寫作、作業或作品」和「試題評鑑實作」做更詳細的介紹。

3. 測驗的分析

我們的測驗是否具有良好的品質呢？這個問題是教師在編製或選用測驗工具時最需要去關注的，而良好的測驗品質則要從難度（difficulty）、鑑別度（discrimination）、信度（reliability）和效度（validity）四方面來看。

(1) 項目分析（**item analysis**）：難度和鑑別度。

①定義：項目分析（item analysis），又稱為題目分析。不管是何種測驗都是由多個題目所組成，因此應該從測驗的每一個題目開始檢驗其信效度。

②內容：項目分析時，通常要考慮以下的兩個數值：

a. 題目的難度

試題的難度一般以受試者答對的百分比來表示，以公式來表示：P（試題難度）= R（該題答對的人數）/N（全體人數）。P 值越大，表示通過的百分比越高，也就等於題目越容易，而難度以接近 .5 為佳。另一種算出難度的方法，是先將高分組在該題答對的百分比加上低分組在該題答對的百分比，得出結果後再除以二，以公式來表示：P（試題難度）= (P_H（高分組答對該題的百分比）+ P_L（低分組答對該題的百分比）)/2。而決定高低分組的方法，就是將學生的總分依高低排序後，取前面 27% 為高分組，和取後面 27% 為低分組。

例如：在 100 位學生當中，被選為高低分組的各有 27 人，其中高分組有 22 人答對第一題（P_H = 22/27 = .81），低分組有 9 人答對第一題（P_L = 9/27 = .33），則第一題的難度為：P = (.81 + .33)/ 2 = .57。

b. 題目的鑑別度

題目的鑑別度指數不受樣本大小影響，可以獨立解釋。鑑別度就是將高低組通過的每一題人數的百分比相減，以公式來表示：D（鑑別度）= P_H（高分組答對該題的百分比）－P_L（低分組答對該題的百分比）。鑑別度一般以 D 來表示，D 值介於 1.00--1.00 之間，而 D 值越

高則表示鑑別度越好。例如：以上題計算難度的數值來計算，則第一題的鑑別度為：D = .81 － .33 = .48。

Eble 和 Frisbie（1979）提出鑑別度的評鑑標準：當鑑別度在 0.40 以上時，試題屬於非常優良；當鑑別度在 0.30-0.39 時，試題屬於優良，但可能需要修改；當鑑別度在 0.20-0.29 時，試題屬於尚可，但通常需要修改；當鑑別度 0.19 以下時，試題屬於劣等，需要刪除。

(2) 信度（reliability）和效度（validity）分析

①信度

a.定義：信度是指測驗的一致性（consistency）。當同一個受試者在不同的時間內，用相同的測驗測量，或用複本測驗測量，或在不同的情境下測量，均得到一致的結果，即所謂信度。兩次的測驗結果均相同，表示該測驗具有穩定性（stability）、可靠性（dependability）與可預測性（predictability）。

b.內涵：信度是統計上的邏輯概念，測驗的信度越高越好；信度會受情境因素的影響，不一定總是一致；心理與教育測驗由於無法直接測量，因此信度較自然科學為低。

c.方法：估計信度常用的方法包括重測信度、複本信度、內部一致性信度、評分者信度。

②效度

a.定義：效度是指測驗的正確性，也就是能夠測量出所要測量內容或特質的程度，或是測驗能夠達到某種目的的程度。

b.內涵：效度是測驗最重要的特徵，缺乏效度的測驗是沒有應用價值的。效度是程度的差別，並非全有或全無；效度的判斷依據測驗分數的使用目的而定；效度須由其他資料來推論，無法直接測量；應依據使用的目的來選用適切的效度資料。

c.方法：效度的種類可以分為三種，包括「內容效度」（content validity），指測驗內容的代表性或取樣的適切性；「效標關聯效度」（criterion-related validity），指測驗分數與一些外在效標間的關係；「構念效度」（construct validity），指測驗能夠測量到理論上的構念或特質的程度。

4. 大規模評量與小規模評量

通常小規模的評量是指那些範圍較小，大多是在班級或學校裡，由教師自行編製和施測的測驗（例如：學校出的全校性考試，包括段考、週考和小考等）；而大規模的評量，通常像是地方、國家級或國際間的評量，經由專家設計並在標準情境下施測、計分和解釋的測驗（例如：國中基測、大學學測、PISA、TIMSS、TASA 等）。小型規模的評量較為我們所熟悉，因此以下來探討部分的大規模學習成就評量。

(1) 國際性學生評量計畫（PISA）

PISA 為「國際性學生評量計畫」（Program for International Student Assessment）的簡稱，第一階段的跨國性報告於 2001 年提出。PISA 屬於 OECD 組織內跨國性的研究，是一種國際性的標準評量，施測對象主要為 OECD 組織會員國的學生，受測學生的年齡為 15 足歲未滿 16 歲。評量的內容包括三個部分：閱讀、數學和科學，其中以數學和科學為主的評量，已經在 2003 年與 2006 年完成。而 PISA 所使用的評量方法主要為紙筆測驗，但這並不表示 PISA 只重視紙筆測驗，PISA 對於學生是否能將所學的知識和技能運用在日常生活當中是非常重視的（王瑞壎，2002）。

(2) 國際數學與科學教育成就趨勢調查（TIMSS）

自 1990 年，國際教育學習成就調查委員會（The International Association for the Evaluation of Education Achievement, IEA）開始推動進行「第三次國際數學與科學教育成就研究」（Third International Mathematics and Science Study, TIMSS）。IEA 之所以主辦國際間的數學與科學教育成就調查研究之比較分析，其目的在於要了解各國學生在數學和科學學習成就上，與各國的文化背景、教育環境等影響因素之相關性。IEA 計畫每四年辦理一次國際數學與科學教育成就研究，並且已改名為「國際數學與科學教育成就趨勢調查」（Trends in International Mathematics and Science Study, TIMSS ）。

我國是自 TIMSS 1999 開始參加此國際性的調查研究，TIMSS1999 可視為 TIMSS 的後續調查研究（稱為 TIMSS REPEAT, TIMSS-R），其

研究對象為國二學生（約 13 歲）（羅珮華，2000）。而 TIMSS 2003 和 TIMSS 2007 的調查對象均為國小四年級與八年級（國中二年級）學生，主要是在於評估學生的數學與科學學習成就，以及了解學生是否能掌握參與社會所需的知識與技能（TIMSS 2007, 2009）。

(3)臺灣學生學習成就評量資料庫（TASA）

有鑑於國外已建立許多學習成就評量的資料庫，我國教育部於 2004 年核定國家教育研究院籌備處，建立臺灣學生學習成就評量資料庫（Taiwan Assessment of Student Achievement, TASA）。TASA 主要在探討趨勢研究，研究對象包括國小、國中和高中（職）等階段的學生。資料庫以不同的學科（國文、英文、數學、自然與社會）來建立，再依各學科領域的教育階段分為國小四年級、國小六年級、國中二年級和高中（職）二年級。TASA 依據國民中小學九年一貫課程綱要及高中（職）課程綱要，並參考教科書的內容及國際上學習成就資料庫的試題，來發展成為標準化成就測驗工具（曾建銘、陳清溪，2008）。

（二）創造思考測驗

1.定義

大致上，創造力的本質可以分為：流暢力、變通力、獨創力和精密力，由此可見創造力是具有多面性的（multi-faceted）（潘裕豐，2009）。Torrence（1988）認為「創造思考」是個體能覺察到資訊中的問題和錯誤，並對這些錯誤提出假設，經由評估及測試這些假設，以及重新修正和檢驗之後，以完成最後的結果。另外，Cropley（2001）對創造思考的過程定義如下：(1)「選擇」（selecting）：要從眾多可用的訊息當中做出抉擇；(2)「建立關聯」（relating）：將新訊息和已知的舊訊息建立關係；(3)「組合」（combining）：將新舊訊息融合成新的組合；(4)「評估」（evaluting）：檢核新產生的訊息組合；(5)「選擇性保留」（selectively retaining）：建立與保留成功的組合；(6)「交流」（communicating）：和其他人交流與分享結果。

2. 內涵

從認知觀點來看，有學者認為有兩種思考形式——收斂性思考（convergent thinking）和發散性思考（divergent thinking）——與創造思考有關。美國心理學家 J. P. Guilford 在 1967 年提出發散性思考的四個構成要素（component）：(1)流暢性（fluency）：能夠在短時間內，對某一概念表達出大量的觀點和數量；(2)變通性（flexibility）：思考問題時具備多元化的角度；(3)獨創性（originality）：在問題解決和想法上獨一無二；(4)精密性（elaboration）：對事物的具體細節可以想像與描述出來（何偉雲，2004）。

3. 工具

「創造思考」自 1950 年由 Guilford 提倡，從此開啟了創造力的研究與評量，但真正發展創造思考評量工具的學者則是 Torrance（Torrance, 1966）。Guilford 和 Torrance 等人編著的創造力測驗工具（Guilford's Structure of the Intellect〔SOI〕及 Torrance's Tests of Creative Thinking〔TTCT〕）已被廣泛使用，他們也成為創造力心理測量學派的代表（何偉雲、葉錦燈，2003）。

由於創造力的概念複雜，各家學者的定義也分歧，因此在定義公認的評量工具上有難度。但 Hocevar 和 Bachelor（1989）將大部分創的造力評量工具分成八大類，分別為：(1)擴散思考測驗；(2)人格量表；(3)態度和興趣量表；(4)他人評量；(5)傳記量表；(6)名人研究；(7)自我陳述的創造性活動或成就；(8)產品或成果評量（孫春在，2006），以下為創造力評量工具的分類內容（見表 13-2）：

表13-2 創造力評量工具分類表

類別	內容
1.擴散思考測驗	以 Guilford 智力結構論為基礎,主要是在了解個體在創造思考的發散過程。評分指標為:流暢力、變通力、獨創力以及精進力等。
2.人格量表	基礎理念為創造力是一組人格特質的理念。
3.態度與興趣量表	個體所展現的態度和興趣有助於創造力的運作與激發。
4.他人評量	透過教師、同伴或是視導者進行評量的工具,通常由提供一些行為特質的參考標準,讓評定者來評判個體創造力的高低。
5.傳記量表	個體的創造力表現為過去經驗所影響。
6.名人研究	針對一些富有創造力或成就的名人進行分析,通常其分析內容包括當時的社會與家庭環境、個人的人格特質和日常生活習慣、創造歷程和產品特色等。
7.自我陳述的創造性活動或成就	透過個體對於創造活動及成就的自我報告可了解其創造經驗的產生。
8.產品或成果評量	透過創造力產品(如作品、檔案)來評量創造力的表現。

註:引自創造力評量學術網站 http://singhhpp.myweb.hinet.net/

範例13-1:科學創造力測驗題目

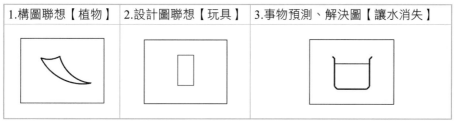

1.構圖聯想【植物】	2.設計圖聯想【玩具】	3.事物預測、解決圖【讓水消失】

註:本測驗圖形分成三種聯想圖形:1.構圖:受試者利用題本上未完成之線段,加上線條完成有意義的圖畫;2.設計圖:受試者利用題本上之圖形,畫出自行設計之玩具;3.事物預測、解決圖:受試者利用題本上之事物,畫上題目所需之解答。

資料來源:引自吳文龍和黃萬居(2007,頁 20)

（三）概念圖

1. 定義

　　根據奧斯貝爾（Ausubel）的理論，Novak（1984）發展出的概念圖（concept mapping），現今被研究者廣泛用於科學教育的課程、教學與評量（張子超、楊冠政，1997）。概念圖以畫出的命題（proposition）來表示概念間的關係，由於概念圖可以清楚呈現概念間的關係，故作為教學工具是非常有效的（Novak & Gowin, 1984）。教師可以從概念圖中了解學生的知識架構，因此，概念圖可以是教師的評量方法，也可以成為學生的學習策略（林達森，2004）。

2. 內涵與形式

　　概念圖包含四個部分（Novak & Gowin, 1984）：

(1) 概念間的連接詞（relation link）：是指將兩個概念連結起來的連接詞。在評分時，模糊或錯誤的連接詞不給分，只針對有意義的連接詞計分。

(2) 階層（hierarchy）：在概念圖的位置分布上，排在上層的屬於一般性概念（例：溫室效應），較特殊、具體的概念排在下層（例：冰山融化）。評分時只針對有意義的階層關係計分，並給予 3 至 10 倍正確的「概念間的連接詞」分數。

(3) 交叉連結（crosslink）：某一階層的一部分與另一階層的某部分有連結，正確的交叉連結給予 2 至 3 倍正確的「階層」分數。

(4) 舉例：學生能針對某概念，提出正確具代表性的例子，並能夠標示清楚的連結關係時，就給予正確的「交叉連結」分數。更詳細的計分方式可以參考其他研究者的補充和說明（余民寧，2003；林達森，2003；Markham, Mintzes, & Jones, 1994）。

　　概念圖分為階層式概念圖和網狀式概念圖兩種形式，首先要介紹的是由 Novak（1981）所提出，為目前大多數的研究所使用的「階層式概念圖」（如圖 13-1）；「階層式概念圖」是將與主題相關的概念以階層

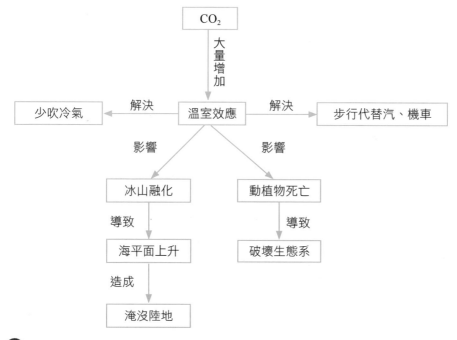

圖 13-1 溫室效應階層式概念圖

方式來排列,排列的原則如上所述,是由一般性的概念排到特殊性、具體性的概念。再來要介紹的是,由 Stuart 於 1983 年所提出的「網狀式概念圖」(如圖 13-2);「網狀式概念圖」是將最關鍵的重要概念置於中央的位置,一樣以一般性的概念排到特殊性、具體性的概念排列,只是是以放射狀的排列方式繪出(Stuart, 1985)。

　　圖 13-2 是某位學生對於「溫室效應」的網狀式概念圖,此圖可以反映出學生目前對溫室效應的認知概念和架構,從中我們也可以發現學生對於溫室效應的迷思概念。由此可見,概念圖的確可清楚的評量出學生的學習結果和成效,是一個有效的評量工具。現在,給大家一個小作業,請大家根據圖 13-2 所呈現的「溫室效應」概念,寫出這位學生出現了哪些不正確的概念?

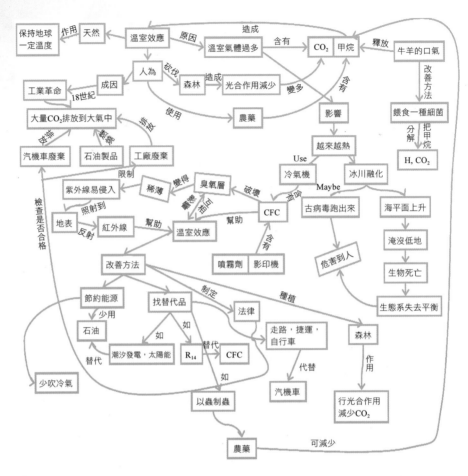

圖 13-2　溫室效應網狀式概念圖

註：R_{14}，又稱為四氟甲烷、四氟化碳及 Freon-14，四氟甲烷是一種造成溫室效應
　　的氣體，它非常穩定，可以長時間停留在大氣層中，是一種非常強大的溫室氣
　　體。CFC（Chloro Fluoro Carbon），又稱氯氟碳化合物，因為低活躍性、不易
　　燃燒及無毒，因此被廣泛使用於日常生活中（例：冷媒），但會對臭氧層造成
　　破壞。

3. 如何製作概念圖

　　要引導學生製作概念圖，首先要建立學生的動機與信心，而概念圖
的結構沒有限制，是根據不同概念的特質和學生而定的。以下是教師如

何在課堂中指導學生製作概念圖的步驟（林柏青，2008）：

(1) 從小範圍開始練習

剛開始先讓學生以小範圍（章）開始練習，一開始的範圍大約為 A4 紙大小，全部的概念不要超過 15 個以上。此時的目標是讓學生能夠找出關鍵詞或關鍵概念，並要學習思考哪一個是最主要的概念，而哪一些概念是附屬於這個主要概念之下。此時概念與概念間的連結關係，先不要求學生標示的非常精準。

(2) 建立學生的動機與信心

學習每章的概念後，需要給學生一段時間吸收，並教導學生使用電腦軟體（Word、PowerPoint）畫出自己的概念圖。在這段期間，老師還要協助學生如何在一張 A4 紙空間中，放置每個概念分布的適當位置，並提供建議引導學生修正連接詞。

(3) 引導學生運用適當的連接詞

此時要讓學生運用更適當和正確的連接詞，了解自己的概念應該要如何分類，以及了解概念間的階層關係是如何，例如：使用「解決」、「包含」之類的字詞當作連接詞。連接詞不需要太嚴謹的定義，需要的是口語化的簡單引導。

(4) 展示與解說

最後是展示概念圖，讓全班學生彼此觀摩，使學生了解什麼是好的概念圖，並請同學上臺解說自己的概念圖。

(四) 寫作、作業或作品

有些重要且複雜的學習結果（形成問題、組織整合能力、寫作表達、評鑑想法與創造力），最好能使用開放式的申論題或實作評量來測量（鄭湧涇，2009a）。在這裡，我們會先探討申論題的評量方式，而實作評量（包括蒐集訊息、口頭報告、實驗、操作儀器等）則會在「實作評量」裡討論；另外像是有系統的蒐集學生作品成為檔案評量，也會在「科學學習歷程檔案評量」裡討論。

1. 申論題的型式

申論題可分成兩種類型，限制式反應題和延展式反應題（作業）：

(1) 限制式反應題

限制式反應題通常會在內容上有所限制，回答的範圍會受限於所要討論的主題範圍，而限制一般會在問題中說明（例：為何近年來南極的冰帽開始大量溶化？請簡述之）。

(2) 延展式反應題（作業）

延展式反應題則是讓學生選擇他們認為與題目有關的所有訊息，再根據學生自己的判斷來組織答案，像是設計一個實驗或是撰寫一篇小論文（例：寫一篇對達爾文物種原始理論的科學評鑑，包括支持你論述的科學觀察）。

2. 申論題之製作原則

(1) 當客觀試題無法測量出學生複雜的學習結果時，才使用申論題來評量。

(2) 在問題中明確清楚的陳述問題，使學生知道回答的範圍。

　　不良範例：鮭魚為什麼逆流而上？

　　較佳範例：試列舉三種解釋為什麼鮭魚逆流而上的原因和理由。

(3) 讓學生有充分作答的時間，並註明回答該題所需的時間和分數。

　　範例：「說明影響全球暖化的四種環境因素。」（8分鐘；8分）

(4) 不允許學生選題作答，例如四題選三題回答，因為會影響試題效度。

(5) 評分標準應事先詳細說明，才能測量到明確的學習結果。

(五) 試題評鑑實作

編製試題時，要如何評鑑試題的品質好壞呢？在選擇客觀型試題時須注意兩點，首先是要考慮學習結果的性質，每種學習結果都有其最適合的測量題型；其次是要考慮試題的品質，若所有的條件均相等，則以選擇題的品質最佳。以下將詳細討論客觀型試題的編製方法（陳英豪、吳裕益，2001；鄭湧涇，2009a）：

1. 選擇題之製作原則

選擇題是由一個「題幹」（stem）與幾個「選項」（alternatives）所組成，「題幹」可由「直接問句」（direct question）（例：下列哪種原因是導致全球暖化的結果？）或「不完全的敘述句（incomplete statement）」（例：可用來解釋全球暖化的原因是）組成，而「選項」包括一項「標準答案」（answer）和幾項「誘答」（distracters）。其製作原則如下：

(1) 題幹本身應是有意義的句子，且呈現一個明確的問題。

不良範例：全球暖化？

較佳範例：下列何者為造成全球暖化的原因？

(2) 題幹應儘量長，選項則應儘量短。如：前例之後者即比前者為佳。

(3) 只有非常重要的科學概念，否則題幹不使用「否定」句。

不良範例：下列何者不屬於兩棲動物？

(4) 每一題幹之「選項」通常是 3 到 5 項，應僅包括一個正確的最佳答案。

(5) 每一個「選項」在文法、語氣和句子長度上，應儘可能保持一致。

(6) 所有的「誘答」項都應合理，否則便失去困擾學生的效果。

(7) 正確答案應以隨意次序出現，不可為了閱卷方便而固定排列。

(8) 應避免題幹與答案出現文字上的關聯性。

(9) 謹慎使用「以上皆是」或「以上皆非」等選項。

不良範例：下列哪一項不是哺乳動物？（A）鳥　　（B）狗（C）鯨魚　（D）以上皆非。（要證明 D 不是哺乳動物的例子是最容易的）

較佳範例：當溫度下降時，輪胎的胎壓容易　　（A）減少（B）增加　（C）維持　（D）以上皆非。（除了A、B、C外，很難再想出其他可能性）（引自 Linn & Gronlund, 1995／鄒慧英譯，2003，頁 273）。

2. 是非題之製作原則

命題時，必須特別注意是非題的陳述是否明確，不可出現模糊不清和無關的字句。若其他類型的試題來評量較為適當時，就最好不要使用是非題。

(1) 避免籠統的敘述，應儘量詳細說明題意。

不良範例：（　　）人類是由猴子演化而來的。

較佳範例：（　　）根據達爾文的「物競天擇」說，人類是由猴子演化而來的。

(2) 避免瑣碎、不重要或純記憶性的敘述句。

不良範例：（　　）1831 年「小獵犬號」載著 22 歲的達爾文，從普利茅斯港出發，環球航行五年。

(3) 避免使用否定，特別是雙重否定的句子。

不良範例：（　　）沒有任何一個實驗步驟是不需要的。

(4) 除非有因果關係存在，避免在一個敘述句中包括兩個概念。

不良範例：（　　）雞不能飛是因為牠翅膀退化。

3. 配合題之製作原則

配合題是評估學生科學知識間相互關係的能力。在配合題中，要尋求配合的項目稱為「前提」（premises），而供作選擇的項目稱為「反應」（responses），命題時要求學生由「反應」中，選出與某一「前提」有關的答案。

(1) 在配合題中，「前提」與「反應」的內容應同質，不可將不相

關的內容勉強配合。

(2)「前提」與「反應」的數量應不同，並要告知「反應」可以使用的次數。

(3)「前提」的句子通常比「反應」長，並要將「反應」項目置於右方。

(4)「反應」應依邏輯順序的方式排列，避免與「前提」間有任何順序上的相關存在。

(5)每一配合題應附一作答說明，使學生對作答方式能一目了然。

(6)將同一配合題的所有項目置於同一頁內。

形成性評量

形成性評量是指在教學過程中，觀察並記錄教師的教學和學生的學習表現，評量目的在了解學生的學習狀況和教師教學的可能缺失，以提供改進的方向，屬於回饋式的評量過程。

(一) 評量規準的建立

在科學教學上，科學學習評量的目的在於能夠提供教師和學生一個依據，不僅使教師能改善教學，也能使學生清楚自己的學習狀況，故評量規準的建立有其必要性（周惠民、林陳涌、任宗浩、李哲迪，2007）。評量規準是評量學生能力的依據，使教師能夠在一個標準的範圍內來評分。老師藉由評量規準提供給學生學習方向和重點，而當學生拿到評量規準（如範例 13-2）時，他們能清楚明白所要學習的目標和內容。故以下將列出建立評量規準的步驟（蔡華齡、陳振綱，2007）：(1)確認單元內容；(2)確認檢核的標準是否適合判斷學生的作業或能力；(3)確定評量規準的範圍、所使用的敘述文字和等級位置；(4)清楚描述不同技能標準間的差異；(5)讓學生檢視評量規準的

內涵，以確認學生是否了解；(6)使用評量歸準時應掌握其優缺點；(7)評量歸準不是一成不變的，在必要時需適時修正。

範例13-2：幼兒文本評量規準檢核表

主題	向度	內容	評量	評量等級具體說明
幼兒文本科學知識	想法內容	科學概念的理解與說明	3 2 1 0 ☐ ☐ ☐ ☐	0：科學概念敘述混亂難以理解，主要概念表達破碎且不知所云。 1：科學概念敘述模糊但仍理解內容，主要概念表達缺漏多。 2：科學概念敘述清楚，但主要概念表達未盡完整。 3：科學概念闡述清楚，主要觀念表達完整無漏。
		科學知識與幼兒生活經驗實例之結合	3 2 1 0 ☐ ☐ ☐ ☐	0：完全未舉例，科學知識未與幼兒生活周遭經驗產生連結。 1：實例說明與幼兒生活經驗有落差，說明亦難為幼兒理解。 2：實例說明結合幼兒生活經驗但僅為部分理解（了解表達之概念但未能理解其內容與原理）。 3：實例說明緊貼幼兒生活經驗，說明亦完全為幼兒所理解。
		延伸的意見或想法	3 2 1 0 ☐ ☐ ☐ ☐	0：文章內容完全無延伸之想法應用。 1：以內文主題為基礎，延伸發展其他科學知識之介紹，但未引發延伸學習。 2：以內文主題為基礎，延伸創發其他科學知識的學習，但內容深度難為幼兒理解。 3：以內文主題為基礎，延伸發展其他科學知識的學習，且適合幼兒吸收理解。

幼兒文本 科學知識	想法 內容	科學概念名 詞的解說闡 述	3　2　1　0 □　□　□　□	0：對於內文科學概念名詞，完全未有 　　任何解釋與說明。 1：對於內文所出現之科學概念名詞僅 　　部分解說，且說明未清楚詳盡。 2：對於內文所出現之科學概念名詞有 　　進行解說，但說明難為幼兒所理解 3：對於內文所出現之科學概念名詞， 　　有清楚的解說，且為幼兒所理解。
		迷思概念與 錯誤知識	3　2　1　0 □　□　□　□	0：文章內容之迷思與錯誤概念達三點 　　以上。 1：文章內容含兩點迷思與錯誤概念。 2：文章內容含一點迷思與錯誤概念。 3：文章內容未出現任何迷思概念與錯 　　誤知識。

註：本範例為筆者所發展「幼兒文本評量規準檢核表」之部分內容（「想法內容」
　　向度）。

（二）實作評量

1. 定義

　　實作評量（performance assessments）是以觀察和專業來判斷的評量方式（Stiggins, 1987），教師提供一個在真實情境中的作業（task），讓學生藉由實際操作（hands-on）來表現出所學的能力（羅豪章，2002），故實作評量有時也被稱為真實性評量（authentic assessment）。實作評量需具備下列幾點特徵（Herman, Aschbacher, & Winters, 1990）：(1)學生需要處理高層思考或問題解決的事物；(2)作業要與教學活動符合，並具有意義和挑戰性；(3)作業與真實生活需有關聯；(4)強調的是「做」，故歷程（process）和作品（product）是重點；(5)評量的給分標準要事先確定（盧雪梅，1998）。

2. 評量方式

實作評量非常的多元化，其中以申論題最為常見，但仍然有許多其他的形式，例如書面報告、作文、口頭報告、演講、操作科學實驗、資料蒐集和藝術作品等例子。大多數的實作評量都介於下列兩個類型之間（Linn & Gronlund, 1995／鄒慧英譯，2003，頁 345）：(1)限制式實作作業：在教學上會比較有重點，會對預期的表現提出清楚的說明和限制。例：大聲朗讀一篇文章、以外語尋求路人的幫助、畫一個圖表、操作科學儀器、寫一封感謝信。(2)延展式反應實作作業：作業本身所能夠提供的資源有限，因此學生要從各種的資源中，尋找、選擇和整合出所需要的訊息。例：製作一個模型、畫一幅畫或演奏一項樂器、發表一篇經過分析和整理的評鑑資料、寫一個創作的短篇故事。

範例13-3：**實作評量**

要求一年級學生將四張樹的照片依季節的順序將它們放入盒子中，並將每個季節的名稱寫在盒子上。

評分規範：2 分：學生以正確的順序排列照片，可以任何季節開始。

　　　　　1 分：學生開始進行此項作業，但沒有完成順序。

　　　　　0 分：學生沒有適當的反應。

資料來源：引自 Linn 和 Gronlund（1995）／鄒慧英譯（2003，頁 353）

3. 計分方式

實作評量注重歷程和作品，通常歷程和作品是用「檢核表」和「評定量表」來評量，而作品有時也用「作品量表」（product scale）來評量。

(1)「檢核表」：可分別從幾個不同的層面來評量一個實作作品或行為，此表格有一個地方可用來記錄判斷「是」或「否」的結果。

例：是（　）否（　）……請指出學生是否在科學作業上具有合作學習的能力。

(2)「評定量表」：與檢核表的概念類似，但不像檢核表用「是」或「否」來評定，而是進一步以每一層面符合的程度來評定。例：1（很少）、2（偶爾）、3（經常）、4（總是）……學生在科學作業上合作學習的程度如何？

(3)「作品量表」：是根據一系列不同品質程度的樣本作品來評定。先選擇幾個不同品質的樣本作品，按其優劣順序排好（例如 1 至 5），再將每一個學生的作品拿來與這一系列的每個樣本作品比較，以決定學生的作品跟哪一個樣本的品質程度最接近。

(三) 科學學習歷程檔案評量

1. 意義

檔案（porfolios）是指當學生有系統的蒐集個人在某個領域的作品，這些作品集因此成為以故事的方式來傳達出學生的進步和成就（Arter & Spandel, 1992）。檔案評量（portfolio assessments）是一種結合教學和評量的方式，教師能透過學生的學習歷程檔案，來了解學生在學習過程中的努力和成長（羅豪章，2002），而學生能在學習的歷程中產生自我反省，故也是一種能適應學生個別差異的評量方式（盧雪梅，1998）。

2. 步驟

在教學上的應用，學習歷程檔案評量必須經過仔細的設計。其步驟如下：(1)確定檔案評量的目的，評量的目的可以因為人員屬性（教師或學生）或對象範圍（為一個班級或一個年級）而不同；(2)提供檔案項目的指引或大綱，根據評量目的來決定評量內容；(3)評量內容決定後，才考慮用何種評量方式；(4)建立評量規準；(5)要先將評量規準告知受評者，之後才可進行評量。

　　學習歷程檔案評量的目的在蒐集學生學習表現的多元資料，不同於一般的資料夾是要包括學生所有的作品，而是要包含學生「最佳的」作品。應用在科學的學習上，檔案評量可以蒐集學生在教室內學習的表現，例如：對一本科普書籍的評論、一篇自創的科普文章、對一個科學概念理解的情形、參與討論的程度、一篇有說服力的科學發表以及對學習的省思等多元的資料，透過這些資料，教師可以看到一個學生成長的歷程（張美玉，2000）。

範例13-4：高中科學檔案

加州州級考試（GSE）的科學檔案包含學生依據一年級的生物、化學，或第二年級相等之科學學習的作品。加州教育廳的「加州考試科學檔案：教師指引」提供樣本活動：
1.問題解決調查研究，例如：
　(1)學生產生的實驗室調查（例：決定家庭用清潔劑在控制細菌生長上的效能）。
　(2)實地經驗（例：進行 1 平方公尺土地上的土壤、植物、動物，或氣候方面的研究，並與社區環境連結）。
　(3)研究調查（例：預測一項疾病在學生社群中發展的危險性，諸如癌症或愛滋病）。
2.以有創意的方式產示一項科學結果或發現，例如：
　(1)遊戲；(2)錄影帶；(3)藝術品或詩。
3.透過寫作說明相關發現或科學議題的成長範例，例如：(1)目前的事件；(2)原始的故事。
4.加州州級考試（GSE）自我反省單，要求學生：
　(1)確認納入項目的科學概念；(2)解釋為何該項目是顯現該概念的一種極佳方式；(3)描述該項目如何顯示該概念。

資料來源：引自 Linn 和 Gronlund（1995）／鄒慧英譯（2003，頁 393）

結論

　　本章主要在說明評量在學校教育裡扮演重要的角色，可以提供教

育者各種有關課程教學和學生學習發展的決定依據。由於目前對知識本質觀的轉變，使得教學、學習和評量的理念和以往有所不同，像是建構主義和動態評量等理論，其理念均支持教師與學生應在知識的建構中互動，這也顯示出評量與教學目標的息息相關。

　　而在學校裡最常使用到的成就測驗，就是用來評量學生「知識」表現的最佳工具，因此教師對於如何編製成就測驗的步驟，包括發展測驗的雙向細目表，和各種題目（客觀試題和主觀試題）的編製原則與範例，以及分析與評鑑試題品質（難度、鑑別度、信度和效度）的基本認識是必要的。不僅校內的小型測驗會影響教師的教學目標，目前國內外許多大規模資料庫（PISA、TIMSS、TASA）的成就評量結果，已成為當前各國教育競爭力的指標。

　　除了評量學習成就的表現之外，近年來的教育思潮也漸漸重視學生在學習過程中的各樣能力，教師需要了解如何評量學生在思考和認知過程中「創造思考」和「概念變化」的過程。這樣的理念也符合當前在學校教學中最常使用到的「形成性評量」，在教學過程中，形成性評量可了解學生的學習狀況和教師教學的可能缺失。因此，在這樣回饋式的評量過程裡，需要提供教師和學生一個依據，先建立一個評量的規準，之後再根據教師的教學目標或班級文化來選擇適合的評量方式（例：實作評量或科學學習歷程檔案評量）。

課後作業

1. 請舉出實際應用例子，分別寫出可應用於班級教學中的安置評量、形成評量、診斷評量和總結性評量。

2. 從國小高年級自然與生活科技領域單元內的某一個領域中，確認哪些學習重點可用客觀型試題測量，並為每個學習重點建立 2 題是非題、2 題選擇題，和一題 5 個選項的配合題，並說明這些試題所欲測量的目標。

3. 決定申論題測驗是否應該被使用時，需要考慮哪些因素？使用申論題時，最能提升學生的哪些學習能力？

4. 某個試題的高分組學生有 73% 答對，低分組有 37% 答對，該試題的難度和鑑別度分別為何？請問該試題是有效還是無效？為什麼？

5. 從國小高年級自然與生活科技領域單元內的某一個領域中，確認哪些學習重點可用實作評量來測量，並為每個學習重點建立 2 項實作作業。

延伸學習資源

1. 鄒慧英譯（2003）。**測驗與評量——在教學上的應用**。臺北市：洪葉。

2. 陳英豪、吳裕益（2001）。**測驗與評量**（第六版）。高雄市：復文書局。

3. 創造力評量學術網站（http://singhhpp.myweb.hinet.net/）

參考資料

中文部分

王瑞壎（2002）。OECD 組織 PISA 評量對國小數學與科學教育之啟示。**科學教育研究與發展**，*27*，39-55。

余民寧（2003）。**有意義地學習——概念構圖之研究**。臺北市：商鼎文化出版社。

何偉雲（2004）。發散性思考測驗的同質性分析——以國小物理問題測驗為例。**科學教育學刊**，*12*（2），219-239。

何偉雲、葉錦燈（2003）。RAT-like 測驗中的發散性思考分析。**科學教育學刊**，*11*（2），195-210。

吳文龍、黃萬居（2007）。自然科創意與批判思考教學對國小學生學習動機、批判思考及科學創造力之研究。**科學教育月刊**，*304*，12-28。

吳青宜（2004）。**運用專題導向學習提升國小五年級學生資訊素養之研究**。東海大

學碩士論文，未出版。

吳毓瑩（1996）。評量的蛻變與突破——從哲學思潮與效度理論思考起。**教育資料與研究**，*13*，2-15。

林柏青（2008）。如何製作高中物理概念圖。**科學教育**，*314*，21-26。

林達森（2003）。概念圖的理論基礎與運用實務。**花蓮師院學報（教育類）**，*17*，107-132。

林達森（2004）。併用概念圖於國中學生合作學習歷程之研究。**南華通識教育研究**，*2*，39-67。

周惠民、林陳涌、任宗浩、李哲迪（2007）。科學教學與學習評量標準芻議。**科學教育月刊**，*298*，2-18。

孫春在（2006）。**在網路學習環境中協助學生自我覺察科技創造力**。行政院國家科學委員會專題研究成果報告（報告編號：NSC 94-2520-S-009-002），未出版。

耿筱曾、陳淑蓉（2005）。以後設認知為基礎之動態評量（MBDA）探究國小三年級學童空氣概念的概念改變機制。**國立臺北教育大學學報——數理科技教育類**，*18*（2），123-156。

耿筱曾、蕭建嘉（2002）。以概念構圖的動態評量（CMDA）探討國小高年級學童「地球的運動」的概念改變。**國立臺北師範學院學報**，*15*，197-228。

創造力評量學術網站（2009 年 9 月 17 日）。**創造力評量工具**。取自 http://singhhpp.myweb.hinet.net/

陳英豪、吳裕益（2001）。**測驗與評量**（第六版）。高雄市：復文書局。

陳惠邦（2000）。在保守的傳統中謹慎前進：德國小學教師評量信念與實踐研究。**新竹師院學報**，*13*，245-264。

郭重吉（1992）。從建構主義的觀點探討中小學數理教學的改進。**科學發展月刊**，*20*，548-570。

許家驊、邱上真、張新仁（2003）。多階段動態評量對國小學生數學學習促進與補救效益之分析研究。**教育心理學報**，*35*（2），141-166。

張子超、楊冠政（1997）。學生環境知識概念結構發展的研究。**師大學報：科學教育類**，*42*，31-48。

張文華、郭重吉（1995）。科教革新中評量理念的重建。**教育研究雙月刊**，*45*，

23-30。

張美玉（2000）。歷程檔案評量的理念與實施。**科學教育**，*231*，58-63。

曾建銘、陳清溪（2008）。2006 年臺灣學生學習成就評量結果之分析。**教育研究與發展期刊**，*4*（4），41-85。

鄒慧英譯（2003）。**測驗與評量——在教學上的應用**。臺北市：洪葉。（原著出版年：1995年）

鄭湧涇（2009a）。**科學學習成就評量：*I*.命題與閱卷**。2009 年 9 月 10 日，取自 http://140.122.143.143/doc/evaluate2.htm

鄭湧涇（2009b）。**科學教學評量的理論與實際應用**。2009 年 9 月 10 日，取自 http://140.122.143.143/doc/evaluate.htm

盧玉玲、連啟瑞（2006）。評量與評鑑後端運算之新思維以 STS 模糊評鑑系統之建立為例。**科學教育學刊**，*14*（6），717-735。

盧雪梅（1998）。實作評量的應許、難題與挑戰。**教育資料與研究**，*20*，1-5。

潘裕豐（2009）。**創造過程論與創造思考的技巧**。2009 年 9 月 21 日，取自 http://o2utown.org/pyf001/modules/tinyd1/index.php?id=1

謝祥宏、段曉林（2001）。教學與評量：一種互為鏡像關係。**科學教育月刊**，*241*，2-11.

謝祥宏、龍麟如、段曉林（2004）。國小學生對自然科評量知覺初探之研究。**科學教育學刊**，*12*（1），27-52。

蔡華齡、陳振綱（2007）。自然與生活科技的結合。**生活科技教育月刊**，*40*（6），2-11。

羅珮華（2000）。「第三次國際數學與科學教育成就研究後續調查」之抽樣設計。**科學教育月刊**，*235*，14-20。

羅豪章（2002）。發展多元評量模糊複合分數之初探。**科學教育學刊**，*10*（4），407-421。

英文部分

Airasian, P. W. & Madaus, G. F. (1972). Functional types of student evaluation. *Measurement and Evaluation in Guidance, 4*, 221-233.

Arter, J. A. & Spandel, V. (1992). Using portfolios of student work in instruction and assessment. *Educational Measurement: Issues and Practice, 11* (1), 36-44.

Cropley, A. J. (2001). *Creativity in education and learning: A guide for teachers and educators*. Lodon, UK: Kogan Page.

Cunningham, G. K. (1998). *Assessment in the classroom: Constructing and interpreting texts*. London: Falmer.

Davis, N. (2000). *Using assessment as a tool for educational reform*. Paper presented at the annual meeting of the Southeastern Association of Educators of Teachers of Science, Auburn.

Ebel, R. L. & Frisbie, D. A. (1979). *Essentials of educational measurement* (3rd ed.). Englewood Cliffs, N.J.: Prentice-Hall.

Gipps, C. V. & Murphy, P. (1994). *A fair test? Assessment, achievement and equity*. Buckingham and Philadelphia: Open University Press.

Guilford, J. P. (1967). *The Nature of human intelligence*. New York: Mc Graw-Hill.

Herman, J. L., Aschbacher, P. R., & Winters, L. (1990, November). *Issues in developing alternative assessments*. Paper presented at the annual meeting of the California Educational Research Association, Chicago.

Hocevar, D. & Bachelor, P. (1989). A taxonomy and critique of measurements used in the study of creativity. In J. A. Glover, R. R. Ronning, & C. R. Reynolds, *Handbook of creativity* (pp.53-75). NY：Plenum Press.

Linn, R. L. & Gronlund, N. E. (1995). *Measurement and assessment in teaching*. New Jersey: Prentice-Hall.

Markham, K. M., Mintzes, J. J., & Jones, M. G. (1994). The concept map as a research and evaluation tool: Further evidence of validity. *Journal of Research in Science Teaching, 31* (1), 91-101.

McGhee, T. J. (1998). *Utilization of authentic assessment in Georgia's elementary schools*. Unpublished doctoral thesis, The University of Georgia.

Novak, J. D. (1981). Applying learning psychology and philosophy of science to biology teaching. *The American Biology Teacher, 43* (1), 12-20.

Novak, J. D. & Gowin, D. B. (1984). *Learn how to learn.* Cambridge, London: Cambridge University Press.

第 *13* 章 科學學習評量

Shavelson, R. J., Baxter, G. P., & Pine, J. (1992). Performance assessments: Political rhetoric and measurement reality. *Educational Research, 21*, 22-27.

Stiggins, R. (1987). Design and development of performance assessment. *Educational Measurement: Issues and Practice, 6* (3), 33-42.

Stiggins, R. (1994). *Student-centered classroom assessment*. New York: Macmillan.

Stuart, H. A. (1985). Should concept maps be scored numerically? *European Journal of Science Education, 7* (1), 73-81.

TIMSS2007 (2009年9月17日)。國際數學與科學教育成就趨勢調查。取自 http://timss. sec.ntnu.edu.tw/timss2007/program.asp。

Torrance, E. P. (1966). *Torrance tests of creative thinking: Normal-technical manual*. Princeton, N. J.: Personnel Press, Inc.

Torrance, E. P. (1988). The nature of creativity as manifest in its testing. In R. J. Sternberg (Ed.), *The nature of creativity* (pp.43-75). New York: Cambridge University Press.

第 *14* 章

科學教育環境之規劃與管理

陳麗文

本章概觀

一、科學教育環境可依其性質分為：科學學習的社會環境、非正式的
科學教育環境以及正式的科學教育環境。

二、科學教育環境規劃首重安全，並考量學校建築規劃及師生操作時
的動線。

三、科學教室（實驗室）之管理包含人員的規範、藥品管理、器材管
理、實驗廢棄物之清理，以及實驗及實習場所的管理。

四、安全教育含實驗教學安全事項與規範，以及實驗安全設施與教育
說明，並需依法規執行。

科學教育環境

　　學習科學不僅是知識內容的取得，還包含技能的熟習，例如：觀
察、建立假說、設計實驗、結論推理等等。此外，學習科學時與其他學
習者一起進行合作與討論，不僅會增加學習的效果，也同時促進學習者
對於資訊交流、整理、判斷以及發表的能力。由於科學知識會因為新證
據的發現而不斷的更新，因此科學家對於相關理論及其運作機轉的理
解，也會隨之產生不斷的變動與修正。雖然科學知識能夠提供問題解決
與決策的知識基礎，但人們對於科學資訊的解讀及掌握，有相當程度受
到其 文化脈絡、價值觀及其世界觀所影響。這些影響科學知識內容的
取得、技能的熟習、訊息交流的外在情境，都可以稱為科學教育環境或
是科學學習環境。

　　影響學生對學習科學的態度的因素可以分為四大類：學生個人背
景、家庭、同儕及學校。學生個人背景特性是指性別、智力、自我概
念、成就動機、認知風格等等，家庭因素則指家庭社經背景、父母的教
育程度和職業等項目；這兩類是屬於學生個人的基本特性，教師及教育
的機制能影響的部分比較有限。而同儕及學校這兩類就比較屬於學校環
境所統轄，學校環境涵括所有教學相關設施、教學環境、教師特性、教

材內容、教學活動、教學方法和策略等，這些則是學校和教師在安排教育環境時可以著力營造之處（莊雪芳、鄭湧涇，2003）。

　　為了使兒童容易學習到科學相關的知識、正向的學習態度以及熟習相關的技能，許多學者的研究結果顯示，學習的環境會影響兒童學習科學的態度及成效。科學教育環境的探討可以分為學校的正式學習環境、非正式學習環境以及學習中的社會環境。本章所指的科學環境主要指的是學校的正式學習環境，至於非正式學習環境以及學習中的社會環境的部分，僅在本節做簡單的介紹。

(一) 科學學習的社會環境

　　科學學習的社會環境簡單來說，也就是學習者在學習科學的過程中與師長、同學、玩伴、解說人員等的互動。雖然這些互動大部分並非直接為科學的內容探討，但卻影響孩童學習科學的意願以及學習的成效（李旻憲、張俊彥，2004）。有不少學者定義不同的剖析方向，以下就列舉其中之一的探討方法作為說明。黃台珠等人（1998）將教室環境定義為在教室中老師和學生共享的感受，包含以下七個向度：

1. 同學親和（student cohesiveness）：指的是班上同學間的關係和熟悉親和程度。
2. 教師支持（teacher support）：是指學生感受到老師的關心和幫助程度。
3. 學生參與（student involvement）：是指在課堂上學生與同學互相討論、主動提出看法與意見及其意見被接納的程度。
4. 探究（investigation）：是先備知識包含與實際生活的結合。指學生在課堂上發現的問題或老師給予的問題，以研究、探究的方式尋找答案的程度。
5. 工作取向（task orientation）：是指學生專注於學習的程度。
6. 合作（cooperation）：是指學生與同學合作完成工作的程度。
7. 平等（equity）：是指班上的同學獲得老師公平的關懷、幫助、鼓勵及發言機會的程度。

這是以探究學生的學習心理為主，進而將學習環境的內涵加以分化、深入剖析。延伸來說，不僅在學校的正式學習環境有這七種社會因素影響學童的學習外，在非正式學習環境也會有這些因素存在，只不過所產生互動的人員、情境更豐富，更多元化，學童探索學習的觸角也更為寬廣。

(二) 非正式的科學教育環境

除了正規的教育環境外，在動物園、水族館、天文臺或自然科學博物館中，都可以看到許多兒童跟著父母、老師一起活動的景象。雖然偶爾孩子會覺得無趣，但大多時候，這些相關的展覽品或是設計的活動，都可以引起孩子們相當的興趣。當師長問「好玩嗎？」孩子通常會回答「好玩」、「下次我還要再來玩」；但是當師長問到「學到了些什麼呢？」孩子們大多也答不出所以然來，或是就依照指示牌的說明唸一遍；甚至更常看到的情形是，有些孩子一開始看到可操作的展示品，就衝動的跑上前去摸摸看，也不看指示上的說明，就自顧自的玩起來。

「非正式的學習」一詞是指人們在正規教育的環境外，在他們生活中所遇到的各種學習情形，這些學習經驗可能發生在家中、街頭、遊樂場所、旅行途中，或是所參觀的社教機構如博物館、動物園、水族館、植物園或公園，因而這些科學博物館、電影院、媒體中心、植物園、自然中心等地方，也被稱為非正式學習的環境。非正式教育的機構提供人們學習的機會，多半是學習與娛樂參半的，甚至娛樂效果大於知識的獲取。學校可充分利用當地社會資源，如學校附近的博物館、動物園、水族館、發電廠、廢水處理廠、天文臺以及私人工廠，甚至於專業人才，都可視為實驗室的一部分，科學實驗的活動並不只限定於校內有形的建築內。

非正式的科學學習環境設置目的，是扮演著介紹學習者有關科學技巧、科學概念、科學文化以及科學在決策中的角色等等的重要媒介。非正式的學習環境能夠透過多種不同方式來支持科學學習，其優點在於可以提供廣泛參與者的學習，無論他們的興趣以及科學知識程度是如何的

多元，所有年齡層、多元背景與文化的人都可以透過這些場所進行科學學習，這些科學學習應引導人們去思考科學現象，進而了解科學問題的答案並非死背的公式，而是人類實驗、觀察所得的寶貴生活經驗（楊正誠摘譯，2009）。

(三) 正式的科學教育環境

這是相對於非正式科學環境，指的是在學校所提供學習科學的場所，除科學教室（實驗室）等特殊教室的建設之外，也包含學習走廊、教材園、生態池、昆蟲館、溫室、苗圃、天文臺、溫度觀察箱和風向器等等的設置。以下各節就其規劃、管理及安全做說明。

二 科學教育環境規劃

實驗室興建最主要目的就是因應教學上的需要，所以專業實驗室的規劃，首先就要能配合教師各種教學方法的應用。實驗室是形成疑問科學教學的中心角色，並提供學生作為科學理論驗證及技能培養的場所。

(一) 實驗室規劃的原則

1. 安全第一的原則

專業的實驗室通常有其特別配備的設置，包含儀器、藥品、工具及防災救災設備，除了在學生進行實作時的所有用品外，亦需注意其操作時的安全。在實驗室裡，學生最要緊的課程，是學習如何安全地使用設備器材及相關的物品，及操作一定程序的自救及防災作業。

2. 配合原則

實驗室規劃上的配合原則包括了校舍上、課程上兩方面。

(1)學校校舍上的配合：實驗室是專業的科學教室，但也是學校建築的一環，故也應著眼於其空間配置、電力、供排水等等的考量。

(2)課程上的配合：學校設備旨在實現課程理想與增進教學效果，因此設備的添置應密切配合課程實施的需要，且科目與科目間有其共通性、相關性，添購設備時應以統合之觀點處理，避免重複購置、肇生浪費。

3. 可擴展性原則

實驗室的規劃設計應考慮未來的使用與發展需求，使其具有應變性、彈性、擴展性，使學校實驗室規劃更具生命力，例如預留電路、水路等。

4. 照顧全部學生原則

實驗室規劃的對象，不是只有正常學生，亦必須兼顧到部分有特殊需求的學生，尤其是肢障學生，因此實驗室空間要能容納輪椅行走，各種實驗室桌、水槽的高度、水電控制以及水電操作等，都要考慮到他們的使用方便性及安全性。

(二) 實驗室設置的標準

實際的實驗室規劃以教育部所規定之各級學校設備基準以及其內所含的各學習領域教學設備為依據，再加上學校建築學的考量如：整體性的安置、造型、數量與金額等專業技術層面。教室面積以普通教室面積的 1.5 倍至 3 倍為原則，室外宜採雙面走廊設計，走廊寬度宜在淨寬 2.5m 以上，並有廊柱設計（行政院教育部，2003）。專科教室除供各專門學習領域之教學使用外，可規劃設計為開放空間或多目的使用空間，以利彈性使用，其空間形式依實際教學需要規劃設計。應備妥配合教學活動所需之適當課桌椅、實驗桌、工作桌等，其數量應足供教學使用。規劃上應考量以下六個方面：教學方面、實驗室用途規劃、空間考

量、物理環境、硬體設備以及安全設備。

1. 教學方面：包含演示及實作兩部分

科學實作教學的時機：學生從事實作的最大意義，在於讓學生能夠直接接觸到事物及現象，對教師的講解，以及學生不易了解的抽象理論，經由學生實作後，能徹底了解。所以，實驗室都很重視與教學方面的配合。

使用演示教學的時機：一般來說，在科學實驗中有一個很重要的教學目標就是科學技能的培養，因此若可以讓學生自己動手操作的，都儘可能讓學生操作學習。在下列幾個狀況下才會考慮使用演示教學：

(1) 實驗室儀器太過貴重，無法供應學生分組使用。

(2) 操作儀器較複雜，需要精準的技巧或繁複的操作步驟。

(3) 實驗材料有限制。

(4) 實驗時間有限制。

(5) 實驗具有危險性。

(6) 需要實驗上的技能。

2. 實驗室用途規劃

由於學校的空間並不可能無限延伸，因此一個空間的規劃都儘可能可以考量其可供多用途的變異及便利性。不過由於實驗室有藥品及儀器的存放，因此其功用還是限於自然科實驗相關的用途較適宜。實驗室用途可規劃如下：

(1) 學生平時分組實驗使用，及學生單獨研究實驗使用。

(2) 教師實施班級講解使用，及教師演示實驗使用。

(3) 課前準備、教學研究使用。

(4) 自然與生活科技領域的器材、藥品儲藏處所。

(5) 學區國小教師、學生自然科研習用，以及社區民眾宣導相關自然知識的教室。

由此可知，未來校園實驗室的規劃，不僅超越單純校內教學的需要，更要配合當地學校、社區、民眾的需求，以獲取社會的認可，才能

爭取更多的經費，興建具有地區性、多元性、時代性的理化實驗室。

3. 空間考量

實驗教室設置地點目前可大致分為三種空間型態：(1) 集中式大樓——物理、化學、生物、地球科學等相近的自然科學集中設立，或獨立形成科學大樓；(2) 分散教室式——和普通教室一起興建，但空間較大，約為一般教室的 1.5-3 倍；(3) 分層專科教室——部分學校新增建大樓時，將音樂、美術、家政、物理、生物、地球科學等需要學生活動的科目，集中設立專科教室，但依性質、使用情形分層配置。

實驗教室的空間大小及規劃的數量參考如表 14-1 及表 14-2。這是為了教學考量及學校大小的最少數量。如果學校空間許可，應可考慮其功能而加以擴大。國中以上學校，則還需考量其因不同科別需求，設置為物理、化學、生物、地球科學、生活科技等的專業教室。

表14-1 自然科教室的最小必要空間

用途	面積（平方公尺）
自然科教室（實驗）	111.6
自然科教室（演示）	99.96
自然科教室（一般講解）	79.51
準備室	16.10

表14-2 學校規模與自然科教室的最少數量

班級數	實驗室的間數
24 班以內（含 24 班）	1
25-48 班	2
49-72 班	3

自然實驗教室應設置實驗藥品存放保管設施及實驗廢棄物收集處理設備。實驗室的空間設計需考量下列幾個部分：(1) 以教學、示範區來說，有教師演示區、學生工作區、準備及儲藏區、安全急救區；(2) 以

工作空間來說，包含人員及器材動線、學生實驗桌及教師演示桌、流通空間、儲藏空間、周邊設備、安全空間。

實驗室空間配置上，依其用途，可分為下列六部分作為考量：

(1) 教師教學示範區

通常示範桌是放置於教學示範區，以固定方式擺設在教室前面，這樣可以在教師講解，或是供擺設公用儀器或藥品使用。如果教室的縱長不足時，可以考慮將示範桌移到側面，黑板前不要有其他桌椅，讓師生可以在黑板前自由討論書寫，保持互動關係。

(2) 學生實驗區

學生實驗區範圍包括學生實驗檯及其相臨的空間。整個實驗室的空間宜寬敞，實驗桌與實驗桌，實驗桌與器材櫃的通路應該有足夠的空間。大走道至少應有 120 公分的距離，小走道亦要有 90 公分的距離，以便實驗桌前有人做實驗時亦可通行無阻。

(3) 實驗準備室

面積可比普通教室略小，此空間可當作自然科小組講授、討論的教室，也可供實驗前之上課準備，例如下次實驗的分組材料暫時置放，及實驗後教師與學生討論實驗結果之用。

(4) 器材收藏室

器材的收藏有下列三點注意事項：①分別依各年級、各班、各組來分類整理；②收藏區要有手推車，以方便搬運器材、藥品到實驗區；③部分藥品有揮發性，因此不宜和物理儀器同放一間，以免生鏽或影響儀器功能。

(5) 藥品儲藏區

器材的收藏有下列三點注意事項：①不可燃的化學藥品可以依其屬性分別存放；②具強氧化還原性的藥品，如強酸、強鹼等較危險藥品，要存放於特別的藥品櫃，並要加裝抽氣設備，將有毒性的揮發氣體排出室外；③若有管制類或毒性物質，則除依其化學藥性分類外，這類藥品還需單獨置放，並加鎖作為管控之用。

(6) 展示區

部分儀器櫃的設計可以使用透明玻璃窗來呈現其效果。除了存放儀

器外，也可以兼具陳列及展示教學之用。例如標本、模型的置放，某些特定主題的說明，或是儀器的展示及說明。

4. 物理環境

實驗室因其設立的目的不同，所需的條件亦有所不同，但有幾項則是一般設立實驗室時應考量的：

(1) 採光

一般教室的採光通常是黑板為 500 流明（Lux），桌面為 350 流明，電腦桌為 200 流明。但某些實驗需要更亮的光源時，則通常會以輔助燈源供應，如檯燈、冷光燈、顯微鏡燈源供應器作為局部光源之用。

(2) 通風

除了原有的自然通風外，有些實驗可能會使用有機溶劑、有嗆鼻味道的藥品；或是實驗過程可能會產生有刺激性的氣體，故實驗室宜設有加強通風的裝置如通風櫥、排氣管、萬向抽氣罩、抽排風機等等。

(3) 溫度

一般說來，為要求實驗條件一致，實驗室的溫度儘可能控制在相同的範圍內，因此會加裝空調系統。但是要考量換氣的效率及通風的效能，以避免實驗的有害氣體濃度過高。

(4) 濕度

由於實驗室會有儀器設備的置放，也有用水的需求，因此需考慮是否設有除溼的設備，減少霉污產生並延長儀器使用壽命，如設置除濕機或是將顯微鏡等光學設備置於除濕櫃中。

5. 硬體設備

(1) 供電

因實驗時可能多組會同時使用電器，因此教室中的供電迴路必須考量其可能的最大負載，以避免跳電的窘境及電器損毀的危險。又因實驗中通常也會使用水，因此桌上的插座宜高於桌面，並且於電源處裝上漏電斷路器，避免水流入造成危險。有些實驗儀器可能需要 220V 的供電電壓，因此插座上必須標明電源的供電壓，以防誤用而造成電器毀損。

另外，有些重要設備也要準備備用的電源設施，如緊急發電機、UPS不斷電系統等；如果實驗室有許多大用電的設施，必要時得加裝延遲供電，以防停電後再恢復供電時會發生瞬間電流負載過大的危險。

(2) 給水

一般說來，實驗室的給水通常分為兩類配置，一是自來水的供應，另一種則是實驗給水。自來水供應的水龍頭宜採肘動設備、水槽也較深，通常實驗室空間許可時，可於每張實驗桌設置。由於實驗的水質要求較高，可依實驗需求來設置純水設備如 RO 逆滲透水機、蒸餾水機、純水製造機等等。

(3) 排水

實驗中會使用到水，當然要考量排水的問題。除了水槽排水外，也要考慮地板的排水孔，排水管除了要有能迅速排空積水、防止污水異味沿水管傳入外，並且要加裝裝置防止昆蟲、老鼠等由排水管侵入實驗室。

(4) 瓦斯管線

有些實驗因需要較高的熱源，會有瓦斯的設置。除了必須要留意該裝置安全，如管路須有硬管或鋼絲網保護、裝有瓦斯偵測器等等，還須教導學生安全使用的規範，並定期做線路檢查。另外，若有大型瓦斯桶，還須依法規做安全的防護。

(5) 網際網路

目前已進入 e 化教學的世代，有些實驗示範是透過網路播放，或是提供學生訊息，因此在建構實驗室時，亦可考慮此部分需求，於設置實驗室時就將線路裝好，並有硬管保護線路，以防與實驗室的酸鹼物質接觸。

(6) 視聽設備

視需要得於實驗室內裝設單槍投影設備、電腦、螢幕、電子白板等等教學媒體的硬體設施。最好於設置實驗室時就將線路裝好，並有硬管保護線路，以防與實驗室的酸鹼物質接觸。

(7) 地板及門窗

由於實驗室可能會使用到酸鹼溶液、有機溶劑、染劑等等材料，因此地板須能耐酸鹼並且抗磨損，故視實驗室的需求可考慮石英地磚、抗酸鹼地磚或是 PU 高分子複合材料

實驗室的出口至少要有兩處，其門扇可以全開，且其中一處至少可開至 180 公分；為了災害逃生容易，門扇須以向外開啟來設計。出入口周圍應有相當大的空間，不可堆放阻擋通路的物品。並且實驗室的窗戶必須可以輕易開啟。

(8) 實驗桌及櫥櫃

教師示範桌及實驗桌的桌面應採防蝕、耐酸鹼的材質製造，如耐酸鹼的石墨板，桌沿應有防滴水設計。至於桌體或桌下櫥櫃、其他固定式的吊櫃、實驗邊桌、儲藏櫃等亦須採防蝕材質製作。

6.安全設備：這部分將於第四節做詳細探討。

(三) 生態教學園區

學校可利用空地或原有的植栽、花圃、林地，並栽種配合教學所需之花草樹木。亦可依需要設置相關教學設施，諸如：水生植物園、水族館、小池塘、日晷儀、氣象觀測站等。並應依時令及植物種類，設計學習步道，提供學生主動學習的機會。

為配合教學需要而於教學園區內飼養家禽、家畜、飛鳥、魚類等小動物，應考量其習性，設置適其生長且安全之環境，並注意環境之清潔及維護。此外，除非特殊需要，不宜使用 RC 結構，而應以生態工法為之，並參考綠能設計。

三 科學教室（實驗室）之管理

為加強學校實施實驗場所安全衛生管理，防止災害發生，保障工作人員及學員生的安全與健康，在民國 91 年，教育部就頒訂「學校實驗室場所安全衛生管理要點」（91.10.16 教育部令），讓學校對於實驗場所之安全衛生管理有所依循，也確實收到推動各項安全衛生工作之效果。民國 98 年 7 月起，教育在全臺分區舉辦「學校實驗場所安全衛生管理要點修正」的公聽會，此次修正草案全文計 50 條，主要是因應

勞委會對勞工安全規範的修正，以及詳列學校的安全設施要求、學生操作及訓練的必要，並將該要點列為學校安全衛生評鑑項目。雖然該要點中所指稱的學校係指高級中等以上之學校，然亦可作為國中及小學的參考。

（一）人員的規範

1. 負責人：係指學校行政管理之最高主管，負有勞工安全衛生法所稱之雇主責任。負責人應依其學校規模、特性，設置安全衛生組織、人員。訂定勞工安全衛生管理計畫及設置學校安全衛生管理單位，擬訂、規劃、督導及推動安全衛生管理事項，並指導有關部門實施。
2. 工作人員：係指進出實驗場所工作，獲致工資之教職員工生。
3. 學員生：係指在實驗場所接受教學指導，未支領工資者。
4. 實驗場所負責人：係指具指揮、監督及管理且進行實驗、實習、研究等活動之實驗室、試驗室、實習工場、試驗工場、實驗船等場所之負責。依其職權指揮、監督所屬執行安全衛生管理事項，並協調及指導有關人員實施。

（二）藥品管理

目前對於實驗室藥品有詳細的要求，學校應明訂其藥品管理辦法，如表 14-3 所示，並確實執行及記錄。藥品需依「毒性化學物質標示及物質安全資料表管理辦法」將其分類，並貼上清楚的藥品標籤（表 14-4）；需將所有藥品列明清單保管，如表 14-5 所示，存放於獨立的藥品室（藥品櫃），並且登記藥品的進出管理，且須在藥品室門口列出藥品進出登記表及詳細的物質安全資料表，以資使用及緊急處理時的參考。萬一使用到毒性或管制藥品，則另需依衛生署管制藥品管理局之辦法申請購買；每次使用時，還需填寫使用申請單，如表 14-6 所示，並登記所使用的量。毒性或管制藥品不與一般藥品一起存放，需另行置放

於有鎖的藥品櫃，不得任意取用。

表14-3 **藥品管理辦法示例**

1. 實驗室申購藥品，係由承辦人蒐集資料訂定所需之規格，依據採購作業規範辦理之。
2. 藥品驗收及領用
   (1) 藥品購入後須登錄於「實驗室藥品登記清單」（表 14-5）。
   (2) 領用人領用驗收後之藥品，須於「藥品標籤」填寫開封日期及保管員姓名（表 14-4）。
   (3) 先買之藥品先用，購入日期較久之藥品，確認是否能使用，不能使用者應暫存放適當處理。
3. 試藥級化學藥品，採購量必須適當，以便庫存品可在製造廠商標示的有效或五年內用完（以先到達的時間為準），並將採購之試藥登記於「藥品進出登記表」，同時在每一試藥包裝容器上，貼上藥品購入標籤，並註明購入日期、開啟日期、保管者姓名，並存於藥品櫃或乾燥器。
4. 毒性藥品則另分開置放，並且每一藥品設「毒性化學藥品登記卡」，記載購入日期、數量、取用日期、取用量、取用人等各項，以供安全管理及預防環境污染之依據。
5. 使用者使用毒性化學物品時應於「毒性化學藥品登記卡」登記取用，並依規定填載於「毒性化學物質運作記錄申報表」（表 14-6），於年底彙整。
6. 藥品購置必須適當，以便庫存品可於製藥商標示之有效期限內用完。並須於藥品包裝容器上張貼「藥品標籤」，並確實填載相關資料。
7. 登記備查之毒性化學物品須於包裝容器上張貼「資料摘要表」。
8. 使用危險物品及有害物之管理，則依照「危險物及有害物通識規則」辦理。
9. 過期不適用之化學藥品，各單位由專人負責，以免造成公害。
10. 藥劑的管理：
    10.1 除非檢驗方法上有特別註明，否則無水化學試藥必須在 105-110℃ 烘箱中，乾烤 1 至 2 小時或過夜，並以離子蒸餾水（導電度在 2μmhos/cm 以下）進行配製步驟，並將配製後試劑貼上試劑配製標籤，註明試劑名稱、濃度、配製日期、有效期限、配製人等各項。
    10.2 如需要標準之配製液，再貼標準試劑標定籤，註明標定日期、標定濃度、標定人等事項。
    10.3 藥劑配製，應設記錄表、試劑配製記錄表、標準溶液標定記錄表。

表14-4 藥品標籤

◇ ◇ ◇
名稱：
<u>危害成分：</u>
警示語：
危害警告訊息：
危害防範措施：
製造商或供應商：
(1) 名稱：
(2) 地址：
(3) 電話：
※更詳細的資料，請參考物質安全資料表

1. ◇代表不同的圖示，一項藥品可能有多項圖示，均需列出。有二種以上圖式時，依容器、包裝大小明顯標示排列之。

2. 圖式、警示語、危害警告訊息依「毒性化學物質標示及物質安全資料表管理辦法」之規定。

第 14 章 科學教育環境之規劃與管理

257

表14-5 實驗室藥品登記清單（範例）

英文名稱	中文名稱	CAS.NO.	購買日	存量（採購）	存放位置	供應商及電話	毒化物列管編號	MSDS編碼
Acetone	丙酮	00067-64-1	970109	400ml（500）	藥櫃三	獸克23456789		A1
Acetone	丙酮	00067-64-1	970109	100ml（500）	藥櫃三	獸克23456789		A1
Acetone	丙酮	00067-64-1	910904	1L（1L）	藥櫃三	景明化工27220330		A1
buffer soln（pH=10）	緩衝溶液		951222	250ml（500）	藥櫃四	獸克23456789		
buffer soln（pH=4）	緩衝溶液		951222	250ml（500）	藥櫃四	獸克23456789		
buffer soln（pH=7）	緩衝溶液		951222	250ml（500）	藥櫃四	獸克23456789		
Carbon Dioxide	二氧化碳	00124-38-9	931101	1200psi	門口旁	巧茪實業29886535		C1
Chlorine	氯氣	07782-50-5	931101	3kg	門口旁	巧茪實業29886535	049-01	C2
Chloroform	三氯甲烷	00067-66-3	960217	1000ml（4000）	hood下	六和貿易26000611	054-01	C3
Chloroform	三氯甲烷	00067-66-3	970118	4L（4L）	hood下	六和貿易26000611	054-01	C3
Kaolinite	高領土		940519	400g（500）	藥櫃一	景明化工27220330		
Magnesium Powder	鎂粉	07439-95-4	860202	50g（50）	藥櫃四	六和貿易26000611		M1
Phosphorus（yellow）	黃磷	07723-14-0	820505	20g（100）	藥櫃四	景明化工27220330		P1
Sodium Hydroxide	氫氧化鈉	01310-73-2	960409	200g（1000）	藥櫃一	鼎好貿易23363067		S2
Sulfuric Acid	硫酸	07644-93-9	920513	150ml（500）	藥櫃七	六和貿易26000611		S3
Sulfuric Acid	硫酸	07644-93-9	961026	500ml（500）	藥櫃七	六和貿易26000611		S3

資料來源：修改自臺大化學系藥品清單範例

表14-6 毒性化學物質運作記錄申報表

毒性化學物質運作量低於最低管制限量　校內運作核可申請表

一、申請運作核可　　　　　　　　　　　　　申請日期：　　年　　月　　日

申請類別	□新申請　□補發　□換發　□變更　（變更事項：　　　　　　　）
運作事項	□製造　□輸入　□販賣　□使用　□貯存　　（得勾選多項）
課程名稱	
實驗名稱	
詳細用途	

二、運作場所基本資料

運作行為	□製造　□使用　□貯存		
系別			
實驗室名稱			
實驗室編號			
申請人姓名		電話號碼　（　　）	傳真號碼　（　　）

三、毒性化學物質資料

列管編號 （含序號）		中文名稱、商品名 （無則免填）		
目的用途	1.	2.	3.	
含公告毒性化 學物質成分 （最多只寫含 量最高三種）	中文名稱 （請寫公告名稱）	1.	2.	3.
	含量（% w/w 或 v/v）	1.	2.	3.

四、申請運作人聲明及簽（名）章

1.□本申請表經申請人確認所填資料無誤，且無虛偽情事。
2.□申請人確定申請之運作場所任一時刻單一物質之運作總量低於公告最低管制限量「數量或濃度標準」以下。

申請人簽（名）章		主任；簽（名）章	

說明：　1.本申請表一式一份。2.一種毒性化學物質，一個實驗室申請一份。3.申請表由科學應用與推廣學系管理者保管存查。

資料來源：引自國立臺中教育大學毒性化學物質運作記錄申請表

(三) 器材管理

自然科教室的基本設備可參考教育部的各級學校設備標準，如表14-7 所載。由於種類繁多，因此必須有其遵守及使用的共同規範，以利學生學習使用及保管者的管理。一般管理的原則有四：

1. 使用前事先需登記。這樣才不會有器材衝突的可能性，以上課班級優先使用為原則。
2. 使用時按照其使用說明書操作。
3. 使用後需填寫使用情形及使用狀況。
4. 定時維修及清潔保養。

由於臺灣四周臨海，濕度較高，有些較靈敏的電子器材怕濕氣侵擾，平時需置放於以濕度控制的環境來保管。大型的器材則需定時啟動，以利其功能運作。

表14-7 自然與生活科技基本設備參照表

學習領域	基本設備	第一學習階段	第二學習階段	第三學習階段	第四學習階段	備註
自然與生活科技	常見校園動、植物圖	✓	✓	✓	✓	
	電與磁作用的教具、實驗器材	✓	✓	✓	✓	
	日晷儀	✓	✓	✓	✓	
	測影竿	✓	✓			
	動、植物構造剖面圖、模型		✓	✓	✓	
	力的作用的教具、實驗器材		✓	✓	✓	
	科學家及發明家圖像		✓	✓	✓	
	科學發展史圖、表		✓	✓	✓	
	科學美學圖片		✓	✓	✓	
	聲與光的教具、實驗器材		✓	✓	✓	
	連通管		✓		✓	

續表14-7

學習領域	基本設備	第一學習階段	第二學習階段	第三學習階段	第四學習階段	備註
	天文望遠鏡		✓	✓	✓	
	電源供應器			✓	✓	
	顯微鏡			✓	✓	
	解剖顯微鏡			✓	✓	
	地震儀			✓	✓	
	三球儀			✓	✓	
	天平			✓	✓	
	光學儀器			✓	✓	
	緊急沖淋器			✓	✓	
	溫度與熱的教具、實驗器材			✓	✓	
	力與運動的教具、實驗器材			✓	✓	
	物質性質檢驗的實驗器材			✓	✓	
	生物玻片標本			✓	✓	
	生物生殖的圖、表			✓	✓	
	生物遺傳圖、表			✓	✓	
	物質變化的教具、實驗器材			✓	✓	
	太陽系圖、模型			✓	✓	
	天氣圖、衛星雲圖			✓	✓	
	岩石、礦物、化石等標本			✓	✓	
	物質製造的實驗器材			✓	✓	
	保育類動植物圖、表			✓	✓	
	國家公園分布圖、表			✓	✓	
	自然保留區與保護區分布的圖、表			✓	✓	
	科技文明發展史圖、表			✓	✓	
	生物演化圖、表				✓	
	氣候變遷的教具、實驗器材				✓	

續表14-7

學習領域	基本設備	第一學習階段	第二學習階段	第三學習階段	第四學習階段	備註
	地球上陸地與海洋分布的圖、表、模型				✓	
	地層與地質構造圖、模型				✓	
	水土保持相關教具、模型				✓	
	地球內部結構的模型				✓	
	週期表				✓	
	細胞構造圖、模型				✓	
	現行生物分類系統圖				✓	
	原子、分子模型				✓	
	板塊構造運動圖、模型				✓	
	人體各種系統的圖、表或模型				✓	
	液體壓力與帕斯卡原理的實驗器材				✓	
	浮力實驗器材				✓	
	水波槽				✓	
	氧化還原反應實驗器材				✓	
	化學電池與電解的實驗器材				✓	
	酸鹼中和的實驗器材				✓	
	PH儀				✓	
	細胞分裂與減數分裂的圖、模型				✓	
	各種能量型態的教具、實驗器材				✓	
	釀造與發酵的教具、實驗器材				✓	
	檢測食物中成分（醣類、蛋白質、尼古丁、咖啡因、維他命等）的實驗器材				✓	

續表14-7

學習領域	基本設備	第一學習階段	第二學習階段	第三學習階段	第四學習階段	備註
	發電機與電動機的教具、實驗器材				✓	
	住屋環境的教具、模型				✓	
	各型運輸工具（陸上、水上、空中、太空等）的教具、模型				✓	
	木工車床				✓	
	金工車床				✓	
	電鋸機				✓	
	砂輪機				✓	
	自動作榫機				✓	
	鑽床				✓	
	砂盤機				✓	
	鉋木機				✓	
	點焊機				✓	
	三用電表				✓	
	示波器				✓	
	恆溫箱				✓	
	塗粧用具				✓	
	自然與生活科技教學相關媒體	✓	✓	✓	✓	

資料來源：引自教育部（2003）「國民中小學設備基準」

(四) 實驗廢棄物之清理

在學校進行實驗之後，難免會產生一些廢棄的物質，學校亦為一種事業經營單位，所以其廢棄物要按相關法令來處理。目前有關學校廢棄物清理相關法規有下列五項：(1)廢棄物清理法（95/05/30）；(2)事業廢棄物貯存清除處理方法及設施標準（95/12/14）；(3)公民營廢棄物清除處理機構許可管理辦法（90/11/23）；(4)教育機構廢棄物共

同清除處理機構管理辦法（92/02/07）以及(5)有害廢棄物認定標準（95/12/14）。

　　事業廢棄物可以分為有害事業廢棄物與一般事業廢棄物，兩者應該分開貯存及處理。一般事業廢棄物就依學校的廢棄物分類，把可回收的各類物質分類處理，不可回收的打包清運。下面所談的實驗廢棄物是需要另行處理的有害事業廢棄物。

1. 實驗廢棄物種類

(1) 有機廢液

①鹵素（A）

a.有機鹵素類化合物，如氯仿、二氯甲烷、四氯化碳、氯苯、苯甲氯等廢溶劑。

b.不含水物，有沈澱需先過濾。

c.不含水之脂肪族碳氫化合物溶劑廢液，如醚類、烷類、酮類、酯類等。

②非鹵素（B）：（一般有機溶劑）

a.脂肪族氧化物：醛縮醇、醇類、丙酮、丙烯酮、醋酸酯等。

b.脂肪族含氮化合物：乙睛、甲基氰等。

c.芳香族化合物：苯類、甲苯、二甲苯、苯乙烯類等廢液。

d.芳香族含氮化合物：砒碇等。

e.含硫碳氫化合物：硫醇、烷基苯磺酸鹽（ABS）、硫尿。

③廢油類

a.各種動植物之廢油類，如重油、松節油等。

b.各種潤滑油、變壓器油、齒輪油等。

(2) 無機廢液

①氰系（D）

a.含氰系類之廢液或鍍金電解廢液（pH＞10）。

b.凡酸性氰系廢液須先調整為鹼性（pH＞10）。

c.若含重金屬必須在氰化物分解後，歸重金屬類。

②汞系（E）

a.無機汞：金屬水銀、汞合金、廢水銀、硫酸汞、硝酸汞、氯化汞試藥等。

b.有機汞。

③酸性（F）

a.鹽酸、硫酸、硝酸等廢液及洗滌液。

b.不含重金屬之無機酸類（鉻酸除外）。

c.含氟、磷酸類之廢液（用氯化鈣處理，以形成安定之鈣鹽）。

④鹼性（G）

a.氫氧化鈉和氫氧化鉀等鹼性廢液。

b.碳酸鈉、碳酸鈣等廢液。

⑤重金屬（H）

a.含鐵、鎳、鈷、錳、鋁、鎂、錫、鋅、銅、砷、鉻、鉛等重金屬廢液。

b.六價鉻必須先還原處理成三價後，歸入含重金屬廢液。

c.照相之顯影、定影廢液，含鹵化銀、硝酸銀類廢液。

(3) 固體廢棄物

①可燃性生物廢棄物（I）：可燃生物醫療廢棄物應以紅色可燃容器密封貯存，並標示生物醫療廢棄物標誌；其於常溫下貯存者，以 1 日為限，於攝氏 5 度以下冷藏者，以7日為限：

a. 廢棄之感染性培養物、菌株及相關製品。

b. 廢檢體、廢標本、人體、動物殘肢、器官或組織等。

c. 廢透析用具、廢血液或廢血液製品。

d.其他曾與病人血液、體液、引流液或排泄物接觸之可燃性事業廢棄物。

e.其他依「有害事業廢棄物認定標準」規定屬可燃感染性廢棄物者。

②不可燃性生物廢棄物（K）：不可燃生物醫療廢棄物應以不易穿透之黃色容器密封貯存，並標示感染性事業廢棄標誌：

a.廢棄之針頭、刀片、縫合針等器械，及玻璃材質之注射器、培養皿、試管、試玻片。

b.其他依「有害事業廢棄物認定標準」規定屬不可燃生物醫療廢棄物。

c.不可燃生物醫療廢棄物直接清除至最終處置場所前應先經滅菌處理。

③有害固體廢棄物

a.含有毒、害物質之過濾殘渣或濾紙、濾布等。

b.有毒害藥劑之容器、水銀燈管、各種電池等固體類廢棄物。

c.金屬之氫氧化物、氧化物、硫化物、碳化物、氮化物、硫酸。

d.鹽、碳酸鹽以及以上之混合物。

2. 實驗廢棄物清運流程

首先將所產出的廢棄物之先行分類、收集、標示及暫時貯存於特定場所，待貯存桶裝滿時或到廢棄物的暫存期限前，進行清運工作。首先的作業流程是依廢棄物種類進行實驗廢棄物之申報，並填寫實驗廢液／生醫廢棄物清除申報表、實驗廢棄物清點表；接著向所屬地方之環保局申請清運，高中以上學校填寫三聯單、國中小則填寫六聯單。以上資料均需留存，以供查考（圖14-1）。

廢棄物之先行分類方法如圖 14-2 的流程判斷，否則廢棄物錯置後，不僅浪費清運的費用，更造成不必要的處理過程，不僅造成更多能源損耗，更有污染的風險。廢棄物之標示如表 14-8，必須貼於廢棄桶上，才能依法清運。

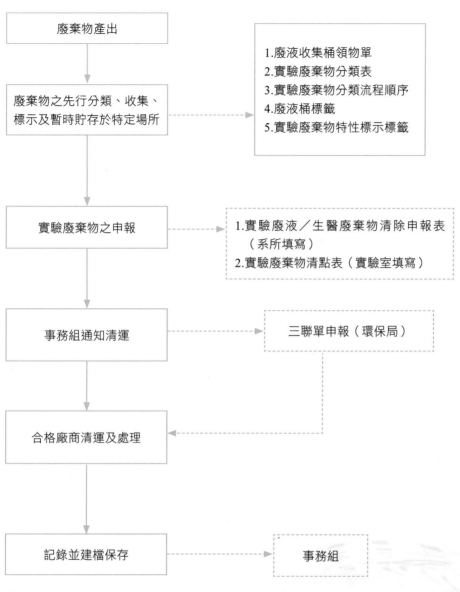

廢棄物產出

廢棄物之先行分類、收集、標示及暫時貯存於特定場所

1. 廢液收集桶領物單
2. 實驗廢棄物分類表
3. 實驗廢棄物分類流程順序
4. 廢液桶標籤
5. 實驗廢棄物特性標示標籤

實驗廢棄物之申報

1. 實驗廢液／生醫廢棄物清除申報表（系所填寫）
2. 實驗廢棄物清點表（實驗室填寫）

事務組通知清運

三聯單申報（環保局）

合格廠商清運及處理

記錄並建檔保存

事務組

🔲14-1　實驗室廢棄物清運流程

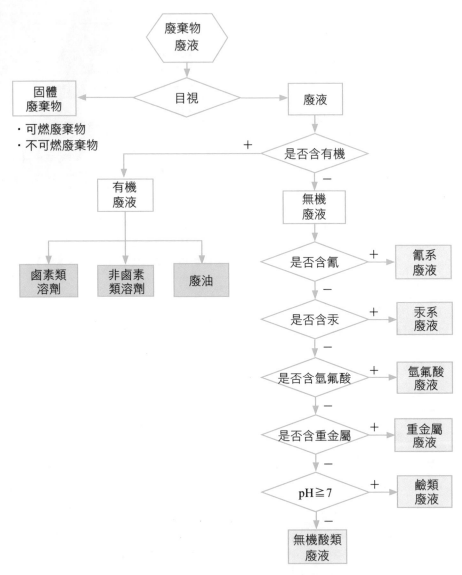

圖14-2 實驗室廢棄物分類流程順序

備註：廢液的安定化及安全防護

1. 對於有機廢液中無法明確分類者，得歸類為含鹵素有機溶劑。

2. 氰系廢液（B）需進行必要的安定化，產出實驗室需將其 pH 值調整至 11，否則亦產生劇毒 CNCl，將危害清運處理及實驗室人員。

3. 氟、磷類廢液（C），需加入鈣鹽安定，如 CaO、Ca(OH)$_2$、CaSO$_4$、CaCl$_2$ 等，並將 pH 值調整至 > 7.0。或以 1:1 添加。

資料來源：引自成功大學環境保護暨安全衛生中心

廢棄物
廢液

目視

固體
廢棄物
・可燃廢棄物
・不可燃廢棄物

廢液

是否含有機
+
−

有機
廢液

無機
廢液

鹵素類
溶劑

非鹵素
類溶劑

廢油

是否含氰 + 氰系
廢液
−

是否含汞 + 汞系
廢液
−

是否含氫氟酸 + 氫氟酸
廢液
−

是否含重金屬 + 重金屬
廢液
−

pH≧7 + 鹼類
廢液
−

無機酸類
廢液

表14-8　實驗廢液標籤示例

○○大學實驗廢液標籤

□無機廢液　　　□有機廢液　　　編號：_____

分類碼：_____　　分類：_____

廢液成分：_____

廢液量：_____公升

系所科名稱：_____

實驗室名稱：_____

指導教授簽章：_____　分機：_____

集中日期：____年____月____日

貼上廢棄物
特色的標誌
圖

(五) 實驗及實習場所的管理

　　實驗室的空間規劃與一般教室不同的地方，在於其對於安全的需求是更為嚴苛的，除了安全設備的裝置外，對於工作走道、器材使用、藥品、廢棄物等等都有詳細的法規或規範要點。因此，各級學校視實驗及實習場所的工作性質，會列出相關的管理辦法要求使用的師生共同遵守，以下以一實驗及實習場所的管理辦法通則作為參考的範例：

1. 使用實驗室請先至設備組或相關管理單位登記，借用鑰匙，用畢請立即歸還。
2. 請教師或相關指導人員確實填寫「實驗及實習場所的實驗日誌」。
3. 進行實驗或實習課程前，應依法規規定給予學員適當的安全衛生講習，方可進行其後的實驗或實習課程前。
4. 實驗室內嚴禁飲食，不可奔跑嬉戲。
5. 請嚴格規定學生遵守實驗室規則，注意實驗安全。
6. 化學藥品標籤，若有脫落不明，請立即補全。
7. 器材務必了解其使用方法或受過使用訓練，方可操作。

8. 藥品、器材使用完畢，請洗淨、整理並放回原處。

9. 離開實驗室前，將工作檯及環境清潔完畢，並檢查水源、電源、門窗確實關妥。

10. 實驗室內設備有任何問題，請隨時與設備組或相關管理單位聯繫以便改進，確保實驗室安全及正常使用。

特別要注意的是「實驗及實習場所的實驗日誌」要詳實記錄，以資安全管控參考。

四 安全教育

在學校進行科學活動，首重的就是學童能在安全的情形下進行教學活動，尤其是實驗室有許多器材，不當使用或是進行實驗時不當心，就比較容易出差錯。此外，在進行室外觀察活動時，也必須留意及遵守有關的安全規範，以期在安全的狀況下進行教學活動。

(一) 實驗教學安全事項與規範

實驗操作應注意之安全要領很多，不同操作單元的注意事項也不盡相同，

1. 一般規範

以下就有關實驗課程應注意之重點，依實驗課前、中、後注意事項說明如下（施政宏、李菁菁，2002）：

(1) 實驗課前準備工作

①進入實驗室先打開窗戶，保持通風。

②知道滅火器和沖洗裝置的位置及使用方法。

③依照組別座次，坐於固定之組桌，各組遴選組長。組長對實驗及技能課程應負督導安全職責。

④保持安靜，分組組長清點器材和人數，向老師報告。

⑤實驗時各組組長應分配每一位組員工作，並於時間內完成。

⑥詳讀書本課程內容，熟悉操作方法。

⑦實驗前應熟悉可能發生的意外以及緊急應變措施與安全防護措施。

⑧初學者或對一個不熟悉的實驗，應有老師在旁指導。

(2) 實驗課上課中

①注意聆聽老師講解實驗操作程序和危險事件之防範方法。

②依照實驗步驟操作，並細心觀察和記錄。

③分組討論並提出問題，請教老師。

④操作完畢，完成實驗記錄。

⑤實驗室中，嚴禁追逐、嬉戲、喧嘩和危險的操作，以免意外發生。

⑥從事實驗工作時務必集中精神專心一致。

⑦課程操作時，務須小心謹慎，以防意外事件發生。如有意外發生時，應馬上通知教師。

(3) 實驗結束後

①將廢棄物依相關法規規定分類處理。

②清洗玻璃器皿、桌面及水槽中的雜物。

③整理桌面，並將器材放置整齊。

④實驗結束後，應關閉所有不用之電源。

⑤離開實驗室前請徹底洗淨雙手。

2. 安全規範

(1) 確實依生物危害分級及其作業規範，並在適當場所操作生物實驗。（依勞委會勞工安全衛生研究所已出版「勞工安全衛生生物危害分級管理指引」）

(2) 若生物實驗之實驗材料為管制範圍，請依生物種類提出適當的實驗計畫申請，經核可後方可進行實驗。

(3) 若生物實驗之實驗藥品為管制用藥，請依規定申請，經核可後方可進行實驗。

(4) 高溫作業場所不得存放有機溶劑、油類等易燃、易爆物品，高溫熱源應裝設防護措施，作業中應穿戴防熱裝備。

(5) 有機溶劑作業應注意事項如下：

① 有機溶劑應於指定地點存放，並標明種類、名稱及張貼危害標示。

② 有機溶劑之容器應隨時加蓋，以防止氣體逸散。

③ 於室內作業場所從事有機溶劑作業時，應將注意事項，公告於作業場所明顯之處，使作業人員周知。

④ 有機溶劑之廢液不可任意傾倒，應倒入指定之廢液容器中，並依規定處理。

(6) 適用場所使用中央主管機關規定之有害物，應將其名稱、危害警告訊息危害防範措施等公告宣導，使人員注意防範。

(7) 進行具有感染之實驗，應於實驗前以中文填寫感染性實驗紀要表，必要時並應填具相對應經公認之外文名稱，依規定程序申請核可後，始得為之。但實驗之危害有無法控制之虞者，應取消該項核可命令及停止實驗。

(8) 進行前項之實驗時，應於實驗場所明顯處設置適當之警告標示。

(9) 與生物科技有關之適用場所，應依國際公認生物科技安全及環境保護標準，訂定其安全、防災及疏散規範。

(10) 對於處理有害物或人員暴露於強烈噪音、超音波及紫外線非游離輻射，或生物病原體污染等之有害作業場所，應減輕或去除該危害，採取使用替代物、改善作業方法或工程控制等有效之設施。

(11) 適用場所使用化學物質應注意事項如下：

① 每一化學品應標示公告圖示、名稱、危害警告訊息、危害防範措施。

② 製造每一危害物質之物質安全資料表，提供人員必要之安全衛生注意事項。

③ 製作危害物質清單，以控制適當之存量及方便管理。

(12)高壓氣體之灌裝應由專業人員為之，禁止自行填充。

(13)近距離搬運鋼瓶時應使用專用手推車，不得於地上拖拉或將鋼瓶臥倒地上滾動。

(14)高壓氣體鋼瓶於使用中應遠離電源、火源及可燃性物質。作業結束後，應立即關閉氣源。

(15)非經場所人員許可，不得在各場所或倉庫內使用火種。

(16)工作時應配戴個人必要之安全衛生防護具，並選擇安全的工作方法。對於有害物、有毒物或致癌物質之處理，作業人員應戴手套、口罩外，必須在排煙櫃中操作。

(二) 實驗安全設施與教育說明

要進實驗室或實習場所，那就一定要接受實驗室安全衛生訓練，這不但是必要的安全措施，也是依照勞委會規定，一定要施予「實驗場所安全衛生講習」，否則不得參與實驗室或實習場所的工作。因為依據「勞工安全衛生法」第 23 條規定：雇主對勞工應施以從事工作及預防災變所必要之安全衛生教育、訓練。勞工對於安全教育、訓練，有接受之義務。雖然學生並與學校大多並不是主雇關係，但為了保障學生的安全，尤其是大專院校至少都會施予 3 小時以上的訓練。

因為實驗情況難料，有些實驗室裡面瓶瓶罐罐的化學藥品很多，或是有些實習工場有機器操作的部分，稍有不慎，不僅危害公共安全，自身安全也嚴重受到威脅。所以學校或是研究單位，都會要求新（生）人要參加實驗室安全訓練，並加以考核。有些危險性高的操作，甚至還要另外再上課或考照，認證後才可以執行相關實驗或儀器的操作。因為實驗室的意外是非常可怕，尤其藥品種類多、安全防範性質各異，而起因可能只是一個小小無心的疏忽，就足以釀成大災。這也是為什麼需要持續訓練，提醒我們不可怠忽安全，你也不希望你在專心做實驗研究時，還要擔心在旁邊的人是否是一個沒上過安全訓練的冒失者呢！

一般的實驗室要有下列幾項基本的安全配備：

1. 急救箱：需有定期檢查的機制，並有藥品的更新紀錄。
2. 消防及安全器材：包含消防設備、逃生設備、個人防護設備、危害物質洩漏的處理設備等等。
3. 緊急淋浴設備：包含洗眼器及緊急淋浴兩部分，除檢查水壓大小以外，尚須注意水質的清潔與否。

　　另外就各實驗室的設施及安全設備，各項設施應做定期的檢查，並應確實填報（表 14-9）。

表14-9　實驗室安全衛生檢查表示例

實驗室每週安全衛生自動檢查檢點記錄表（每月一張）							
實驗室所屬系所	國立臺中教育大學科學應用與推廣學系						
實驗室所屬建築物	自然科學館						
實驗室名稱（編號）	□ 化學實驗室（D102）　□ 化學研究實驗室（D103）　□ 精密儀器實驗室（D205）		□ 環境生理實驗室（D201）　□ 生物實驗室（D202）　□ 物理實驗室（D304）					
實驗室指導老師簽章							
檢查起訖日期	民國　　年　　月　　日至　　年　　月　　日						
檢查項目	檢查重點	第1週	第2週	第3週	第4週	第5週	備註
高壓氣體設備——小型壓力鍋	檢查接頭部分有無溢洩	有 □　無 □	有 □　無 □	有 □　無 □	有 □　無 □	有 □　無 □	
	壓力是否正常	是 □　否 □	是 □　否 □	是 □　否 □	是 □　否 □	是 □　否 □	
	其他（　）						
緊急淋浴設備	有無測試緊急淋浴之功能	有 □　無 □	有 □　無 □	有 □　無 □	有 □　無 □	有 □　無 □	
	有無測試緊急洗眼器之功能	有 □　無 □	有 □　無 □	有 □　無 □	有 □　無 □	有 □　無 □	
	檢視水質之外觀顏色有無異常	有 □　無 □	有 □　無 □	有 □　無 □	有 □　無 □	有 □　無 □	
	是否有明顯之標示	是 □　否 □	是 □　否 □	是 □　否 □	是 □　否 □	是 □　否 □	
	其他（　）						

項目	檢查內容						
消防滅火設施	是否有備有防止各類火災之滅火器	是 ☐	是 ☐	是 ☐	是 ☐	是 ☐	
		否 ☐	否 ☐	否 ☐	否 ☐	否 ☐	
	滅火器是否定期更新	是 ☐	是 ☐	是 ☐	是 ☐	是 ☐	
		否 ☐	否 ☐	否 ☐	否 ☐	否 ☐	
	貯放場所有無標示	有 ☐	有 ☐	有 ☐	有 ☐	有 ☐	
		無 ☐	無 ☐	無 ☐	無 ☐	無 ☐	
	其他（　）						
防火避難設備	安全門之自動關閉動作是否正常	是 ☐	是 ☐	是 ☐	是 ☐	是 ☐	
		否 ☐	否 ☐	否 ☐	否 ☐	否 ☐	
	樓梯間有無堆積雜物	有 ☐	有 ☐	有 ☐	有 ☐	有 ☐	
		無 ☐	無 ☐	無 ☐	無 ☐	無 ☐	
	樓層是否設有避難逃生路線圖	是 ☐	是 ☐	是 ☐	是 ☐	是 ☐	
		否 ☐	否 ☐	否 ☐	否 ☐	否 ☐	
	其他（　）						
氣罩排煙櫃	氣罩開口控制風速是否在0.5m/s上	是 ☐	是 ☐	是 ☐	是 ☐	是 ☐	
		否 ☐	否 ☐	否 ☐	否 ☐	否 ☐	
	皮帶有無滑移或鬆弛	有 ☐	有 ☐	有 ☐	有 ☐	有 ☐	
		無 ☐	無 ☐	無 ☐	無 ☐	無 ☐	
	導管有無破損或腐蝕	有 ☐	有 ☐	有 ☐	有 ☐	有 ☐	
		無 ☐	無 ☐	無 ☐	無 ☐	無 ☐	
	導管及氣罩內有無堆積粉塵	有 ☐	有 ☐	有 ☐	有 ☐	有 ☐	
		無 ☐	無 ☐	無 ☐	無 ☐	無 ☐	
	調節板是否在適當位置	是 ☐	是 ☐	是 ☐	是 ☐	是 ☐	
		否 ☐	否 ☐	否 ☐	否 ☐	否 ☐	
	馬達啟動時室內音是否異常	是 ☐	是 ☐	是 ☐	是 ☐	是 ☐	
		否 ☐	否 ☐	否 ☐	否 ☐	否 ☐	
	其他（　）						
儀器及附屬設備	電源供應系統是否正常	是 ☐	是 ☐	是 ☐	是 ☐	是 ☐	
		否 ☐	否 ☐	否 ☐	否 ☐	否 ☐	
	其他（　）						
安全衛生防護具	防護具是否足夠（如安全鞋、手套、防塵防毒口罩、實驗衣、護目鏡等等）	是 ☐	是 ☐	是 ☐	是 ☐	是 ☐	
		否 ☐	否 ☐	否 ☐	否 ☐	否 ☐	
意外分析損失控制	各種意外事件是否有完整紀錄	是 ☐	是 ☐	是 ☐	是 ☐	是 ☐	
		否 ☐	否 ☐	否 ☐	否 ☐	否 ☐	
	是否針對事故加以分析	是 ☐	是 ☐	是 ☐	是 ☐	是 ☐	
		否 ☐	否 ☐	否 ☐	否 ☐	否 ☐	
	其他（　）						

改善建議：

檢查人：　　　　　　　　　主任：

本表為賴昭維先生設計。

課後作業

1.科學教育環境可包含哪幾部分？各有什麼特色？

2.科學教育環境規劃原則為何？

3.科學教育環境空間依其用途，有哪些規劃及注意事項？

4.科學教室（實驗室）之管理包含哪幾部分？

5.安全教育包含哪幾部分？需依哪些法規確實執行？

延伸學習資源

1. 教育部校園安全暨災害防救通報處理中心（http://csrc.edu.tw/?open）

2. 教育部安全衛生教育網（http://140.135.11.231/）

3. 勞工安全衛生知識網（http://www.iosh.gov.tw/shk/SHKIndex.aspx）

4. 行政院環保署（http://www.epa.gov.tw/）

5. 成功大學環境保護暨安全衛生中心（http://eps.gis.ncku.edu.tw/index.htm;jsessionid=29682027E8237CFC9E08560D08B584A8）

參考資料

中文部分

行政院教育部（2003）。**國民中小學設備基準**。行政院教育部。

行政院環境保護署（2009）。**毒性化學物質標示及物質安全資料表管理辦法**。

行政院環境勞工安全委員會（2002）。**勞工安全衛生法**。行政院環境勞工安全委員會，臺北。

行政院環境勞工安全委員會（2009）。勞工安全衛生法施行細則。行政院環境勞工安全委員會，臺北。

吳坤璋、黃台珠、吳裕益（2006）。以結構方程模式檢驗影響國小學生對科學的態度之理論模式。**師大學報**，*51*（1-2），83-106。

李旻憲、張俊彥（2004）。地球科學教室學習環境問卷之研發與初探。**科學教育學刊**，*12*（4），421-443。

林萬義（1986）。**國民小學學校建築評鑑之理論與實際**。臺北：五南圖書。

施政宏、李菁菁（2002）。危機四伏——自然科實習室安全衛生教學模組。**臺中市國教輔導團教學活水第二集**，74-84。

洪姮娥（1984）。實驗室在科學教學上的功能。**中等教育**，*35*（6），25-27。

教育部（1994）。**現階段國民中小學基本設備標準表**。教育部國民教育司。

莊雪芳、鄭湧涇（2003）。國中學生對生物學的態度與學習環境之研究。**科學教育學刊**，*11*（2），171-194。

湯志民（1992）。**學校建築與校園規劃**。臺北：五南圖書。

楊正誠摘譯（2009）。美國新書介紹——「被科學環繞：非正式環境的科學學習」。**教育部電子報**，*384*，2009-11-12。

魏明通（1997）。**科學教育**。臺北：五南圖書。

龔武雄（1998）。談規劃實驗室與實習工廠應有的考量。**環境科學技術教育專刊**，*15*，48-56。

第 15 章

科學教育
相關教學資源簡介

吳穎沺

本章概觀

　　隨著資訊科技的日新月異，知識的傳遞已經可以透過網路及多媒體等技術突破時間和空間的限制，這也使得人們擷取、處理與應用資訊的方式產生了巨大的變化，而近年來隨著網際網路的盛行，提供了教學者與學習者更豐富、多元的科學學習資源與學習環境。本章節主要介紹網路上的科學教育相關教學資源，首先將分別針對教學者進行教學準備時會利用到的相關教學資源、教學時可利用的相關教學資源，以及教學後會利用到的相關教學資源進行介紹；最後的部分則是一些國內重要的科學教育相關機關及相關網路資源彙整。

一　教學準備時可利用之相關教學資源

　　隨著九年一貫新課程的實施，教科書內容大幅減少，教師必須自行發展補充教材，而網際網路可說是一個豐富的教學資源資料庫，建構成一個教學者最佳的教學準備環境，教學者可以隨意在網路上進行非線性的文件搜尋與閱讀，以獲取個人教學準備所需的影像、聲音、文字、圖形；因此，建議教學者在教學前可以先針對教學單元內容，利用本章第四節中針對國內重要的科學教育相關機關及相關網路資源，選取適當的網站進行瀏覽，再利用相關網站中的文字、圖片、影像等相關內容組織教學內容，或作為補充教材。例如：科學教育學習網（http://science.edu.tw/index.jsp）提供中小學物理、化學、數學、生物、自然與生活科技、地球科學教師在補充教學發展規劃、示範實驗、教學策略、評量方式等之參考，教學者可以在教學前利用這些網站上的資源發展自己的單元教材內容以及補充教材。而教學者亦可以利用 WebQuest（探索網站）來進行教學準備，並把自己的教學內容以網站方式呈現。WebQuest 的原創者是 Bernie Dodge 與 Tom March 兩位教授（http://webquest.sdsu.edu）；簡單地說，WebQuest（探索網站）是一種「任務導向」（task-based learning）的學習方式，教學者利用網路上資源

預先組織成單元學習教材，並放置於網站上，再讓學生運用網站上的資訊，透過分析、綜合、評價等思考活動來探索學習單元中相關的議題，以完成一些指定的任務或工作。一般來說，WebQuest 通常採用小組合作學習的方式進行，而教師以協助者的形式協助學習者完成指定任務；而為便利教師們彼此分享單元教材內容，WebQuest 更可以加入教師頁，提供進一步的教學資訊。而一個 WebQues 的主要組成至少包括五個部分：

1. 前言：這部分提供背景資訊和引起學習動機，讓學習者了解單元學習目標。

2. 任務：這部分要說明學生需完成什麼樣的學習任務。

3. 過程：這一部分描述學習者完任務所需要經過的步驟，包括學習者完成任務過程中所需要參考的網上資源及網址。

4. 評價：每一個 WebQuest 都需要有一套學習成效的評價標準，這個部分是預先讓學習者了解任務成果如何評價。

5. 結論：提出學習者應學會什麼，鼓勵及引導將學習經驗應用到其他學習領域。

此外，WebQuest 的學習方式可依其教學時間分成短期與長期兩種，其教學目的亦有所不同。短期 WebQuest 的教學時間大約是一至三課節，其教學目的是知識的獲取和整合；換言之，在短期 WebQuest 結束時，教學者預期學習者可獲取並整合了一定數量的新概念或知識。而長期 WebQuest 的教學時間可達一週至一個月，其目的是學習延伸和知識求精；而完成一個長期 WebQuest，學生可深入地分析和轉變知識，更可以透過線上討論區的方式，與他人相互交流學習資料或資訊。教學者亦可依實際教學需要設計教學單元的 WebQuest，有關 WebQuest 設計的實例亦可參考國內外其他相關網站（例如：http://mail.yejh.tc.edu.tw/~bioteacher/index.htm 與 http://course.fed.cuhk.edu.hk/community/webquest/）。

二 教學進行時可利用之相關教學資源

一般而言，教師於教學過程中可能運用的相關教學資源可能有：線上資源（專題網站）、模擬動畫或實驗以及線上及時資料等三種，茲分別簡介如下：

(一) 線上資源（專題網站）

專題網站通常有許多有關特定主題的豐富文字、圖片與影像資料，教學者可以使用此專題網站讓學生查詢及自我學習，以提升學生的學習成效，增進學生對自然與生活科技的學習態度及學習興趣。例如：教育部自然生態學習網（http://nature.edu.tw/rchild/）提供了動物類、植物類、蕈類以及地形的介紹，教師可運用網站的內容讓學生進行探索，通常這類的網站也會有課後練習的題目。

(二) 模擬動畫或實驗

模擬動畫不僅只是將內容圖像化並且還能模擬，模擬可以依據使用者下達的不同條件模擬出其不一樣的結果，這種動態式互動學習比起靜態的圖像更能吸引學習者的目光，運用模擬動畫不但可以讓學童主動參與學習，更可以引發學童的想像力、思考力以及創造力。一般而言，模擬動畫可以用在一些學習者不容易直接觀察或觀測到的自然現象，或是用以幫助學習者練習一些技能操作，例如：教學者可以利用數位星座盤（www.mcps.tcc.edu.tw/teach/2.htm）幫助學習者練習星象盤的操作，也可以透過星象盤的操作讓學習者了解當日的星空；而透過互動式的模擬動畫（例如：互動教具研究室；http://www.hgjh.hlc.edu.tw/~drop/）更可以讓學習者透過實際操作的過程，了解教學單元內的科學知識以及過程技能，特別是透過利用虛擬實驗（例如：教育部科學教育學習網物理單元虛擬實驗 http://science.edu.tw/index.jsp；臺灣師大物理教學示

範實驗教室 http://www.phy.ntnu.edu.tw/class/demolab/index.html），教學者可以於實驗進行前先讓學習者預習實驗過程與步驟，除了在缺乏實驗器材時使用，亦可以透過預習方式減少一些實驗室所可能發生的危險，更可以讓學習者有更深入的學習。

（三）線上即時資料

有一些單元內容涉及一些氣象、海象或地震的即時觀測資料或歷史資料，這時候教學者就可以利用相關網站進行教學；例如：教學者可以讓學習者利用中央氣象局的網站（http://www.cwb.gov.tw），找出近幾年來學校所在地某個月的降雨量、平均降雨量或是月平均溫度等資料，以了解在全球氣候變遷之下，本地氣候有什麼樣的劇變。

教學後可利用之相關教學資源

教學者於教學後可以利用的主要相關資源，主要用於學習者的課後練習或補救教學，及教師本身的專業成長兩大類，茲介紹三個相關網路資源：

（一）K12數位學園（網址：http://ds.k12.edu.tw/）

為了配合教育部九年一貫資訊融入學科教學的政策推動，國立中山大學資訊管理學系陳年興教授接受教育部卓越計畫的支持，建置了K12 數位學校。K12 數位學校是採雙元模式，以兩個方向同步進行：一個是促進教師專業成長，除了開設結構性的課程以提供教師進修外，更希望建立教師相互分享與成長的學習群體；另一個方向為讓教師修習課程後，能夠將平日的教學活動與數位學校結合，將學生帶入 K12 數位學校來進行教學，以真正落實資訊融入學科教學的理想。因此，教師

可以利用 K12 數位學校進行專業成長，成為終身學習者，再透過自己本身在網路上當學生的經驗，轉化成可以帶領學生在網路上做有效的學習的能力。

〔二〕科學園（網址：http://enjoy.phy.ntnu.edu.tw/）

這是一個針對科學學習所設計的網路線上課程系統，老師可以開設課程，添加教學資源（網頁或連結等）、設計題庫、組合試卷、討論區、聊天室等線上教學工具，學生可以透過課程所提供的線上資源，參與學習活動、討論的網路輔助學習空間；因此，教師可以利用科學園讓學習者在課後進行加深加廣的學習，而學習者的學習也可以突破時空的限制，在更適性化、更多元的學習環境中進行學習。

〔三〕安安免費教學網
（網址：http://www.anan1.webnow.biz/main.htm）

站長沈芯菱童年因家境貧困，對於城鄉差距下被忽視的弱勢族群更加感同身受，時見同學無法負擔學費、補習費，導致失去平等的機會，往往輾轉反側的思考如何盡一己棉薄之力；終於，2002 年 11 月開站，彙編了數十萬筆多元領域教材，至今感謝全國有 200 多萬學生、老師、家長上網學習。希望能嘉惠弱勢莘莘學子，並將臺灣免費教學導引向可行可遠的方向。其後更突破許多限制，設立臺商子弟版，讓對岸的學子能獲得臺灣的教育資訊。目前正在進行「中國安安免費教育網」，期許以善意為出發，服務於中國弱勢學子。期許能擴展至柬埔寨、越南、緬甸等開發中國度，成為全世界的免費學習平臺，開啟「知識大同」新紀元。（節錄自安安免費教學網網站）

四 國內重要科學教育相關機關及網路資源彙整

本節主要彙整國內重要科學教育相關機關及網路資源及其簡介以供教學者參考，教學者可以利用這些資源進行教學準備，或是使用於教學過程中，甚至作為個人專業知識進修的資源。

（一）科學教育相關博物館或機關簡介

1. 國立臺灣科學教育館（網址：http://www.ntsec.gov.tw/）

本館配合發行《科學研習月刊》提供學校師生閱讀。除出版品外，亦陸續規劃室內科學常態展覽活動，民國 71 年起更選拔全國中小學科學展覽優秀作品，推薦參加國際科技展覽競賽；此外，亦積極投入辦理館內外科學種籽教師研習，及社區與偏鄉地區科教普及推廣活動。除主動性推廣活動外，由於網路是縮短空間與距離非常有效之方式之一，也是目前積極建構完整之科教館網絡，期能由完整建構與內容充實之「網路科教館」，縮短都會與偏鄉科學資源之差異，令學生學習資源無時間與空間之落差。（節錄自國立臺灣科學教育館網站）

2. 國立科學工藝博物館（網址：http://www.nstm.gov.tw/index.asp）

行政院於民國 68 年頒定之十二項建設計畫中，將興建博物館列為中央文化設施項目之一，國立科學工藝博物館是國內第一座應用科學博物館，亦為南臺灣第一個國立社教機構，以蒐藏及研究科技文物、展示與科技相關主題、推動科技教育暨提供民眾休閒與終身學習為其主要功能。國立科學工藝博物館為國立社會教育機構，以推廣社會科技教育為其主要功能，故其建館任務為研究、設計、展示各項科技主題，引介重要科技之發展及其對人類生活的影響。（節錄自國立科學工藝博物館網站）

3. 國立自然科學博物館（網址：http://www.nmns.edu.tw/）

國立自然科學博物館蒐集全國代表性之自然物標本及其相關資料（包括人類學遺物），以供典藏、研究，並為展示及教育之用。國立自然科學館展示的內容主要在強調「人與自然」的觀念，並使用最進步的展示與解說方式，把這個理念傳遞給社會大眾。科學是人類在求生存的過程中，探索大自然奧秘的思想結晶，「自然」則是我們賴以生存的環境。我們要自各個角度去了解人類，了解人類與自然互相依存的關係。（節錄自國立自然科學館網站）

4. 國立臺灣博物館（網址：http://www.ntm.gov.tw/）

是臺灣歷史最悠久的博物館，透過博物館這道窗，您將看到臺灣地質、人文、動物及植物發展的軌跡和面貌。今日的國立臺灣博物館仍延續當年創館時的規模，目前設有人類學、地學、動物學、植物學及推廣組等五個研究組，蒐藏研究以臺灣本土的文化歷史、生物物種及自然現象為主要方向，並將成果透過主題展示、教育活動、出版及各項合作計畫等方式呈現與延伸，服務廣大群眾，達到博物館教育的目標。（節錄自國立臺灣博物館網站）

5. 國立海洋生物博物館（網址：http://www.nmmba.gov.tw/）

國立海洋生物博物館繼「臺灣水域館」、「珊瑚王國館」開幕之後，結合水族館及全數位影像化的方式，介紹涵蓋全球水域、古海洋的「世界水域館」，透過先端科技的整合展示古代海洋、海藻森林、深海水域、極地水域等四大主題。使來訪的人們在虛擬和實體結合的情境營造中，達到寓教於樂的參觀體驗。（節錄自國立海洋生物博物館網站）

6. 國立鳳凰谷鳥園（網址：http://www.fhk.gov.tw/）

國立鳳凰谷鳥園飼養展示臺灣本土及世界各地 2,000 隻的珍禽異鳥等。鳥園以創造具有自然欣賞之教育環境、提升高品質之遊憩體驗為前提，並以鳥禽保育之理念，擴大民眾對野生鳥禽的認識及建立自然界生

態保育的觀念。（節錄自國立鳳凰谷鳥園網站）

7.臺北市立成功高級中學昆蟲科學博物館
（網址：http://library.cksh.tp.edu.tw/butterfly/butterfly.htm）

蒐藏及展示由成功高中教師也是校友陳維壽老師，歷經 30 年蒐集的標本及有關昆蟲資料，藉以推展鄉土昆蟲之保育觀念，並以昆蟲為主題進行科學教育，是世界最大的昆蟲博物館，館藏標本約 5 萬件，其中在昆蟲博物館內展示者 3 萬件，有關昆蟲之民藝品、教學媒體及其他展示物多件。館中不乏全世界獨一無二的珍貴標本，如「模式標本」、陰陽蝶等；另有過去 50 年間，於蝴蝶王國——臺灣，發生過的特有蝴蝶民俗文化及已經絕跡的蝴蝶谷生態奇觀等珍貴動畫及紀錄。（節錄自臺北市立成功高級中學昆蟲科學博物館網站）

8.澄清湖海洋奇珍園（網址：http://www.cclem.url.tw/）

海洋奇珍園開館至今，因為鄰近高雄市區與特殊環境背景，再加上所展出的海洋生物皆為難得的精選珍寶，國內與日本旅遊媒體極力讚賞與推薦。海洋奇珍園展示來自世界各地嬌貴的海洋珍奇生物，經過多年摸索，克服深海壓力及養殖技術上的困難，觀眾才得以近距離觀賞到特別稀有的底棲魚類。（節錄自澄清湖海洋奇珍園網站）

9.臺北市立動物園（網址：http://www.zoo.gov.tw/）

臺北市所屬唯一之自然科學類博物館，近年展示物種由最初的哺乳類、鳥類及蝴蝶三大類，擴增至兩棲類、爬蟲類、魚類及昆蟲等，逐漸能夠呈現自然界生命多樣性的完整面貌。（節錄自臺北市立動物園網站）

10.福山植物園（網址：http://fushan.tfri.gov.tw/）

福山試驗林區一直都有多項長期生態研究計畫持續進行，探討森林生態系的組成與功能（包括生物因子與非生物因子），林試所將整片林區劃分為「水源保護區」、「植物園區」及「哈盆自然保留區」。植物

園區位於試驗林中段，面積計 409.5 公頃，除供作試驗研究之場所外，地勢較平坦的 30 公頃地區，則規劃為行政管理區與植物展示區，有系統地蒐集臺灣地區的植物，加以栽植展示；並充分運用自然資源，發揮學術研究、環境教育、資源保育及森林遊憩等功能。（節錄自福山植物園網站）

11.中央研究院生物多樣性研究博物館
（網址：http://asizrm.sinica.edu.tw/）

在植物方面，主要蒐藏臺灣（含附屬島嶼）及東亞維管束植物。特殊的蒐藏有菊科、秋海棠科、鴨跖草科、珍珠菜屬（報春花科）、細辛屬（馬兜鈴科）、魔芋屬（天南星科）、茜草科、地錦屬（大戟科）及茶科。在動物方面，包括魚類、兩棲爬蟲、鳥類、哺乳類、珊瑚、扁形動物、環節動物、軟體動物、昆蟲、甲殼類、棘皮動物等標本，分別典藏於昆蟲、無脊椎動物、魚類、鳥類／哺乳類／兩生爬蟲等標本室內。（節錄自中央研究院生物多樣性研究博物館網站）

12.特有生物研究保育中心保育教育館
（網址：http://cec.tesri.gov.tw/cec/）

臺灣由於自然環境多變，具有熱、暖、溫、寒不同的氣候型態，具複雜多樣的生態系，蘊育各種不同的生物。並受地理長期區隔的影響，各類生物特有種比例相當高。本中心為了推動本土生態教育，規劃設置保育教育館，作為國人自然保育教育展示、研習場所，藉「寓教於樂」以宣導保育觀念；並期針對基層保育人員、各級學校師生辦理研習、訓練活動，以落實推動鄉土生態教育。（節錄自特有生物研究保育中心保育教育館網站）

13.臺灣植物標本館（網址：http://tai.ntu.edu.tw/）

國立臺灣大學植物系標本館自成立以來即積極展開臺灣及其鄰近地區諸如東南亞、太平洋島嶼等之植物標本的採集，至今本館除自行赴各地採集外，並藉著與外國交換標本的方式以達擴展蒐藏領域之目的。

其中以臺灣地區原生種類之植物標本最多，足可代表臺灣維管束植物種類的 95% 以上；並蒐藏有植物學上最珍貴的模式標本約千份，及 50 年前所採集的臺灣原生、深具研究價值之年代久遠的古老標本 6 萬餘份，因此本館所蒐藏之標本資料，成為研究臺灣或東南亞植物之專家學者必須參考之重點。（節錄自臺灣植物標本館網站）

14.臺北市立天文科學教育館（網址：http://www.tam.gov.tw/）

天文科學教育館的設計意念，是希望藉由外型的穩重塊體及前衛的採光罩，加上外圍放置的經緯儀和赤道日晷、全天域放映館外觀，象徵宇宙的浩瀚與神秘，引起市民對天文科學教育館的認同。館內所有空間與動線設備，皆考慮了遊憩與停留需求，各處均有服務設施，堪稱是一座兼具休閒性、娛樂性與教育等多重特色的現代天文科學教育建築。（節錄自臺北市立天文科學教育館網站）

15.臺灣大學地質標本館
　　（網址：http://www.gl.ntu.edu.tw/museum/）

臺大地質科學系擁有大量珍貴的典藏標本，包括有化石標本、礦物標本、岩石標本，總數超過 3,500 件以上。標本主要來源為日據時代臺北帝國大學理農學部地質科研究用之標本、臺大地質科學系退休教授所捐贈之私人典藏標本、由國外特別選購教學用之標本，以及臺大地質科學系師生多年來於野外採集之國內主要岩礦標本等，質與量均非常豐富，近年來常有許多國、中小學來本系參觀。（節錄自臺灣大學地質標本館網站）

16.機器人博物館（網址：http://robot.tsint.edu.tw/）

機器人博物館為世界唯一的機器人博物館，現有「生物機器人館」與「人型機器人館」等數個主題館。本特展展出寵物機器人、生活助手機器人、生活伴侶機器人、工業機器人、國防機器人、救災機器人、醫療看護機器人、保全機器人、教育用機器人、新一代機器人等。來賓經由與機器人互動，可以了解機器人的歷史由來，研究機器人原理

與製作方法，體驗機器人對人類生活的影響，而達到寓教於樂的目的。同時機器人博物館數十間「機器人教室」及「機器人實驗室」，有精心擘畫的內容，幫助來賓自製電腦控制機器人，實現當科學家的夢想。除了針對各階層的學生做了機器人科普教育的推廣之外，也發現了現在許多學校內都設有機器人相關的社團，特別針對這點也規劃出了未來對於各學校社團的機器人教學規劃。（節錄自機器人博物館網站）

17.臺北市政府消防局防災科學教育館
　　（網址：http://3d.tfd.gov.tw/）

臺北市政府消防局防災科學教育以電腦、電子、機械設備，模擬各種災害發生狀況，供市民實地操作體驗，使防火、防洪、防震、防颱等緊急避難知能，自然地融入日常生活中，以「寓教於樂」方式，提升市民災害應變能力。（節錄自臺北市政府消防局防災科學教育館網站）

(二) 科學教育相關網路資源

1. 中央氣象局（網址：http://www.cwb.gov.tw/）

中央氣象局的業務，涵蓋了氣象、海象和地震三個領域，舉凡氣象、海象監測和預報、地震監測和預警皆為其工作重點。氣象局所提供的各類資訊，除了與民眾的生活息息相關外，更在防災體系中扮演著重要的角色。在本質上，氣象局是氣象、海象和地震科技的作業單位和相關資訊的提供者，也是相關科學技術研發的推動單位，不斷追求技術的提升與精進，以提供最準確的資訊，而最終目標仍在期待大眾與防救災單位能有效的運用這些資訊。（節錄自中央氣象局網站）

2. 星際之旅（網址：http://163.27.57.3/teach/star/index.html）

在自然領域的教學中，認識星星這個單元常常礙於學校的教學時間或是沒有天文臺等，往往無法讓學生親自去體驗星空的奧秘，在紹維老師多媒體作品的網頁中（http://www.mcps.tcc.edu.tw/teach/2.htm），

製作了一個數位星座盤的 Flash 軟體，可以提供下載，讓學生在虛擬的星空中體驗及學習到如何認識星座，如何測量星星的方位及高度角，操作星座盤，以及利用北極星來辨認方位等等真正星空運行的情況及星星的位置變化等。該網站還有其他的星空軟體，甚至可以有星空的照片，讓學生看得更清楚。不但把資訊融入老師的教學中，更讓學生也從課程中培養資訊能力；所以課程中讓學生有許多機會利用電腦查詢資料、學習自由軟體、利用電腦完成學習單等的學習行為，希望帶給學生多元化的學習空間！（節錄自星際之旅網站）

3. 科學教育學習網（網址：http://science.edu.tw/index.jsp）

為了支援科學教師的教學與學生的學習，科教網的內容包含化數學、化學、物理、生物、生活科技、地球科學等六大學科，建置研發也包括三個團隊：⑴內容規劃團隊；⑵技術團隊；⑶經營團隊。科教網經由三大團隊運用 3D 動畫、虛擬實驗等技術及網路各項功能，以生動活潑的方式發展數位化科學教材提供中小學師生使用。近程的目的有二，其一是提供中小學物理、化學、數學、生物、自然與生活科技、地球科學教師在補充教學發展規劃、示範實驗、教學策略、評量方式等之參考；第二項目的則是提供中小學生在正規的學校教育之外，能有類似科學家的探究活動，學習運用科學知識來解決問題。長程的目的為藉由「科學教育學習網」的設立與運作，將科學學習方式趣味化、多元化、探索化，使學習者體會科學與生活息息相關，能運用所學之科學知識解決問題，進而提升全民科學素養。（節錄自科學教育學習網網站）

4. 教育部數位內容分享交換平臺
　　（網址：http://edshare.edu.tw/erportal/index.jsp）

本系統為教育部執行之教學元件分享與交換的平臺，主要開發團隊為教育部、師大圖資所、中研院及資策會。本系統提供個人專區、會員管理、數位內容瀏覽、檢索、下載、評選、著錄、新聞公告、討論區、元件交換記錄、平臺網站使用指標查詢、Q&A、元件收藏等功能，其中著錄可區分為基本著錄、進階著錄、XML 後設資料著錄、批次著

錄、範本著錄；檢索可區分為基本檢索、進階檢索、關聯檢索，關聯檢索並整合「威知知識檢索系統」，瀏覽區分為一般瀏覽及多媒體庫瀏覽；下載時並進行版權之確認。教材提供者在系統上著錄教學元件並可上載元件，教學元件將儲存於元件庫中。由專家審查教學元件是否合適著錄於系統中，並給予此元件的評選資訊。教材使用者可在系統上瀏覽和檢索教學元件並下載，同時可給予同儕評論。系統管理者則處理帳號管理及權限設定，並可發布新聞以及管理討論區、取得元件交換紀錄。（節錄自教育部數位內容分享交換平臺網站）

5. 教育部教學資源網（網址：http://etoe.edu.tw/scripts/learning/index.asp?CookieCheck=1）

教育部「數位學習交換分享計畫」項下產生，其目標在於運用資訊及網路技術，整合數位學習內容與技術資源，以建置數位學習交換分享機制，協助教師專業社群之發展，並鼓勵教師共同創作和運用教學資源。教師在做教學準備或製作教材時，常透過一般搜尋引擎（如Google、yahoo 奇摩、蕃薯藤等）或教師社群網站（如亞卓市、思摩特、學習加油站等），找尋相關的教學資源。然而，搜尋引擎找出來的資料未必完全適用於教學現場，資料品質亦參差不齊，使用者也得學著適應各個網站所發展的獨特的使用界面。本計畫透過教育部電算中心，和相關教師社群及網路社群互動，探討教師對於教學資源的需求，希望促成共享教學資源、屬於全國教師的網路社群。（節錄自教育部教學資源網網站）

6. 國立教育資料館（網址：http://data.nioerar.edu.tw/mp3.html）

國立教育資料館掌理國內、外教育資料及視聽教育之蒐集、研究及推廣等事宜。未來，本館將更積極整合教育政策、行政與教學之實體與虛擬資料，發展成為全國最重要之教育資源中心。（節錄自國立教育資料館網站）

7. 小蕃薯九年一貫百寶箱（網址：http://kids.yam.com/edu9/）

小蕃薯「九年一貫搜尋服務」是專為有九年一貫相關搜尋需求者所設計的服務，其搜尋結果除了以使用者的點閱率作為排序依據，更有專人以九年一貫搜尋經驗，適時做排序調整，以增加搜尋效率與準確度；而對於家長、老師最擔心的網路不當資訊問題，也有完善的過濾與防護。使用者同時還可搭配小蕃薯的「專題導覽」服務進行搜尋，此項服務係由小蕃薯編輯人員針對不同主題，推薦介紹相關網站，可免除使用者自行一個個網站查看的時間。（節錄自小蕃薯九年一貫百寶箱網站）

8. 自然生態學習網（網址：http://nature.edu.tw/index）

教育部的自然生態教學網是教育部配合行政院「挑戰 2008 國家發展重點計畫──建構數位化學習內容」建置，期望透過自然生態學習網的建立與發展，提供師生與一般民眾走入戶外、走入自然生態探索、觀察與體驗；並且學生在科技時代能具有環境與生態的關懷，養成主動觀察、體驗自然等正面的學習態度。或許不知道臺灣有哪些特有的動物或植物，也或許不太清楚何謂溫室效應、聖嬰現象，在這個網站上您可以得到答案。另外，教材寶庫內有豐富的照片、圖片、影片、動畫等內容，可供觀賞及下載，也有教案的資源分享及琳瑯滿目的參考資源，可滿足師生、家長及關心環境教育的民眾求知所需。（節錄自自然生態學習網網站）

9. 國立編譯館（網址：http://www.nict.gov.tw/tc/）

國立編譯館為我國最高編譯機構，掌理關於學術文化書籍及教科圖書編譯事宜。民國 80 年以後，國立編譯館因應時代變遷，一方面推動各級學校教材之研究改進工作，另方面加強譯述市場機制無法支持出版之世界經典名著及學術名詞等工具用書之編印，以穩健的步調，把握時代脈動，配合教科書開放民間編輯政策，受教育部委託辦理中小學教科書審查業務，並仍一本傳承固有學術文化、博覽西方學術文化精萃之精神，賡續推動各項業務。（節錄自國立編譯館網站）

10.Flash互動教育研究室

（網址：http://www.hgjh.hlc.edu.tw/~drop/）

用Flash製作的理化動畫，清楚表現出一些理化的觀念，有別於一般的文字說明。透過Flash的互動，並且參考網路上許多教學網站的資料所製作出來的網站。

11.臺灣師大物理教學示範實驗教室（物理教育）

（網址：http://www.phy.ntnu.edu.tw/class/demolab/index.html）

本站定名為「物理教學示範實驗室」，原來的構想便是想透過網路提供教師教學時的輔助教學資源，幫助學生或一般大眾理解或學習物理概念；該網站不僅學生覺得非常有興趣，連很多國中、高中老師都興趣盎然。（節錄自臺灣師大物理教學示範實驗教室〔物理教育〕網站）

12.臺灣海洋生態資訊學習網

（網址：http://el.nmmba.gov.tw/info/index.htm）

本網站提供臺灣海洋生態環境資訊、國小自然科教學資源、環保資訊、線上遊戲等。（節錄自臺灣海洋生態資訊學習網網站）

13.環境變遷與永續發展（網址：http://environment.edu.tw/）

探索實作區的四個探索模組都具有內容的完整性，從感官覺知的體驗、基本資料調查、生態、物質、能源、水、人文、生活等項目的探索，再以議題討論、規劃與執行作為課程的總結。探索實作區的探索模組強調實際的調查與問題解決，採用「學習者中心」與「做中學」的課程規劃理念。概念知識區在規劃上，每個單元皆包含線上學習所需之完整流程；每一單元可獨立存在，都是線上學習的完整課程，或者以混成的模式進行課程；每個單元都含有清楚的學習目標、互動課程（文字、圖片、影片、動畫、練習等），並有完整的課中及課後測驗，及相關延伸學習的資料。學習策略區的學習策略應用環境教育的教學理論，如經驗學習、價值澄清、環境覺知、議題探索等理論，強調學習歷程中對學

生所產生的意義，及「有意義的學習」（meaningful learning）。學習策略區所提供的教學策略可以充分的與探索實作區的活動結合，增進探索實作的學習內涵。（節錄自環境變遷與永續發展網站）

14.臺灣師範大學能源教育資訊網
　　（網址：http://energy.ie.ntnu.edu.tw/）

本網站發展多元教材供教師使用，並建置能源教育資訊中心，提供各項能源教育相關資訊；此外，透過多元活潑的競賽與活動，激發青年學子對節約能源之認識，創作之作品亦能提供社會大眾對節能之體認。（節錄自臺灣師範大學能源教育資訊網網站）

15.科學遊戲實驗室
　　（網址：http://scigame.ntcu.edu.tw/index.html）

本網站主要秉持「生活處處是科學，科學處處有樂趣，不需要高深理論，不需要是天才，只要肯動腦，你我都是科學家！讓我們一起來——玩科學」的精神，利用科學遊戲來推廣大眾科學。（節錄自科學遊戲實驗室網站）

課後作業

1.請試著利用本章節中所介紹的重要科學教育相關機關及網路資源，設計一個課堂上可以進行的科學學習活動。

2.請試著利用本章節中所介紹的重要科學教育相關機關及網路資源，設計一個課後學生可以自行進行的科學學習活動。

國家圖書館出版品預行編目資料

自然與生活科技教材教法／黃鴻博主編. —
初版. — 臺北市：五南，2011.02
　　　面；　　公分.--

ISBN 978-957-11-6204-1（平裝）

1.科學教育 2.教材教學 3.小學教學

523.36　　　　　　　　　　99026993

1IUZ

自然與生活科技教材教法

主　　　編 — 黃鴻博(301.6)

作　　者 — 靳知勤　王盈丰　黃鴻博　吳穎沺　許良榮
　　　　　　游淑媚　林素華　陳麗文

發 行 人 — 楊榮川

總 經 理 — 楊士清

總 編 輯 — 楊秀麗

副總編輯 — 黃文瓊

責任編輯 — 黃淑真　李敏華

封面設計 — 童安安

出 版 者 — 五南圖書出版股份有限公司

地　　址：106台北市大安區和平東路二段339號4樓

電　　話：(02)2705-5066　　傳　　真：(02)2706-6100

網　　址：http://www.wunan.com.tw

電子郵件：wunan@wunan.com.tw

劃撥帳號：01068953

戶　　名：五南圖書出版股份有限公司

法律顧問　林勝安律師事務所　林勝安律師

出版日期　2011年2月初版一刷
　　　　　2019年9月初版四刷

定　　價　新臺幣400元